実践を創造する

演習・保育内容総論
第2版

執筆者一覧（五十音順）

○＝編者

市野　繁子（駒沢女子短期大学）……………… 第4章1節・2節・5節

埋橋　玲子（大阪総合保育大学）……………………………… 第13章

大岩　みちの（元・岡崎女子大学）…………………………… 第7章

柿岡　玲子（元・安田女子短期大学）………………………… 第12章

梶　美保（元・皇學館大学）………………………… 第14章3・4節

榊原　菜々枝（名古屋柳城短期大学）………………… 第14章2節

鈴木　方子（元・岡崎女子短期大学）………………………… 第9章

千田　隆弘（中部大学）………………………………………… 第8章

田口　鉄久（鈴鹿大学）……………………………… 第2章、第3章

富田　喜代子（元・四国大学）………………………… 第14章1節

○豊田　和子（名古屋柳城女子大学）………… 第1章、第4章3節・4節

野崎　真琴（名古屋柳城短期大学）…………………………… 第11章

富貴田　智子（名古屋柳城短期大学）………………………… 第5章

松野　裕子（元・中部学院大学短期大学部）………………… 第10章

渡部　努（岡崎女子短期大学）………………………………… 第6章

まえがき

　2017（平成29）年に幼稚園教育要領、保育所保育指針、幼保連携型認定こども園教育・保育要領が、同時に改訂・改正されました。それぞれの施設の役割が明記されたと同時に、人生の中での乳幼児期の重要性が強調されています。また、小学校以上の学習指導要領の改訂と相まって、幼児教育への期待がますます大きくなっています。

　そうした状況において、園で展開される保育内容にはどのようなものがあるのか、それは子どもの発達にとってどのような意義をもつのか、また、個々の保育内容はどのような方法によって実践されるのかについて学ぶのが、「保育内容総論」という科目です。また、歴史や外国の保育内容にも目を向け、視野を広めます。

　家庭の教育力が低下し、地域の人間関係が希薄になっている現在、保育所・幼稚園では子どもたちが幅広い活動を経験し、さまざまな人たちとかかわり、生活を豊かにしていく保育が求められています。延長保育や預かり保育などの際の保育内容は、家庭支援的な観点から検討されなくてはなりません。また、小学校教育との連携の課題に応える保育内容も必要とされています。さらに、地域との連携を保育内容としてどう位置づけていくのかという新しい課題もあります。

　本書は、保育を学ぶ学生のみなさんが上記の課題を理解しつつ、保育所・幼稚園における保育内容を総合的に学び、保育を実践していくための手がかりとなるテキストとして上梓しています。そのため資料や事例が多くなっていますが、学生のみなさんが事前学習によってレポートしたり、疑問点を整理したりして、毎回の授業に有意義に参加できるよう配慮したからです。

　同時に、保育の現場で活躍されている保育者の方たちにも「役立つ本」として、保育の課題に迫るための"保育内容再考の手引き"となることを願って企画しました。これからの保育所・幼稚園・認定こども園等は「社会に開かれた園」として、"常に子どもを中心として"家庭・地域・学校などへの広がりと連携につながる保育内容へと拡大しつつあります。

　本書が新しい保育所保育や幼稚園教育のあり方や内容の展開に対応し、新たな実践を切り開いていくために、保育の専門的知識や技術、指導力を培うことに寄与できれば幸甚です。

　　平成30年1月

編者　豊　田　和　子

もくじ

まえがき

第1章 子どもを取り巻く環境の変化とこれからの保育内容 …10

❶ 幼い子どもが生きている今の社会環境 …………………………………10
1．超少子化社会と子どもの育ち　10
2．進展する情報化社会の中で　11
3．共働き家庭の増加と生活リズムの変化　12

❷ 乳幼児の育ちと園の保育環境 ……………………………………………13
1．子どもは自ら環境にかかわろうとする　13
2．保育環境は子どもの目線で　14
3．生活する場としての保育環境　14
4．遊び＝学びの場としての保育環境　15

❸ 乳幼児期の保育・教育に求められるもの ………………………………15
1．「育みたい資質・能力」と「幼児期の終わりまでに育ってほしい姿」　15
2．非認知的能力・社会情動的スキルの育成　17

❹「社会に開かれた園づくり」をめざす保育内容
　　ー社会に開かれた教育課程の考え方ー ……………………………………18

第2章 保育所・幼稚園・認定こども園の役割 ……………20

❶ 養護と教育 ………………………………………………………………20
1．保育としての養護と教育　20
2．幼保連携型認定こども園における教育と保育　21
3．養護と教育は一体的に行われる　22
4．生命の保持　22
5．情緒の安定　23

❷ 保育所の役割 ……………………………………………………………23
1．児童福祉施設としての保育所　23
2．教育を行う施設としての保育所　24
3．保育所の役割、保育士の役割　24
4．保育所の社会的責任　28
5．保育所の保育　28

❸ 幼稚園の役割 ……………………………………………………………30
1．学校教育としての幼稚園の役割　30
2．重視される幼児教育　31
3．保育内容の多様性　32
4．保育内容の総合性　32

4 認定こども園の役割 ………………………………………………………32
 1．認定こども園とは　32
 2．認定こども園はどのようにして誕生してきたか　33
 3．認定こども園における保育　34
 4．認定こども園における保育への配慮　34
 5．認定こども園への期待と課題　35

第3章　保育所・幼稚園・認定こども園の保育内容 ……38

1 乳幼児期にふさわしい生活 ………………………………………………38
 1．安心できる保育者がいる生活　38
 2．多様な遊びが繰り広げられる保育環境　39
 3．仲間とともに過ごす楽しい生活　39
 4．自立した生活　40

2 遊びを通しての指導 ………………………………………………………40
 1．遊びは重要な学習　40
 2．遊びは子どもの心を満たす　41
 3．幼児期の遊び、園の遊び　42
 4．発達過程別に見た「自ら選んでする遊び」の内容　43

3 領域の考え方 ………………………………………………………………44
 1．保育内容と領域の関係　44
 2．保育内容となる活動はどのようなものか　45

第4章　保育内容を展開するプロセス ……………………47

1 「目標－内容－方法」という方法原理から ……………………………47

2 全体的な計画とカリキュラム・マネジメント …………………………49
 1．保育所における「全体的な計画」について　49
 2．幼稚園における「全体的な計画」と教育課程　50
 3．幼保連携型認定こども園における「全体的な計画」と教育課程　51
 4．新しいカリキュラム・マネジメントの考え方　51
 5．カリキュラムと指導計画の関係　53

3 乳幼児の生活構想と内容の展開 …………………………………………54
 1．「生活のすべて」が保育内容である　54
 2．本当の「生活」をめざす　55
 3．生活を基盤とした保育内容の構造化　55

4 展開過程における子ども理解 ……………………………………………57
 1．子ども理解は保育の出発点　57
 2．保育過程における子ども理解のポイント　58

5 保育の計画と評価・反省 …………………………………………………60

1．反省・評価の意義　60
2．評価の種類と方法　61

第5章　乳児（1歳未満）の保育内容　……………………63

1 乳児（1歳未満）の発達特徴　……………………63
1．誕生からおおむね生後6か月未満　63
2．おおむね生後6か月から1歳未満　64

2 保育内容の基本的事項　……………………65
1．応答的な保育　65
2．乳児（1歳未満）保育の3つの視点　65
3．養護と教育の一体化　66

3 乳児（1歳未満）の保育内容のポイント－ねらいと内容－　……………………66
1．健やかに伸び伸びと育つことができるような配慮　67
2．身近な人と気持ちを通じ合わせることができるような配慮　67
3．身近なものとかかわり、感性が育つような配慮　67

4 保育の事例と指導案　……………………68
1．0歳児の事例　68　　2．0歳児の指導案　69

第6章　1・2歳児の保育内容

1 1・2歳児の発達特徴　……………………71
1．おおむね1歳から2歳未満　72　　2．おおむね2歳から3歳未満　73

2 保育内容の基本的事項　……………………74

3 1・2歳児の保育内容のポイント－ねらいと内容－　……………………75
1．おおむね1歳の保育内容　75　　2．おおむね2歳の保育内容　77

4 保育の事例と指導案　……………………79
1．1歳児の事例と指導案　79　　2．2歳児の事例と指導案　82

第7章　3・4・5歳児の保育内容　……………………85

1 3・4・5歳児の発達特徴　……………………85
1．おおむね3歳　86
2．おおむね4歳　87
3．おおむね5歳　88

2 保育内容の基本的事項　……………………89

3 3・4・5歳児の保育内容のポイント－ねらいと内容－　……………………90
1．おおむね3歳の保育内容　90
2．おおむね4歳の保育内容　91
3．おおむね5歳の保育内容　91

4 保育の事例と指導案　……………………92

1．3歳児の事例と指導案　92
2．4歳児の事例と指導案　92
3．5歳児の事例と指導案　96

第8章　就学前教育と初等教育を接続する保育内容 ……97

1 就学前教育と初等教育の接続の意義 ……97

2 幼児期と児童期における「学び」の特徴 ……99
1．「幼児期」と「児童期」　99
2．幼児期の「学び」と児童期の「学び」　99

3 保育内容としての交流活動 ……100
1．幼稚園・保育所等と小学校の連携　100
2．幼稚園と小学校の連携の事例　100
3．保幼小連携の事例　－愛知県の取り組みから－　103

4 連携のカリキュラム作成 ……107
1．各教育段階における学びの体系　107
2．幼小接続期カリキュラム　107
3．アプローチカリキュラム　107
4．スタートカリキュラム　109
5．カリキュラムと段差　111

5 まとめと課題 ……111

第9章　異年齢児の保育内容 ……113

1 異年齢保育の意義 ……113
1．さまざまな人とのかかわり　113
2．仲間として　114
3．同年齢での活動　115
4．見通しを持って　115

2 異年齢保育においてめざす子ども像 ……115
1．3歳児にとって　116
2．4歳児にとって　116
3．5歳児にとって　116
4．「見る」ことと「待つ」こと　117

3 異年齢保育の保育内容のポイント ……117
1．異年齢保育の保育内容　118
2．保育者のかかわり　120

4 保育の事例と考察 ……121
1．生活発表会の事例　121
2．延長保育での事例　122
3．障がいのある子どもについての事例　123

第10章　子育て支援を創造する保育内容 ………… 125

❶ 子育ての現状と課題 ………… 125
1. 母親にのしかかる子育ての負担　125
2. 育児不安・育児ノイローゼの増加　127

❷ 子育て支援とは何か ………… 128
1. 子育て支援の意味　128
2. 子育て支援の目的　129
3. 子育て支援施策・制度の展開　129

❸ 保育所・幼稚園に求められる子育て支援 ………… 131
1. 保育所における子育て支援　131
2. 幼稚園における子育て支援　133

❹ 子育て支援の実践事例と考察 ………… 135
1. 保育所の事例　135
2. 幼保連携型認定こども園における子育て支援　137
3. 幼稚園の事例　138

第11章　地域に開かれた保育所・幼稚園等を創造する保育内容　141

❶ 乳幼児の発達と地域社会のかかわり ………… 141
1. 子どもの育ちの変化と地域の教育力の低下　141
2. 乳幼児の発達と地域社会　142
3. 保育所・幼稚園等に期待される地域資源の活用　143

❷ 地域の自然環境を生かす保育内容 ………… 144
1. 地域の自然環境を保育に生かす　144
2. 地域の自然環境を生かした事例と考察　145

❸ 地域の人的教育力を生かす保育内容 ………… 147
1. 地域の人的教育力を保育に生かす　147
2. 地域の人的教育力を生かした事例と考察　148

❹ まとめと課題 ………… 150
1. 地域と連携して保育を行う際の留意点と課題　150
2. 子どもの視点に立つこと　150
3. 綿密な計画・準備と柔軟な実践　150
4. 安全面への配慮　151
5. 地域との信頼関係　151

第12章　わが国における保育内容の変遷 ………… 152

❶ 戦前の保育内容 ………… 152
1. 明治前期の保育内容　152
2. 明治後期の保育内容　154
3. 大正期の保育内容　156
4. 昭和前期の保育内容　157

2 戦後の保育内容 …………………………………………………………… 159
  1．昭和期の保育内容　159
  2．平成期の保育内容　160
  3．これからの課題　162

第13章　諸外国の保育所・幼稚園の保育内容 …………… 164
1 保育をめぐる世界の動向 ……………………………………………… 164
  1．世界の動向　164
  2．2つの大きな流れ　165
2 4つの主要なカリキュラム …………………………………………… 167
  1．経験に根ざした教育（ベルギー）
    －「安心」と「夢中」により生み出される効果的な学び－　167
  2．ハイ・スコープ（アメリカ）－鍵体験による主体的な学び－　169
  3．レッジョ・エミリア・アプローチ（イタリア）－子どもの言葉の傾聴－　170
  4．テ・ファリキ（ニュージーランド）－すべての人の足場となる織物－　171
3 そのほかのカリキュラムなど …………………………………………… 172
  1．ピラミッド・プログラム（オランダ）　172
  2．フォレスト・スクール（森の幼稚園）　174

第14章　これからの保育内容の課題 ……………………………… 176
1 特別な保育ニーズが必要となる子どもの保育内容 …………………… 176
  1．発達障害　176
  2．知的障害　178
  3．虐待・貧困、ひとり親家庭　178
2 多文化共生の保育内容 ………………………………………………… 179
  1．多文化共生の保育の必要性　179
  2．幼稚園教育要領、保育所保育指針、
    幼保連携型認定こども園教育・保育要領に見られる多文化共生の保育　180
  3．多文化共生をめざす保育の内容　181
  4．これからの課題　－保育者に求められること－　182
3 安全（災害への備え）に関する保育内容 ……………………………… 182
  1．保育施設における防災対策の重要性　182
  2．幼児教育・保育施設における防災計画　183
  3．事例から考える－東日本大震災後の災害対策の見直しと課題－　184
4 乳幼児期の食育を進める保育内容 …………………………………… 185
  1．人間形成にかかわる食育　185
  2．「食を営む力」の基礎を培う保育所・幼稚園等での食育　186
  3．食育の実践事例　187

索引　190

第1章 子どもを取り巻く環境の変化とこれからの保育内容

> **学習のポイント**
> ●今の子どもがどんな社会環境の中で育てられているのか関心を持とう。
> ●保育所や幼稚園等の園の保育環境の特色を知ろう。
> ●どのような方向で保育内容を考えていくべきかを理解しよう。

1 幼い子どもが生きている今の社会環境

1 超少子化社会と子どもの育ち

　この30数年間、毎年、わが国の子どもの数は減り続けている。2017年（平成29）5月5日、「子どもの数は1,571万人、36年連続の減少」「子どもの割合は12.4％、43年連続の低下」と、国から発表された。2017（平成29）年12月には、この年の出生児数が94万人となり、超少子化の加速現象が見られる。

　このような状況の中で、日本はかつての「子ども好き」の社会から「子ども敬遠」「子ども排除」の社会に変化しつつある。空地や家の前で遊ぶ子どもの姿が見られなくなり、保育所の新設に対して近所の住民から子どもの声がうるさいなどの苦情が出ている。少子化社会の中で生きている子どもたちにとって、周りに

表1-1　年齢3歳階層別数と総人口に占める割合

12～14歳	335万人	2.6%
9～11歳	321万人	2.5%
6～8歳	317万人	2.5%
3～5歳	304万人	2.4%
0～2歳	294万人	2.3%

表1-2　総人口に占める子どもの割合推移

1950年	35.4%
1975年	24.3%
1985年	21.5%
1995年	16.0%
2005年	13.9%
2015年	12.5%

出典：総務省統計局「人口推計」2017年5月より筆者作成

第1章　子どもを取り巻く環境の変化とこれからの保育内容

表1－3　子どもの割合が少ない国

ドイツ	13.1%
イタリア	14.3%
韓国	14.3%
ウクライナ	15.1%
スペイン	15.1%
ロシア	16.3%
中国	16.5%

注：ドイツ・イタリア・ロシアは2014年の数字、その他は2015年
出典：総務省統計局「人口推計」2017年5月

　子どもが少ないということは、育ちのうえでさまざまな面で影響を及ぼすと考えられる。具体的には、次のような現象があげられる。
・きょうだい数が少ないため、家庭内での子ども同士がかかわる経験が少なく、親も過保護・過干渉になりやすい。
・近所にも子どもが少ないので、日常的なかかわりができにくい。
・親同士も子どもが少ない分、つき合う機会が少なく孤立しやすい。
　深刻な少子化が進行しつつある社会に生まれる今の乳幼児たちにとって、幼稚園や保育所など子どもたちが集団で過ごす場は、子どもの発達にとって欠かすことのできない人とのかかわりを深め、活動や経験を広げていくために大切な環境である。

2　進展する情報化社会の中で

　情報化社会の進展によって、私たちの生活は大きく変わった。情報機器・技術の開発は、私たちの生活をグローバル化に導き、あらゆる情報をいつでもどこでも一瞬にして入手できるすばらしい進歩をもたらした。しかし、このような情報機器が何の防御も持たない乳幼児の世界に入り込むことは、きわめて危険な現象だと言わざるを得ない。大人にとって情報機器は確かに便利なツールであるが、心身ともに成長・発達の途上にある子どもにとってはどうだろうか。スマートフォンの普及により中高生でインターネット依存が増えていると言われている[*1]。
　赤ちゃん時代から1日に数時間もテレビやDVDを見て過ごし[*2]、ベビーカーや電車に乗っていてもひたすらゲーム機やスマートフォンをいじっている子どもを見かけることがあるだろう。自然の中で思い切り体を動かしたり、仲間と一緒に遊んだりする時間が減り、手ごろな情報機器に子守されているのである。
　このような状況では、次のような問題が潜んでいると思われる。
・本当の物や人物との直接体験をする機会が少なくなりがちである。

*1　2013年8月1日に、「厚生労働省の研究班」による発表として、「インターネット依存」の見出しのもと、以下の数字が示されている。

インターネットの不適応使用	
男子	14.1%
女子	18.6%
インターネットの病的使用	
男子	6.4%
女子	9.9%

そして、不適応使用104.7万人、病的使用51.8万人が推計されると書かれている（http://www.med.nihon-u.ac.jp/department/public_health/gakunen-dayori.html）。

*2　月曜日のテレビ平均視聴時間

0歳児	2時間15分
1歳児	2時間23分
2歳児	2時間19分
3歳児	2時間14分
4歳児	2時間08分
5歳児	1時間58分
6歳児	1時間57分

出典：NHK『放送研究と調査』2013年11月号p.52

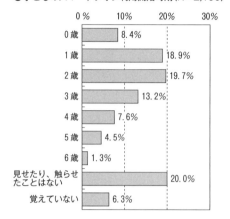
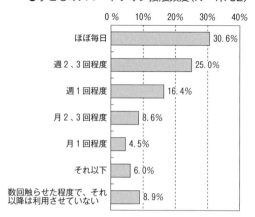

図1-1 乳幼児のスマートフォン利用の状況
出典：MMD研究所「乳幼児のスマートフォン利用実態に関する調査」
(https://mmdlabo.jp/investigation/detail_1544.html)

- 映像による世界認識が優先されて、実体験に基づく感動や発見の喜びが少ない。
- 体を動かさないので、健康面でも情緒の面でも心配である。

　情報化のネットから逃れることはできないのが現代社会であるが、乳幼児期にこそ、しっかりと体験させたいことは何かを真剣に考えたいものである。

3 共働き家庭の増加と生活リズムの変化

　現在、乳幼児を育てている家庭の多くは共働きである。母親が仕事を持ち、社会で活動することは、社会の経済発展を支えるうえでも女性自身の自立や人間として成長するうえでも大事なことである。育児をしながら働くためには、男性の生き方や働き方も変わらなければならないはずであるが[*3]、残念ながら、わが国ではまだ父親は仕事に追われ、なかなか家庭生活を優先することは難しい。そのため、育児が母親一人に大きくのしかかり、家族そろって食事をするという当たり前の家庭生活も壊れかけている。幼い子どもを持つ家庭の多くの父親は夜遅くまで仕事に追われ、また、シングルマザーなどのひとり親家庭では日夜を問わず働かなければ生きていけない生活不安が今の日本には大きくのしかかっている。

　このような家庭生活の変化にあって、子どもの生活リズムが乱れがちになっている。深夜近くまでスーパーやコンビニで乳幼児の姿を見かけることは通常となり、遅寝遅起き型の生活をする子どもが増えている。

　こうした状況の中で、園に通っている子どもにも気になる姿がある。

- 朝から眠い、体を動かしたがらない子どもが増えている。

＊3　内閣府の「ワーク・ライフ・バランス」憲章には、「誰もがやりがいや充実感を感じながら働き、仕事上の責任を果たす一方で、子育て・介護の時間や、家庭、地域、自己啓発等にかかる個人の時間を持てる健康で豊かな生活ができるよう、今こそ、社会全体で仕事と生活の双方の調和の実現を希求していかなければならない」と記されている。

第1章　子どもを取り巻く環境の変化とこれからの保育内容

- 食事の面で、食欲不振、偏食が多い。
- 遊びに集中できず、ささいなことで「キレる」子どもが増えている。

　これからの保育は、子どもが園だけで過ごす時間帯だけを想定した保育内容から、家庭生活の実情を考慮し、家庭と連携した24時間の健全な生活をつくっていけるような保育内容が求められる。

2 乳幼児の育ちと園の保育環境

　いま、多くの子どもが、乳児期から就学前までの長い年月、そして一日の長い時間を保育・幼児教育施設で過ごしている[*4]。保育施設・幼児教育施設は、子どもの生活の場、遊びの場、学びの場として設計されている。子どもは、どのように環境とかかわるのか、そして、子どもが快く生活する場、楽しく遊ぶ場、体験的に学ぶ場として、園等の保育環境の特色はどこにあるかを考えてみよう。

[*4] 2017（平成29）年には1・2歳児の約40％以上が保育施設等を利用しており、あわせて、待機児童数は昨年よりさらに増えて26,081人という厚生労働省の発表があった。

1 子どもは自ら環境にかかわろうとする

　乳幼児は、なんらかの状況に置かれると、自分の目や耳、手などの感覚器官を通してその環境を知ろうとして、手や足などの体の機能を使って環境に働きかけようとする。まさに、遊びがその代表的な活動である。

　だから、保育者から教えられて周囲のことを学んでいくのではなく、やってみたいとかおもしろいという気持ちに支えられて遊びを自らくり広げていく中で、子どもはさまざまなことがらを学んでいく。保育者が思いを込めた環境に対しても、子ども自身が能動的にかかわり、試したり、感じたり、考えたりしながら、いろいろなものや状況を好意的・肯定的に受け止めて、環境との関係をつくっていくのである。たとえば、ハイハイや歩行ができるようになると、子どもは教えられなくても、興味のあるものや不思議なものに触り、動かしてみるという探索活動を始める。3歳を過ぎると、すべての感覚と体の機能を使って、遊びながら環境の変化に気づき、発見し、感動し、イメージを持ち、言葉で考えて、さまざまなことを学んでいく。

　このように、子どもは生まれた時から、能動的に周囲の環境とかかわり、その過程で大人や仲間たちと交わりながら、環境と自分との関係を築いていくのである。これからの保育には、子どもが自分から環境とかかわり、たくさんの経験を通じていろんな能力を習得し、さまざまな経験に伴う感情や情緒を豊かにしていく過程を子ども自身が歩んでいくこと、つまり、自己形成をしていくプロセスを大事にすることが求められる。

2 保育環境は子どもの目線で

保育所保育指針に「保育の環境には、保育士等や子どもなどの人的環境、施設や遊具などの物的環境、更には自然や社会の事象などがある」(保育所保育指針、第1章総則（4))と述べられているように、園の保育環境は、人的環境、物的環境、自然・社会事象等によって構成される。そのほかにも、時間的・空間的な環境なども含まれ、それらの環境が相互に関連しあって子どもの生活を豊かにしていくよう保育の工夫をすることが求められている。

園の環境を考える際には、実際に保育に当たる保育者の一人ひとりが、「もし、自分がここで生活する子どもだったらどう感じるか」「子どもだったら、どのように行動しようとするだろうか」という子どもの目線や立場にたって、その環境がどのような意味を持つのだろうかと考える感知力や応用力が求められる。

身近な自然環境が崩壊し、市販のゲームや玩具など人工的な物の世界に囲まれている今の子どもたちの置かれている状況を考えると、同じような年齢の仲間たちや保育者たちと長時間を過ごす園の保育環境のあり方は、人間形成の基礎を培う乳幼児期という大切な時期にさまざまな有意義な活動を展開していくうえで重要な意味を持つ。

子どもの発達にあった環境づくり、子どもの生活を支える環境づくり、主体的な遊びを促す環境づくり、子ども同士が学びあえる環境づくりが、園では工夫されている。

3 生活する場としての保育環境

子どもは、生後の数年間をかけて、食事、排泄(せつ)、睡眠、清潔、着脱衣などの基本的な生活習慣を身につけ、仲間との共同生活を送るために必要な意思疎通やコミュニケーション能力などを習得していく。その際に大事なことは、大人の基準やペースではなく、子どもが自分で考え、選択して、行動できるような子どもにあった生活環境になっているかどうかである。それには、時間的環境、人的環境、物的環境の3要素が必要になる。

時間的環境では、生活時間がゆったりと構成されることが必要である。急かされるような時間構成では、自分で考え、選択するゆとりがなくなるので、子どものペースにあった生活時間のスケジュールが大事になる。同時に、保育者をはじめとする人的環境では、子どもの意欲を尊重し、試行錯誤や失敗が許されるような温かい信頼関係が大事になってくる。物的環境では、子どもの発達に応じた行動が保障されるような空間や道具などが整えられていることが必要になる。

第1章　子どもを取り巻く環境の変化とこれからの保育内容

乳児保育室

遊びのコーナー

砂場

▎4▏ 遊び＝学びの場としての保育環境

「幼児の自発的な活動としての遊びは、心身の調和のとれた発達の基盤を培う重要な学習である」（幼稚園教育要領、第1章総則、第1の2）、「子ども自らが環境に関わり、自発的に活動し、様々な経験を積んでいくことができるよう配慮すること」（保育所保育指針、第1章総則（4）ア）とあるように、子どもの自発的な活動である遊びを支えるための保育環境は、重要な意味を持つ。

園で子どもが遊びを展開する場には、保育室やテラス、遊戯室などの屋内環境と、園庭や自然などの屋外環境とがある。屋内には、遊びのコーナーや絵本などの遊具・教材が、子どもにとって興味を引き出し、自ら行動できるように配置されている。園庭には、砂場や遊具などが子どもの年齢に合わせて工夫され、設置されている。乳児用と幼児用に分けて園庭や砂場が設置されているところも多い。また、樹木や草花などの自然も、子どもが園で季節感や自然の変化を知っていくうえで、重要な環境をなしている。

3 乳幼児期の保育・教育に求められるもの

▎1▏「育みたい資質・能力」と「幼児期の終わりまでに育ってほしい姿」

2018（平成30）年度から施行される保育所保育指針、幼稚園教育要領、幼保連携型認定こども園教育・保育要領には、「幼児教育を行う施設として共有すべき事項」として、「育みたい資質・能力」「幼児期の終わりまでに育ってほしい姿」という文言で、小学校に上がるまでに身につける能力や資質、および望ましい発達の姿が盛り込まれた。これまでにも、小学校教育の接続課題や情報提供などが求められてきたが、これからは、どの保育・幼児教育施設に通っても共通に、小学校に入学するまでに育ってほしい子どもの姿が保育の目標として共通に認識され、それに応じた保育内容が展開されることになる。

(1)「育みたい資質・能力」の3つの柱

　幼稚園と幼保連携型認定こども園においては「生きる力の基礎を育むため」、保育所においては「生涯にわたる生きる力の基礎を培うため」という前書きのもとに、次のような3つの柱が示された。3つの資質・能力は、乳幼児期がその後の学びや生涯の生きる力の基礎を培う時期として重要視され、小中学校の教育でも受け継がれる資質・能力のことである。

表1－4　育みたい資質・能力

> ア．豊かな体験を通じて、感じたり、気付いたり、分かったり、できるようになったりする「**知識及び技能の基礎**」
> イ．気付いたことや、できるようになったことなどを使い、考えたり、試したり、工夫したり、表現したりする「**思考力、判断力、表現力等の基礎**」
> ウ．心情、意欲、態度が育つ中で、よりよい生活を営もうとする「**学びに向かう力、人間性等**」
>
> （「幼保連携型認定こども園教育・保育要領　第1章総則」より抜粋、太字は引用者）

　これらの資質・能力の3つの柱は、「幼・小・中・高を通して伸びていくものであり、幼児期においては、子どもの自発的な活動である遊びや生活の中で、感性を働かせてよさや美しさを感じ取ったり、不思議さに気づいたり、できるようになったことなどを使いながら、試したり、いろいろな方法を工夫したりすることなどを通じて育まれていく」ものである、と解説されている[1]。この資質や能力は、小学校以降になると、教科等の学習を通じて「知識・技能」「思考力・判断力・表現力等」「学びに向かう力・人間性等」として発展していくという。この3つの柱は、保育内容に基づく活動全体を通して育まれる。

　大事なことは、小学校以上の学習観をそのまま取り入れるのではなく、「環境を通して行う教育」「遊びを通しての総合的な指導」の原則から、乳幼児は遊びや生活を通して身近な環境に直接かかわり、感覚や体を通して気づいたり、考えたり、工夫したりするという種々の体験が学びであるという幼児期の学びの特性を理解することである。

(2)「幼児期の終わりまでに育ってほしい姿」（10の姿）

　上記の資質・能力が発達を縦に貫く3つの中核的な柱を構成するものとすれば、その具体的な活動があらわれる内容領域において、発展していく様子として示されたものが「幼児期の終わりまでに育ってほしい姿」である。保育所・幼稚園等の就学前施設と小学校との連携・接続の強化を図ることなどを期待して、幼稚園や保育所等の修了時までに育ってほしい具体的な姿が10項目で新たに示された。これを活かして、小学校との接続において、幼児期の教育の学びの成果が共通化されることが期待されている。

第1章　子どもを取り巻く環境の変化とこれからの保育内容

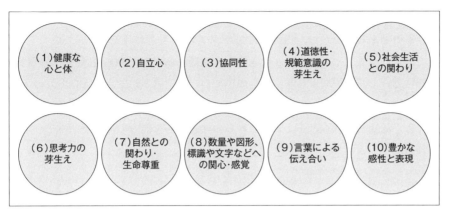

図1-2　幼児期の終わりまでに育ってほしい姿（10の姿）

　これらの10項目は、幼稚園教育要領の解説にあるように、たぶんに5領域の内容と関連している。たとえば、（1）は領域「健康」、（2）（3）（4）（5）は領域「人間関係」、（5）（6）（7）（8）は領域「環境」、（9）は領域「言葉」、（10）は領域「表現」のねらいや内容とも重なる部分がある。しかし、幼児教育では、一つの項目が一領域で達成されるものではなく、あくまでも、生活や遊びを通して総合的に指導されるべき事項として示されている。

　後の章で述べるように、3歳以上の保育・幼児教育では、5つの領域（健康、人間関係、環境、言葉、表現）が共通して「保育のねらい及び内容」として取り扱われ、保育所と幼保連携型認定こども園では、1歳以上3歳未満の保育の内容として、同じく5領域が扱われることになる。また、乳児保育（0歳児の保育）では、5領域にかわって、3つの視点[*5]でねらいと内容が示されている。

2 非認知的能力・社会情動的スキルの育成

　21世紀に入って早期からの幼児教育のニーズが高まる中、先進諸国では、新しい能力観に注目が集まっている。OECD（経済協力開発機構）は、個人の幸せと将来の社会経済の発展に貢献する人材の能力として、自律的行動力、協同的にかかわる力、状況に応じた判断力などに着目している。このような考え方は、先に述べた「育みたい資質・能力」と「幼児期の終わりまでに育ってほしい姿」の考え方に通じる。その際、大事なことは、知識を駆使して読み書きや記憶ができるといった古い学力観（いわゆる「認知能力」や「認知的スキル」といわれる）ではなく、「非認知的能力」や「社会情動的スキル」と言われるものである。

　「非認知的能力」とはなんだろう。これは、好奇心が豊かであるとか、失敗してもくじけないで上手に生かせるとか、集中できるとか、自分のありのままの姿をそれでよいと感じる自己肯定感などをさす。そして、これらの能力の多くは、

*5　「健やかに伸び伸びと育つ」「身近な人と気持ちが通じ合う」「身近なものと関わり感性が育つ」の3点が、乳児の発達特性を考慮して示されている。やがて、5領域につながる保育内容である（第5章を参照）。

社会的な力であること、つまり、人と人とのかかわりの状況で後天的に築かれていくものであることから、「社会情動的スキル」とも言われる。

このような能力やスキルは、「生きる力の基礎」を培う（育む）乳幼児期の保育・教育において、乳児期から基本的信頼感や自己肯定感として、一人ひとりの子どもに丁寧に形成されていくことで身につくものであり、これからの保育・幼児教育では、認知的な育ちと並んで、これらの非認知的な能力の形成がいっそう求められる。

4 「社会に開かれた園づくり」をめざす保育内容
－社会に開かれた教育課程の考え方－

上述したように、①子どもを取り巻く社会環境の変化、②子どもの発達観・学習観の転換、③小学校以降の教育との接続の重要性などにより、これからの保育内容は「社会に開かれた園づくり」という考え方でとらえられる。トライアングルのように関連づけてとらえると、図１－３のようなイメージになる。

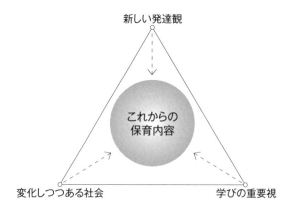

図１－３　「開かれた園づくり」をめざす保育内容

「開かれた園」とは「閉じられた園」のイメージに対比し、園の垣根を取り除き、地域社会と共存する園のあり方や、保育所・幼稚園・認定こども園で身につけたことがその後の学びへ連続的に発展していくという生涯学習の考え方に立つものである。これからの課題としては、次のようなことがあげられる。

- 乳幼児期の発達が就学前で完結するのではなく、小学校以降の生涯にわたって続いていくものであること（保幼小の接続・連携）
- 教育という営みが、保育者から子どもへという一方通行ではなく、子ども中心の考えでとらえること（対話型保育の創造）
- 子どもの生活を保育時間だけでとらえるのではなく、24時間の生活でその

第1章　子どもを取り巻く環境の変化とこれからの保育内容

　　内容を構成していくこと（家庭や地域との連携）
・　さまざまな障害や異なる文化を背景に持つ子どもたちとの共生（積極的なインクルーシブ、共生保育）

　このような開かれた園づくりを目指すために、新しい幼稚園教育要領では、その前文で、園は「学校教育の始まりとして、……一人一人の幼児が、将来、自分のよさや可能性を認識するとともに、あらゆる他者を価値のある存在として尊重し、多様な人々と協働しながら様々な社会的変化を乗り越え、豊かな人生を切り拓（ひら）き、持続可能な社会の創り手となることができるよう」、「教育の内容等を組織的かつ計画的に組み立て……教育課程を通して、これからの時代に求められる教育を実現していくために」、「社会との連携及び協働によりその実現を図っていくという」社会に開かれた教育課程の実現が重要となると述べている。この考え方は、保育所、幼保連携型認定こども園のカリキュラムにおいても共通する。

　このことをイメージしたものが、図1－4である。

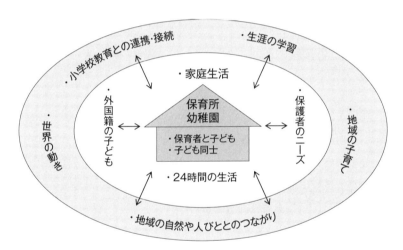

図1－4　「社会に開かれた園」のイメージ図

【引用文献】
1）無藤隆・汐見稔幸・砂上史子『ここがポイント　3法令ガイドブック―新しい「幼稚園教育要領」「保育所保育指針」「幼保連携型認定こども園教育・保育要領」の理解のために―』フレーベル館　2017年　p.15

【参考文献】
文部科学省・厚生労働省・内閣府『平成29年告示　幼稚園教育要領　保育所保育指針　幼保連携型認定こども園教育・保育要領　原本』2017年
清水玲子・鈴木左喜子『今の子育てから保育を考える』草土文化　2003年
前田正子『保育園問題　待機児童、保育士不足、建設反対運動』中公新書　2017年
高山静子『環境構成の理論と実践』エイデル研究所　2014年

第2章 保育所・幼稚園・認定こども園の役割

学習のポイント
- 保育は、養護と教育を一体的に行う営みであることを理解しよう。
- 保育所・幼稚園の役割と教育・保育の考え方を整理しよう。
- 認定こども園の現状と役割、教育・保育について考えを深めよう。

1 養護と教育

|1| 保育としての養護と教育

子どもは、保育所、幼稚園、認定こども園で行われる日々の遊びや生活を通して健康・安全に守られ、発達にふさわしい育ちを得ていく。この営みが園における保育である。保育には養護と教育の2つの側面がある[*1]。

保育所保育指針では、養護と教育を次のように示す。「養護」とは、子どもの生命の保持及び情緒の安定を図るために保育者が行う援助やかかわりであり、「教育」とは、子どもが健やかに成長し、その活動がより豊かに展開されるための発達の援助である（図2−1）。

保育所、認定こども園においては、特に保健・衛生・安全に配慮が必要な低年齢児が在籍すること、長時間に及ぶ保育が行われることから、養護面における配慮が重視される。保育所保育指針及び幼保連携型認定こども園教育・保育要領では、養護において以下の2つの分野を示す。「生命の保持」と「情緒の安定」であり、それぞれに具体的なねらいや内容を示す。衛生的で安全な生活を通して、日々子どもの欲求が満たされ、自己を発揮して楽しい園生活を送ることができるようにするためである。そのために保育者は、快適な環境づくりに心がけ、一人ひとりの欲求に応えた丁寧な支援を行う。

幼稚園教育要領では養護についての項を設けていないが、心身の健康として、領域「健康」に含めて考える。保健・衛生・安全・食事・生活リズム等の重要性につ

*1 「保育」は一般にThe Early Childhood Care and Educationと訳される。養護と教育の両側面を含むことが表現されている。

第2章　保育所・幼稚園・認定こども園の役割

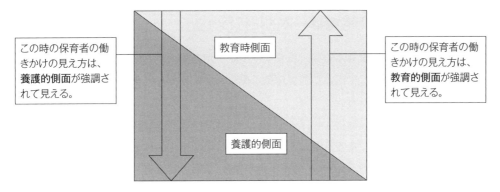

図2-1　保育における養護と教育の見え方の位相（イメージ）
出典：保育の言語化等検討特別委員会『養護と教育が一体となった保育の言語化』全国保育士会　2016年

いて述べている。したがって、幼稚園教育においても養護面の援助を含めて教育と考えているといえる。

2 幼保連携型認定こども園における教育と保育

　新たな就学前教育・保育施設である幼保連携型認定こども園は、幼稚園教育と保育所保育を統合する施設として考えることができる。この場合、「教育」は1号・2号認定の子どもが「学校としての教育」を受けることになり、「保育」は2号・3号認定の子どもが児童福祉施設（保育所）で「養護と教育としての保育」を受けることを示す。ただし、幼保連携型認定こども園では実際には1号認定・2号認定の子どもは午前を中心に同じ場で同一の教育を受けることになる。

> **ミニコラム　保育の認定区分**
>
> 　子ども・子育て支援新制度によって、幼稚園・保育所・認定こども園等では入園する子どもを3区分した。幼稚園は1号認定、保育所は2・3号認定、認定こども園は原則1・2・3号の子どもを受け入れる。別途地域型保育（小規模保育、家庭的保育等）では3号認定の子どもの保育を行う。新制度に移行しない私立幼稚園は従来の制度のまま特に「認定」を受けることはない。
>
> 表2-1　保育の認定区分
>
> | | 1号認定
（教育標準時間認定） | 2号認定
（満3歳以上・保育認定） | 3号認定
（満3歳未満・保育認定） |
> | --- | --- | --- | --- |
> | 認定区分 | 子どもが3歳以上で幼稚園等での教育を希望する場合 | 子どもが満3歳以上で、保育の必要な事由に該当し、保育所等での保育を希望する場合 | 子どもが満3歳未満で、保育の必要な事由に該当し、保育所等での保育を希望する場合 |
> | 利用先 | 幼稚園／認定こども園 | 保育所／認定こども園 | 保育所／認定こども園／地域型保育 |
>
> 出典：内閣府・文部科学省・厚生労働省『子ども子育て支援新制度なるほどBook［平成26年9月改訂版］』2014年

3 養護と教育は一体的に行われる

養護と教育を考える際、重要なポイントがある。それは、養護と教育は一体的に行われることである。保育は遊びや生活という形をとりながら、養護と教育が総合的に行われる。

保育の事例を分析すれば、"これは養護の分野""これは教育の分野"と分けることができるであろうが、実際の子どもの遊びや生活は分けて行われるものではない。たとえ養護の内容（例：生命の保持、栄養の補充等）を色濃く反映する「食事の場面」であっても、教育の内容（味わっていただく、マナーを守る等）が含まれる。また逆に、教育の内容（例：表現、協力、認識・技能の獲得等）が主になる「砂遊び」であっても、養護の内容（例：衣服の始末、手・指の衛生等）が含まれる。このように、養護と教育は切り離して考えるのではなく、保育の場面では一体的に行われると考えることが重要である。

4 生命の保持

前述のとおり、養護には2つの分野がある。その一つが「生命の保持」である。

抵抗力の弱い乳児期において、保健・衛生・安全に関する事項は最も重要な課題である。周囲の物を口に運ぶことの多い乳児、手指を口につけることの多い幼児の生活においては、細菌感染等を防ぐために園の衛生環境に特段の配慮が必要である。危険を予知することが十分とはいえない乳幼児の生活においては、転倒・転落・誤飲・窒息、やけど、溺水等への注意が必要である。近年多く見られる食物アレルギー症児への対応は、保護者と連携したうえで調理・配膳・摂食のすべての過程を通して注意深い取り組みが求められる。午睡時の乳幼児突然死症候群（SIDS）[*2]等の回避、散歩・園外保育時の交通事故等への注意など、これらの事故や疾病から乳幼児の命を守ることは保育者の大きな使命である。子どもの特性や日々の健康状態を把握して安全な生活へ心配りをし、安全への心構えをもった子どもを育てる援助が求められる。

災害への備えも重要である。保護者から託された子どもの命は保育者が守らなくてはならない。火災・地震等を想定した避難訓練では、自ら移動できない乳児も含めすべての子どもが安全に避難できる体制をつくることが必要になる。不審者に対する対策もとらなくてはならない。

日ごろの保育で大切になるのは、食事、排せつ、衣服の着脱等の援助を通して子どもの生活リズム・生活習慣を確立させることである。心地よい日々の生活習慣が獲得されることによって子どもは心身ともに健康になり、生涯にわたって安定した生活を営む基礎的な力をつける。小さなことに思える時もあるが、その積

*2 乳幼児突然死症候群（SIDS：Sudden Infant Death Syndrome）はそれまで元気だった乳児が睡眠中に突然死亡するケースをいう。確かな原因は解明されていないが、睡眠中の呼吸状態を観察する、うつぶせ寝を避ける、顔面へ布団等がかぶさらないようにする等でリスクの軽減につながる。

み重ねが子どもの命を守り育てていくことになる。基本的な生活習慣は保育者が子ども一人ひとりに丁寧に、根気よく、繰り返しかかわっていくことによって、次第に身についていくものである。

5 情緒の安定

　養護のもう一つの分野は「情緒の安定」である。安全で心地よい日々の生活があることによって、子どもの心に安定がもたらされる。安心して遊ぶことのできる園、やさしい保育者や気持ちの通じ合う友だちのいる園では楽しい遊びが意欲的に繰り広げられる。遊びの中では子どもは自分の願いを実現するために主体性を発揮する。いつでも支えてくれる温かな心の保育者がいてくれれば、子どもは毎日園へ行くことが楽しみになる。

　こうして「情緒の安定」がある日々の園生活を通して、子どもは自己を発揮し、主体的で自己肯定的な力を身につけていく。乳幼児期に自己肯定感を育むことのできた子どもはその後も力強く生きていくことになる。保育者は子どもが遊びたくなるような環境を整え、その中で子どもの気づきや工夫、やさしさや協同の姿を丁寧に認めていくことが大切になる。

　もう一点留意したいことは、保育が長時間にわたる子どもへの配慮である。子どもが集中して取り組むことのできる時間は限定的である。適切な生活のリズムを作り出し、ゆったりと過ごすことのできる時間・環境への配慮が必要になる。

2 保育所の役割

1 児童福祉施設としての保育所

　保育所は児童福祉法に定められる「児童福祉施設」である。児童福祉施設には保育所をはじめ、児童養護施設、乳児院、児童発達支援センター、母子生活支援施設など多様である。なかでも保育所はもっとも施設数が多く、全国には平成28年度現在26,237施設ある[1]。

　管轄は厚生労働省であり、設備・運営については「児童福祉施設の設備及び運営に関する基準」で示す。保育の目標・内容については「保育所保育指針」に定

園庭遊具で遊ぶ幼児（保育所）

める。これらは法令として守らなければならないものである。

保育所の職員は施設長（所長、園長）、主任保育士、保育士、看護師（保健師）、栄養士、調理員、業務員等がいる。保育時間は8時間を基準とするが、保護者の就労等を支える役割があるため、ほとんどの園は10時間、11時間の対応を行っている。給食が提供され、おやつや午睡も行われる。

一人の保育士が担当する子どもの数の上限は、以下のように定められている。0歳児3人、1・2歳児6人、3歳児20人、4・5歳児30人である。ただし、これらの数については、子どもや園の状況、自治体の考えなどでより望ましい状況に改善しているところもある。

乳児保育、障害児保育、延長保育については、ほほどこの園でも行われるようになった。一部の園では、一時保育[*3]、土・日の保育、子育て支援等を事業として行うところもある。

保育料は国の基準に沿って各自治体で定めるが、基本的には公立私立の区別はなく、応能負担であり、それぞれの家庭の状況によって決められる。一般に3歳未満児の保育料は、3・4・5歳児の保育料に比べ高くなっている。現行では第2子は半額免除、第3子は全額免除となっているが、自治体によってはさらに独自の助成をするところもある。

*3 保育所の入所児童ではない子どもが、保護者の都合（例：家族の病院つき添い、臨時的な仕事の要請等）で一時的に保育が必要になった場合、受け入れ体制の整えられた特定の保育所で一時的に保育を受けることができる制度。

2 教育を行う施設としての保育所

保育所の役割は、保護者の就労等の状況に応じて保育を必要とする子どもの保育を行うことである。その意味では児童福祉施設であるが、時代の変化・社会の変化と共に、教育機関としての役割も果たすようになってきた。

2017（平成29）年3月告示の保育所保育指針では、3歳以上の幼児の教育について、健康・人間関係・環境・言葉・表現の5領域のねらいと内容、「育みたい資質・能力」、「幼児期の終わりまでに育ってほしい姿」（10の姿）などは、幼稚園教育要領や幼保連携型認定こども園教育・保育要領とほぼ同じ表記になり、整合性が図られた。また、乳児（0歳児）においても、身体的発達、社会的発達、精神的発達を踏まえた教育的営みを明示し、1・2歳児については、教育の5領域において1・2歳児にふさわしいねらいと内容を系統的に配置した。

これらのことを考えると、保育所は児童福祉施設ではあるが、保育として幼児教育を行う施設でもあると認識する必要がある。

3 保育所の役割、保育士の役割

保育所の「役割」について、保育所保育指針の第1章 総則で以下の4項目を

記載している。(1) 子どもの最善の利益を考慮する、(2) 養護と教育を一体的に行う、(3) 保護者及び地域の子育て家庭に対する支援を行う、(4) 倫理観に裏づけられた判断、専門的知識・技術に基づく保育の実施、である。各項目について、事例を通して考えてみたい。

(1) 子どもの最善の利益を考慮した保育

保育所は保護者の就労等を支え、さまざまな保育内容を計画して子どもの豊かな体験と発達を促すことを目指す。しかしその保育は保護者のためでも、保育者のためでもなく、子どものためを願って行われるものである。

食事を例にとって考えてみる。食事の援助は保育のなかでも常に重視される課題である。保育所保育指針では第3章 健康及び安全で「食育の推進」の項を設けて食を営む力の育成を期待している。

> **事例1　何でも食べて元気な姿になってほしい（3歳児）**
> Aちゃんは給食時、嫌いなものがあって食べようとしない。保育者は横に座り食べるように勧めるが、口を閉じたままである。Aちゃんは食が細くて、小柄なため、保育者は何でも食べて、元気になってほしいと願っている。

この子どもにどのような対応をするのがよいか。子どもが健康で元気に育つためには十分なカロリーとバランスのよい栄養を摂取しなければならない。そのために目の前の給食を残さず食べてほしいというのは保育者の願いである。だからと言って食べることを強く求めてもよいということにはならない。食の細い子、特定の食材に不慣れな子、体質的に受けつけない子など、さまざまである。励まして食べる意欲につなげる、食べやすくするために小さく切る、周りの子が食べる姿を見て食べようとする気持ちにつなげるなどの努力をしながらも、気長にかかわり続けることになる。

食べさせることだけを考えた強制的な指導は、かえって子どもの心を閉ざすことにつながる恐れがある。子どもの最善の利益はどこにあるのか、日々の保育の中で常に心しなければならない課題である。

(2) 養護と教育を一体的に行う

先に保育所保育では養護と教育が一体的に行われると述べた。事例を通して考えてみたい。

> **事例2　ブロックがほしい（1歳児）**
> Bちゃんはブロックで遊んでいたが、Cくんに押し倒されて、ブロックをとられてしまい、泣いている。Bちゃんは倒れたときに打ったのか少しだけ額が赤くなっている。実はそのブロックは当初Cくんが使っていたものだった。

　この2人の子どもにどのような対応をするか。まずはそのようなことが起こらない配慮が必要だったかもしれない。しかし、子どもはこのようなトラブルを経て他者との関係性を築いていく。そう考えた場合、保育者としてどのようにかかわるのが望ましいだろうか。ここに養護と教育を一体的に行う保育者の姿勢が求められる。まずは子どものけがに対する手当てが必要になる。痛かった気持ちを受け止めつつ、額という部位からも、体の状態に留意しながら冷やすなり安静にするなどして様子をみる。これは安全にかかる養護といえる。あわせて互いの思いを言葉に表し、つないでやる必要がある。どちらが悪いかという審判的判断をするのではなく、それぞれの子どもの思いを引き出し、互いに理解し合うことが重要になる。これは情緒の安定への養護的な取り組みでもあり、あわせて言葉の表現、人とのつながりを培う教育的な営みでもある。こうした養護と教育を一体的に行う丁寧なかかわりが子どもの育ちを促す。

（3）保護者及び地域の子育て家庭に対する支援

　保育者は目の前の子どもの保育を行うことが当然の役割である。しかし、子どもの育ちは園だけで支えるのではなく、園と保護者とが共通の考えをもって支えていくことによって促される。

> **事例3　少し疲れのみられる母親**
> 2歳の誕生を迎えたDくんは活発な子だ。いやなことがあると物を投げたり、たたいたりする。父親はしつけのために厳しく叱ることがよくある。母親は疲れた表情を見せることが多く、子育てに関しても自信が持てないようである。

　このような子どもや保護者にどのような対応をするか。まずは子どもが園で自分の好きな遊びが十分にできる環境をつくり、保育者は丁寧にかかわりながら、Dくんのよい姿を認め、安定して遊びや生活ができるように努めなければならない。親子の関係が良好なものになるよう、保護者に日々の子どもの成長する姿、うれしい姿を伝えて、子どもの見方、子どもの心の受け止め方を伝えていくことが必要になるであろう。そうすることによって保護者の信頼を得て、保護者は子どもへのかかわり方を改善する可能性も見えてくる。経済的な問題、家庭内の困

難な状況等さまざまある中で、単純に改善が図られない場合もあるが、ともに子どもの伸びていく姿を喜び合うことを通じて信頼を得ていく。

また、保育所の役割として、在園児の保護者に限らず、地域の子育て家庭への支援も求められる。地域の小さな子どもへの遊び場の提供、子育てに不安を持つ保護者への子育て相談の場となることも、現在の保育所が目指さなければならない姿である。

（4）倫理観に裏づけられた判断、専門的知識・技術に基づく保育の実施

保育所では子どもが日々安全で、楽しく過ごすことができればよいという考えだけで保育を行っているのではない。無論それは大前提ではあるが、それぞれの保育者は倫理観に裏づけられた判断、専門的知識・技術に基づいて計画的・組織的に日々の保育に取り組んでいる。ここでは2つの事例で考えてみる。

事例4　たびたび登園時間に遅れる親子（3歳児）
3歳児のEくんは保護者に連れられ、今日も10時ごろに登園した。顔色がさえない。朝食も十分とっていないようだ。クラスのみんなはすでに好きな遊びを楽しそうにしている。

この事例では、保護者の子育てに問題があるのは明らかである。しかし、そこで「もう少し早く登園しましょう」と単純に求めることができるのか。保護者の家庭状況に思いを馳せる必要がある。もし、ひとり親家庭で、仕事も夜間にまで及ぶとすれば、園へ子どもを連れて来たことを喜んで受け入れ、認めるべきであろう。場合によっては、Eくんのお腹を満たす必要もあるかもしれない。そのような支えが継続される中で、徐々に保護者との信頼関係が築かれ、課題解決への道筋が見えてくる。保育者には温かな人間性、倫理観が求められる。

事例5　うそのミニトマト（4歳児）
保育者「食べられてしまったなぁ」
Hちゃん「カラス！　だってあそこにおったもん」
保育者「みんなで1個ずつ食べようと思っていたのにな」
Jくん「じゃあさ、うそのミニトマト作ってつけとくのは？」
Hちゃん「あ、それいいな」
保育者「うそのミニトマトをつけてカラスをだますってこと？」
Jくん「うん、そう」
保育者「みんなはどう？」
子どもたち「やりたい」
保育者「どうやって作る？」

> Jくん「んー、丸くする」
> 保育者「てるてる坊主みたいに？」
> Jくん「うん、それで赤いのをその上からする」
> Hちゃん「それがいい」
> Jくん「（中に丸めた）紙が見えたらいかん」
> 保育者「どこにつける？」
> Kちゃん「（へたの残っているところを探して）「ここ」（緑のガムテープでつける）
> Jくん「カラス、"あ、まずっ"て思うんちゃう？」

　これでカラスからミニトマトが守られる……ことにはならないであろう。しかし保育者は子どもの考えを大切にしながら、子どもの楽しい発想を生かして、共にカラスからミニトマトを守る取り組みを行った。これは保育者としての専門性を発揮した保育である。保育者は子どもの考える力を引き出し、仲間と協同して取り組み、将来の学びの力につながる基礎を培っていると考えることができるのではないだろうか。

4 保育所の社会的責任

　保育所保育指針では、①子どもの人権に十分配慮すること、②保護者・地域との連携、保育の内容を説明すること、③個人情報を守る、保護者からの苦情解決に努めること、を保育所・保育士に求めている。あわせて全国保育士会倫理綱領[*4]では8項目について明文化し、専門職としての規範を示すことに努めている。その内容から、次の2項目を抜粋する。各自で考えてみてほしい。

> ・　私たちは、一人ひとりのプライバシーを保護するため、保育を通して知り得た個人の情報や秘密を守ります。
> ・　私たちは、職場におけるチームワークや、関係する他の専門機関との連携を大切にします。また、自らの行う保育について、常に子どもの視点に立って自己評価を行い、保育の質の向上を図ります。

*4　2003（平成15）年に全国社会福祉協議会、全国保育協議会、全国保育士会が「私たちは、子どもの育ちを支えます。私たちは、保護者の子育てを支えます。私たちは、子どもと子育てにやさしい社会をつくります」の理念のもとに策定した8項目からなる綱領。

5 保育所の保育

(1) 全体的な構造

　2017（平成29）年改訂（改定）の保育所保育指針、幼稚園教育要領、幼保連携型認定こども園教育・保育要領により、保育所、幼稚園、幼保連携型認定こども園のいずれにおいても、3歳以上児の保育内容はほぼ共通した。また、保育所お

第2章　保育所・幼稚園・認定こども園の役割

よび幼保連携型認定こども園において、特に3歳未満児の保育について詳細な記述が行われた。

保育所保育指針が示す保育のねらいと内容の全体像は以下の通りであるが（表2-2）、新たな視点として「幼児教育を行う施設として共有すべき事項」に、3つの「育みたい資質・能力」及び「幼児期の終わりまでに育ってほしい姿」（10の姿）を示し、保育の中で取り組むことを求めた。この3つの資質・能力、10の姿については、第1章で述べたとおりである。

保育所保育指針は、厚生労働省の定める告示（法令）である。保育所はここで示される方法、内容、配慮を基本として保育を行う。

表2-2　保育所保育指針が示す保育のねらいと内容の全体的な構造

養護のねらいと内容	「生命の保持」、「情緒の安定」の2つの分野で、ねらい4項目、内容4項目を示す。		
教育のねらいと内容	乳児	1歳以上3歳未満	3歳以上
	「身体的発達」、「社会的発達」、「精神的発達」の3つの視点で、ねらい3項目、内容5項目を示す。	「健康」「人間関係」「環境」「言葉」「表現」の5領域で、ねらい3項目、内容6～7項目を示す。	「健康」「人間関係」「環境」「言葉」「表現」の5領域で、ねらい3項目、内容8～13項目を示す。

（2）乳児（0歳児）の発達と保育

保育所保育指針で基本的事項として掲げられている内容は、以下のとおりである。

- 視覚、聴覚などの感覚や、座る、はう、歩くなどの運動機能が著しく発達する。
- 特定の大人との応答的な関わりを通じて、情緒的な絆が形成される。
- これらの発達特性を踏まえて、乳児保育は、愛情豊かに、応答的に行われることが特に必要である。

そのうえで、以下の3つの視点（3歳以上の領域の考え方に該当する）を示した。1つめは「健やかに伸び伸びと育つ」、これは身体的発達に関する視点である。2つめは「身近な人と気持ちが通じ合う」、これは社会的発達に関する視点である。3つめは「身近なものと関わり感性が育つ」、これは精神的発達に関する視点である。それぞれにねらい3項目と内容5項目を示した。加えて内容の取扱い上の留意点、配慮事項を記載した。2017（平成29）年度改定の保育所保育指針の特徴の一つである。

（3）1歳以上3歳未満児の発達と保育

保育所保育指針で基本的事項として掲げられている内容は、以下のとおりである。

> - この時期においては、歩き始めから、歩く、走る、跳ぶなどへと、基本的な運動機能が次第に発達し、排泄の自立のための身体的機能も整うようになる。
> - つまむ、めくるなどの指先の機能も発達し、食事、衣類の着脱なども、保育士等の援助の下で自分で行うようになる。
> - 発声も明瞭になり、語彙も増加し、自分の意思や欲求を言葉で表出できるようになる。
> - 保育士等は子どもの生活の安定を図りながら、自分でしようとする気持ちを尊重し、温かく見守るとともに、愛情豊かに、応答的に関わることが必要である。

　そのうえで「健康」「人間関係」「環境」「言葉」「表現」の5領域で、ねらい3項目、内容6～7項目、内容の取扱い3～4項目を示し、3・4・5歳児の保育につなげた。詳細は保育所保育指針で確認してほしいが、この点も2017（平成29）年度改定保育所保育指針の特徴の一つである。

（4）3歳以上児の発達と保育

　保育所保育指針で基本的事項として掲げられている内容は、以下のとおりである。

> - この時期においては、運動機能の発達により、基本的な動作が一通りできるようになるとともに、基本的な生活習慣もほぼ自立できるようになる。
> - 理解する語彙数が急激に増加し、知的興味や関心も高まってくる。
> - 仲間と遊び、仲間の中の一人という自覚が生じ、集団的な遊びや協同的な活動も見られるようになる。
> - これらの発達の特徴を踏まえて、この時期の保育においては、個の成長と集団としての活動の充実が図られるようにしなければならない。

　そのうえで「健康」「人間関係」「環境」「言葉」「表現」の5領域で、ねらい3項目、内容8～13項目、内容の取扱い3～6項目の記述を行っている。この部分は、幼稚園教育要領、幼保連携型認定こども園教育・保育要領と整合性がとられ、内容的には同一である。

3 幼稚園の役割

1 学校教育としての幼稚園の役割

　学校教育法（第26条）では「幼稚園に入園することのできる者は、満3歳から、小学校就学の始期に達するまでの幼児」としている。幼稚園教育はこうした幼児期の子どもを対象として、集団の中で生活や遊びを中心とした多様な経験を通して成長を促すところである。
　幼稚園では3歳児を「年少」とし、以後「年中」「年長」と3年間の保育を行

うのが一般的である。しかし、園や地域によっては2年保育（4・5歳児）、1年保育（5歳児）のところもある。また、満3歳の誕生日を過ぎれば入園を可能とするところから、受け入れ態勢を整えた私立幼稚園では随時入園を受けつけるところもある。したがって、一部の2歳児も幼稚園教育を受けている実態がある。

栽培野菜に水をやる園児

　幼稚園は、学校教育法に定められた学校である。教育時間は4時間を標準とし、原則として土曜日は休業日であり、夏期休業などの長期休業もある。ただし、近年は「教育課程に係る教育時間の終了後等に行う教育活動」（預かり保育）を実施し、保護者の希望に沿って"標準"を超えた教育を行う園が増加している（表2－3）。

表2－3　幼稚園における預かり保育実施状況

年度	平成9年度	平成18年度	平成22年度	平成26年度
公立	330（5.5%）	2,415（44.6%）	2,681（52.5%）	2,724（60.8%）
私立	3,867（46.0%）	7,248（87.6%）	7,377（89.6%）	7,369（95.0%）
合計	4,197（29.2%）	9,663（70.6%）	10,058（75.4%）	10,093（82.5%）

出典：子どもと保育総合研究所編『最新保育資料集 2017』ミネルヴァ書房　2017年　p.16

❷ 重視される幼児教育

　2006（平成18）年に改正された教育基本法では、新たに幼児期の教育（第11条）の条項を盛り込み、「幼児期の教育は、生涯にわたる人格形成の基礎を培う重要なものである」とし、行政は振興に努めることを明記した[*5]。幼児期の育ちのありようがその後の育ちに大きく影響することは従来から言われてきたことであるが、特に近年、青少年の実態と関連して指摘されるようになってきたためである。幼稚園教育に期待されるところがますます大きくなってきたといえる。

　学校教育法（第22条）では、「幼稚園は、義務教育及びその後の教育の基礎を培うものとして、幼児を保育し、幼児の健やかな成長のために適当な環境を与えて、その心身の発達を助長することを目的とする」としている。次に子どもの健やかな成長を支える幼稚園教育の内容について考える。

*5　同時に家庭教育についても、「父母その他の保護者は、子の教育について第一義的責任を有するものであって、生活のために必要な習慣を身に付けさせるとともに、自立心を育成し、心身の調和のとれた発達を図るよう努める」（第10条）と、新たな条項を設けた。

3 保育内容の多様性

　保育内容は、幼稚園で行う遊びや生活のすべてを指す。子どもがつくり出すものもあれば、保育者が提起するものもある。しかし、その内容は、小学校教育のように教科書や時間割で示されているわけではない。学習指導要領のように、教科ごとに具体的な教育内容や順序性を決めたものでもない。幼稚園教育要領で内容として示されているのは幼児期に身につくことが望まれる"心情・意欲・態度"に関する事項であり、例えば「いろいろな体験を通じてイメージや言葉を豊かにする」などと"おおまかな"表記になっている。これは、子どもの実態や地域の実態に応じて多様な保育の展開を可能にするためである。具体的な保育の内容は、各園が子どもや地域の実態を踏まえた指導計画[*6]に記述し、実施することになる。

4 保育内容の総合性

　幼稚園教育要領の第2章では、「内容は、幼児が環境に関わって展開する具体的な活動を通して総合的に指導されるものであることに留意しなければならない」としている。この"総合的に"とはどういうことであろうか。

　それは、園で展開する保育内容は、どれをとっても子どもの発達に必要な養護や教育にかかわる事項を総合的に備えているということである。例えば、ごっこ遊びの場合、表現力、コミュニケーション力、人と折り合いをつける力、イメージする能力、言葉の育ち、生活理解、認識力……など、その後の生活に必要な力の基礎を総合的に培っていると考えられるのである。

　したがって、「健康な体をつくるために運動遊びを行う」「表現力を高めるために観察画を描く」「文字獲得のために文字遊びを行う」などのように、ねらいと活動を短絡的に結びつける考え方は保育としては不適切である。保育は内容別や領域別に支援するのではなく、子どもの活動を総合的・多様に支援するのである。

4 認定こども園の役割

1 認定こども園とは

　認定こども園は、幼稚園と保育所の両方の機能をあわせもち、地域の子育て支援を行う総合的な施設である。学校教育のための施設でもあり、児童福祉のための施設でもある。認定こども園は保護者の就労状況にかかわらず入園が可能であ

[*6] 指導計画は各園の保育者が作成し、日々の保育を系統的・計画的に展開するためのものである。長期指導計画（年間、期間、月間）、短期指導計画（週案、日案、デイリープログラム）、その他の指導計画（安全保育、食育、発達支援保育、保幼小連携など）がある（第4章を参照）。

り、1号認定・2号認定の子どもは午前を中心に同じ保育室で教育・保育を受ける。その教育・保育の内容等については、「幼保連携型認定こども園教育・保育要領」に示されている。この要領は、2017（平成29）年3月に内閣府が文部科学省・厚生労働省と連携して示した。したがって、保育所保育指針及び幼稚園教育要領の内容を含んだうえで、認定こども園を利用する多様な子ども・保護者に対する配慮なども加えた記述がなされている。

認定こども園には、幼保連携型、幼稚園型、保育所型、地方裁量型の4類型[*7]があるが、ここでは全体のおおよそ7割を占める幼保連携型認定こども園の保育を中心に考えることにする。

*7 幼稚園型
1号認定の子どもに加え少数の2号認定の子どもも受け入れる幼稚園の特色をもつ園である。
保育所型
2・3号認定の子どもに加え少数の1号認定の子どもも受け入れる保育所の特色をもつ園である。
地方裁量型
認可外の園が一定の基準を満たすことによって認定こども園になったものである。

2 認定こども園はどのようにして誕生してきたか

1945（昭和20）年以降、国の新たな就学前教育・保育制度を検討する中で保育一元化の論議が行われたものの、児童福祉施設としての保育所の役割と学校教育機関としての幼稚園の役割は異なるとして、それぞれ独自の発展をとげてきた。1970（昭和45）年代から一部の園で幼保一元化に向けた実践的な取り組みが行われ、関心が広がった。保育所と幼稚園の役割や保育の内容は次第に共通化する傾向を見せ始め、1998（平成10）年には「幼稚園と保育所の施設共用等に関する指針」が出された。以後幼稚園と保育所を同一敷地に置き、園庭・遊戯室等を共用する一体化園が誕生するようになった。2006（平成18）年には（旧）認定こども園制度が発足したが、当初は保育所と幼稚園の制度上の制約があり、園運営には煩雑さがあった。2015（平成27）年に子ども・子育て支援新制度がスタートする中で、新たな制度・基準に基づいて認定こども園が本格的に運営されるようになり、近年は幼稚園・保育所から認定こども園へ移行する施設が増加傾向にある（表2-4）。

2016（平成28）年度の保育所数は26,237園（幼保連携型認定こども園等も含む数）、幼稚園数は11,252園となっている[2]。認定こども園は5,081園で就学前教育・保育施設の1割以上を占めるようになった。

表2-4 認定こども園数の変化

年度	平成26年度	平成27年度	平成28年度	平成29年度
認定こども園数	1,359	2,836	4,001	5,081

出典：内閣府平成29年10月発表（内閣府ホームページより）

3 認定こども園における保育

　3号認定の子ども（3歳未満児）は、成長・発達に合わせた保育がそれぞれに行われる。ここでの保育は現行の保育所の保育と同じと考えてよい。今までと大きく変化するのは1号認定・2号認定の子どもである。認定こども園では午前中を中心に同じ保育室で同じ生活や遊びを展開する。その大まかな保育の流れは以下のようになる（図2-2）。

　認定こども園での保育の特徴は、1号認定・2号認定の子どもは保護者の就労等の状況がどのように変化しても同じ保育を受けることである。

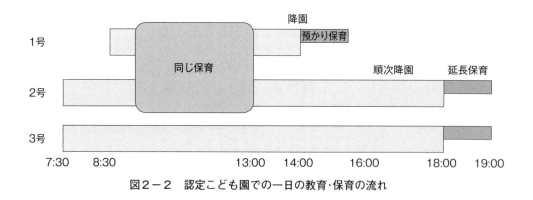

図2-2　認定こども園での一日の教育・保育の流れ

4 認定こども園における保育への配慮

　認定こども園では、午前中に同じ保育を受けてきた子どもが午後に異なる動きをとることによる混乱や動揺を少なくする配慮が必要である。特に3歳児の初期に必要だといわれる。1号認定の子どもが降園する時間に、2号認定の子どもはどのように過ごすのが望ましいか。例えば、その場でお別れをして別室に移り、他のクラスの2号認定の子どもと合流して楽しみの活動を実施し、その後に午睡もしくは自由な遊びをするなどの工夫が求められる。当然、保育教諭相互の連携や協働が必要になる。1号認定の子どもの降園を行い、保護者との連絡を行う保育教諭が一方にいて、他方の保育教諭が残る2号認定の子ども、場合によっては預かり保育を行う1号認定の子どもを含めて担当し、午後の生活につなぐ。

　遊びの継続性に疑問を持つ人がいる。園における午後の遊びの時間が子どもによって異なるため、経験の差が出ないかという疑問である。この点はほとんど問題なくどの子どももその現実を受け入れていくことができる。夏などに長期間の休みに入る子どもと継続して保育を受ける子どもの経験の差を懸念する人もいるが、子どもはそれぞれの場で豊かな経験をして再び出会うわけであるから、互い

の経験を発揮して新たな園での生活をスタートさせる。夏休み等の長期の休みの間は運動会への取り組みは控えるなどの配慮も必要になる。

　大変なことのように思えるが、連携によって新たな保育を創造していく可能性も見えてくる。認定こども園では多様な家庭環境の子ども、幅広い年齢の子どもが触れあうため、教育・保育の内容に広がりが出る可能性がある。今後さらなる工夫が求められる。

> **事例6　保護者参観での様子　（認定こども園、0〜5歳児）**
> 　保護者はニコニコして子どもの姿を見つめている。5歳児は仲間と2人で描いた絵を手に持ち、元気に園で遊んで楽しかったことや、地域へ出かけて自然の中で遊んだことについてお話をする。3・4歳児は保護者と一緒にリズム遊びやゲーム遊びを楽しむ。1・2歳児は手遊び、触れあい遊びをしている。元気な歌声や、静かにお話を聞く姿も見られた。0歳児は先生と保護者の懇談会である。保護者や家族が参加して子どもたちの育った姿を共に喜び合う日であった。

　上記は、認定こども園としてスタートして1年を経た子どもと保育者の姿である。保育所保育で培われてきた低年齢の保育・安全への配慮・保護者とのつながり、幼稚園教育で培われてきた教育的なかかわり・研修の成果、これらが融合し合って子どもの落ち着いた姿や自信を持って行動する姿、楽しい姿が見られ、地域のすべての子どもの園になったことが実感できる。

5　認定こども園への期待と課題

(1) 子どもの学びへの期待

①　多様で幅広い年齢の子どもがふれ合い心の育ちが豊かになる

　幼稚園の場合、園児は3歳から就学までと限定されるが、認定こども園には0歳から就学までの子どもが集う。年長児には小さな子への思いやり、やさしさを培う場となる。

　仕事に出る保護者、家庭で家事・育児にあたる保護者など、子どもはそれぞれに多様な生活があることも受け入れていく。

②　気の合う仲間同士で楽しい遊びが展開される

　小規模化した複数の園が統合して認定こども園になることによって、多数の子どもが集うことになる。適切な規模の集団としての保育が行われ、子どもの発想が生かされた多様な遊びが随所で展開することが期待できる。

（2）保育教諭の学びへの期待

① 子どもの育ちのプロセスを理解した保育ができる

　幼稚園教育に取り組んできた保育者は、目の前の0・1・2歳児の姿から、あるいは保育所保育に取り組んできた保育者から、低年齢児の発達や保育のあり方を学ぶことができる。保健・衛生・安全などへのきめ細やかな配慮なども学ぶことができる。

　逆に保育所の保育に取り組んできた保育者は、学校教育として幼児教育の視点をもって取り組んできた幼稚園の保育者から、遊びの教育的視点や実践検討の方法などを学ぶ機会にもなる。認定こども園として新たな保育をつくりだしていくための協働や創造が期待できる。

② 子どもの育ちを確実に引き継ぐことができる

　保護者の就労の変化等で子どもは園を変わる必要がない。同一園で育つ子どもの状況は保育者間で引継ぎが行われ、必要な情報を常に伝えることができる。特に教育・保育を進めるうえで配慮を必要とする子どもの理解・支援については確実に引き継がれる。また、小学校との連携もしやすくなる。

（3）保護者の学びへの期待

① 多様な保護者相互がつながり合う関係になる

　それぞれの子育てのあり方、生き方、仕事観をもつ保護者相互が地域の親としてつながり合うことになる。保護者相互の関係性が深まる。

② 保育のあり方を園の職員と共に考える

　地域で育つ子どもの保護者として、保育者とともに園の保育のあり方を考え、つくりだす関係になる。そこでは就労・非就労を問わず、多様な保護者の状況に配慮した保育が考えられることになる。

（4）地域の子育て支援への期待

① 認定こども園の役割として「地域の子育て支援」を行う

　施設の中に子育て支援センターが置かれ、専任の支援スタッフが配置される。地域の小さな子の遊び場として、また保護者相互の交流の場として、さらには子育て相談の場として機能を果たすことが期待される。子育てに不安をもつ保護者が増えているといわれる現代、認定こども園は未就園の子どもとその保護者を支え、安心して子育てのできる場になるであろう。専任スタッフが配置できない場合でも、例えば毎週○曜日は自由に園へ遊びに来てくださいと園庭を開

子育て支援のふれ合い遊び

放して、地域の園として子育て支援に取り組むこともできる。

② 保護者とともに子育てを考える

園と家庭とが連携しあって共通理解のもとで子どもへかかわることで子どもは育つ。保育者は園で見られた子どもの嬉しい姿を保護者に伝える。保護者は家庭での様子や、子どもの心身の状態を保育者に伝える。この連携が子どもの成長と安定した生活をつくる。子どもの保育だけにうもれることなく、保護者を支え、保護者とともに子どもの育ちを考えることが今後もますます求められる。

（5）今後、園として考えていかなければならない課題

認定こども園になることに伴う保育料・保護者組織・園児定数・職員の働き方など、数々の課題はあるが、ここでは主に園行事のあり方と職員の協働について考える。

① 園行事のあり方

保護者の参加を求めることについては検討が必要になる。保育参観（参加）は特定の平日では困難な保護者もいる。期間を数日とるなどの工夫が必要になる。保護者と共に行く遠足は、ある年齢の1回にするなどの配慮が必要になる。運動会・発表会は土・日等の開催を考えることになるであろう。

② 保育教諭等の協働

勤務時間や担当が異なることがあるため、連携して子どもの姿を把握する必要がある。職員会議、翌日の保育の準備、研修の時間を確保するなど保育の質・専門性の向上を図るための工夫・努力が求められる。

全体的な計画を編成し、教育・保育観の確立をめざさなければならない。そのためには「幼保連携型認定こども園教育・保育要領」を理解して、園運営や保育の実践にあたることが必要になる。

認定こども園は新たな枠組みの幼児教育・保育施設であるため、新たな保育を創造するという視点で、職員・保護者・地域の人々が協働して子ども理解のうえに立って保育を創造していくことになる。

【引用文献】
1）子どもと保育総合研究所『最新保育資料集2017』ミネルヴァ書房　2017年　p.21
2）同上　p.6、p.21

【参考文献】
　尾木まりほか編『家庭的保育の基本と実践』福村出版　2015年
　高橋健介ほか編『認定こども園における保育形態と保育の質』ななみ書房　2017年
　吉田正幸監修『NEW認定こども園の未来—保育の新たな地平へ—』フレーベル館　2016年

第3章 保育所・幼稚園・認定こども園の保育内容

学習のポイント
- 子どもの育ちを支える園生活はどうあればよいか考えてみよう。
- 遊びを通した保育が子どもにとって重要なわけを理解しよう。
- 子どもの遊びや生活を領域の視点から考える必要性を理解しよう。

1 乳幼児期にふさわしい生活

1 安心できる保育者がいる生活

　保育者は、すべての子どもにやさしさと笑顔と細やかな配慮をもって臨む。20人、30人を超える子どもとの関係をつくりあげるのは困難な営みであるが、保育においては一人ひとりへ十分な配慮が求められるのである。子どもは自分が保育者に見守られていることを実感すると、安心して園生活を過ごし、意欲的・主体的に生活や遊びに取り組むようになる。

　保育者として重要な姿勢は、一人ひとりの子どもの心を理解することである[*1]。子どもの発達を理解するとともに、一人ひとりの思いを汲んでやるのである。それには子どもの行動の意味に思いを馳せることが求められる。友だちと遊具の取り合いでトラブルになった場合でも、なぜ取っていったのか、なぜたたいてしまったのか、子どもとともに考え、相互の気持ちをつないでやることが必要である。そのような保育者は子どもに信頼される。保育者は必然的に子どもにとっての行動モデルになるのである。

　さらに重要なことは保護者との信頼関係に根ざした連携づくりである。小さいときから愛情を注いで育てた保護者から"わが子"について聞くことで、適切な子ども理解が図られ、園におけるその子の行動も理解できるようになる。子どもも"お母さん（お父さん）と先生は仲良し"という実感を持つと、保育者への信頼を高める。

*1　わが国の"幼児教育の父"と呼ばれる倉橋惣三は『育ての心』（フレーベル館 2008年）で子どもの心を受けとめることの重要性を多くの随筆で著した。子どもの姿、保育者としての姿勢をエピソード的に述べていて、多くの保育者が共感する内容である（第4章を参照）。

子どもだけでなく保護者の気持ちも受けとめることのできる保育者が担当するクラスは、子ども相互の関係も温かく、楽しいクラスになる。

2 多様な遊びが繰り広げられる保育環境

　幼児期における生活は、遊びが中心である。遊びは保育者が提案する場合もあるが、それよりも子どもたちが自らつくり出す遊びのほうがはるかに多い。遊びの重要度から考えると、後者のほうが保育・教育の内容として意義深い。子どもの考える遊びは実に楽しい。気の合う仲間とともに自由に繰り広げる遊びには、楽しさや夢、ユニークさが満ちあふれている。

　地面に小さな穴を掘って、枝や草をかぶせてトカゲの落とし穴をつくろうという予測しがたい遊びを考える子どもがいる。お化け屋敷をしようとする子どももいる。「お化け屋敷って楽しそうだね。どうしたらいいの？」と問いかけると、「暗くする」「トンネルにする」「もっとたくさんのお化けをつくる」など、さまざまなアイデアが出てくる。積み木をトンネルのように組み立ててお化け屋敷にする子どもが出てくる。傘お化けやガイコツ、火の玉などを描いてお化け屋敷の内部にはり、空き箱に手足をつけた人形をひもでぶら下げる子どももいる。

　重要なことは、日ごろからこのような活動に取り組むことのできる保育環境が存在することである。遊びのための環境が準備されていれば、子どもは気の合う仲間とともに自由に遊びをつくり出す。お化け屋敷でいえば、絵を描く用紙（残りの紙でよい）や空き箱・空き容器などの材料、粘着テープなどの用具が自由に使えるようになっていることが大切なのである。保育者も子どもと一緒になって、カーテンを閉めて薄暗さを演出し、積み木が不足すれば机、マット、黒い布地を代用するなどして支援することでさらに遊びが楽しくなる。

3 仲間とともに過ごす楽しい生活

　子どもは元来素直で、やさしく、楽しい発想を持っている。そのうえ、従順なため保育者の求めには懸命に応えようとする。したがって、保育者が統制のとれたクラス集団を築きたいという思いだけで、権威的に子どもの考え方や行動を規制してはならない。厳しい姿勢で、"良い子"でいることの重要性を説きながら対処すればそれなりにクラス集団はまとまる。しかしながら、そうして築き上げられたクラス集団は、保育者の指示はよく通るが、子どもは相互に牽制しあい、張り詰めた気持ちの漂う集団になってしまう。

　それに比べて保育者が一人ひとりの子どもの考えや気持ちを大切にした保育を心がけると温かさが漂ってくる。仲間とともにいきいきと遊びに取り組むように

なる。したがって、保育者は子どもの実態を踏まえた楽しい活動を提起し、自らもその活動を楽しむことが重要になる。楽しい活動はみんなの心を一つにする。だからこそ、十分な時間をかけて保育を計画することが必要になるのである。

夢のある楽しい保育は、子どもの発達に合っていて意欲的に取り組むもの、子どもの発想が生かされていて充実感があるものである。それは、例えば歌であっても十分に感じることができる。歌っている子どもの目や表情が"わたしたち、ぼくたちみんな仲間だね"と訴えかけてくるのである。保育を楽しくするのは保育者の温かなかかわりと豊かな発想である。

4 自立した生活

園生活において重要なことは、安全な生活、情緒の安定した生活である。園のテラスに寝転んで「気持ちいいな～」とつぶやいた子どもがいた。気の合う仲間がいて楽しい遊びがあり、やさしい保育者がいて子ども中心の生活があるからであろう。そこは子どもにふさわしい生活の場である。

子どもの生活の場である園で、子どもは自ら生活を切り開いていこうとする。それは子どもの喜びの姿でわかる。例えば、縄跳びや雲梯(うんてい)に挑戦して少しでも進歩が見られると、「見て～、見て～」とその喜びを表現する。折り紙や鍵盤(けんばん)ハーモニカに自ら熱心に取り組み、やがてできるようになる。自分の生活を切り開いていくことへの喜びを感じる子どもたちである。

基本的な生活習慣についても同じことがいえる。手洗い、うがい、排泄(せつ)、衣服の着脱の習慣などが自立することは自信を持つことにつながる。食事が順調にできることも、健康な体をつくり、安定した心の状態をつくるのである。

重要なことは、そのような一人ひとりの姿を温かく見守り、支える保育者が傍らにいることである。生活面での自立は、繰り返し、根気よく、認め、励まし続けることで確立されていく。

2 遊びを通しての指導

1 遊びは重要な学習

幼稚園教育要領の第1章 総則の第1「幼稚園教育の基本」に遊びに関して次のような記述がある。「幼児の自発的な活動としての遊びは、心身の調和のとれた発達の基礎を培う重要な学習であることを考慮して、遊びを通しての指導を中心として第2章に示すねらいが総合的に達成されるようにすること」とある。つ

まり子どもにとっての遊びは学習であり、園における保育は遊びを通して総合的に行うことなのである。

> **事例1　忍者ごっこ（5歳児）**
>
> 　4人の男女が一列に並び、腰を低くして園庭を早足で移動している。4人は"森"で止まった。レッド（Kくん）が「ここを掘れ！」と手にしていた小さなスコップで地面を掘り始めたが、固くて思うように掘れないため、「よし、砂場へ行こう！」と再び走りだした。
>
> 　忍者たちは砂場で宝を探している。隊長のレッドが砂の中から小石を見つけ、「宝があったぞ！」と叫ぶと、イエロー（Mくん）も「あっ、ほんとだ、宝だ！」と応じる。砂を払って眺めた後、バケツに水を汲み、石を洗って、大事そうに容器へ入れる。そのとき、突然レッドはチャボのエサやり当番であったことに気づき、「ムラサキ（Nちゃん）、隊長（をしてね）」と言って、自分が留守の間の指揮を任せて抜けた。
>
> 　隊を任されたムラサキは「今から旅に行こう！」と残ったイエローとミドリ（Sちゃん）に言い、「"瞬間移動"で"ワケワケ"で、敵を探しに行くぞ！」と二手に分かれて園舎の裏へ走って行った。3人は園舎の裏で合流すると、次々とシャツの中から"巻物の地図"を出して、「敵はこっちだ！」などと相談をしていた。

　見ていて実に楽しい遊びであった。この遊びを通して子どもはイメージを共有し、意思疎通を図っている。走ったり、掘ったり、水で洗ったりするなど、体や手足の機能を十分に使っている。巻物には製作の技能や表現の工夫が見られる。役割を交代し、役にふさわしい行為をするなどの責任も果たしている。これらのことを考えると、遊びは子どもが自ら多様な能力を獲得する能動的な"学習"であることがうなずける。

2　遊びは子どもの心を満たす

　遊びを「学習」の面から考えることに加え、「心」の面から考えることも必要である。われわれ大人もそうであるが、遊びやスポーツに熱中した後は、さわやかな気持ちになる。気持ちがふさいだときに仲間とともに語ったり、遊んだり、ゲームなどに夢中になることによって、そのふさいだ気持ちから解放されることがある。子どもも同じである。子どもにはストレスや悩みなどはないと考えるか

もしれないが、大人中心の社会、家庭生活の中で、かなりのストレスを抱えるものである。

　子どもはその心の不満や不安を、無意識であろうが遊びを通して解消している。保育者は、子どもの遊びは"学習"のために重要と理解するだけでなく、子どもの心のバランスをとるためにも有用であることを理解しておきたい。

3 幼児期の遊び、園の遊び

　乳児期から幼児期の遊びを発達的に概括すると、①感覚・運動遊び、②探索遊び、自然とかかわる遊び、③個人レベルの象徴遊び、構成遊び、表現遊び、④集団レベルの象徴遊び、ルールのある遊び、つくる遊び、人とのかかわりを楽しむ遊び、仕事的活動などを経て、児童期の遊びへ広がっていく。遊びが変化していくというよりも、図3-1に示したように、楽しむことのできる遊びが積み重なって豊かになっていくと考えるのがよいだろう。

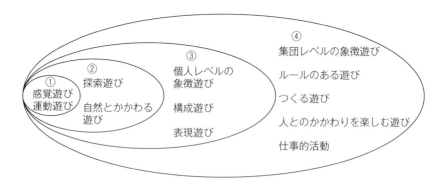

図3-1　遊びの発達概念図

　ところで、保育としての遊びを考えるとき、よく「自由遊び」と「設定遊び」（一斉活動）に区分して語られることがある。ここでは自由遊びを「自ら選んでする遊び」、設定遊び（一斉活動）を「クラス全体でする遊び」と表記して考える。前者の遊びには前週、前日の遊びの振り返りに基づいた環境構成と、保育者のきめ細かな支援が求められ、後者の遊びの提案にあっては、発達に合った夢のある計画と、子ども一人ひとりの実態を把握した柔軟な支援が求められる。

　多くの園ではこの2分類した遊びをバランスよく配置している。「自ら選んでする遊び」は、子どもの主体性・意欲を引き出す活動で、一人ひとりの個性が十分発揮される。「クラス全体でする遊び」は、この時期の子どもが経験するとよいと考えられる遊びを保育者が子どもに提案することによって、すべての子どもが同じようにその活動の楽しさや意義を実感できることになる。一般的な幼稚園の一日

第3章　保育所・幼稚園・認定こども園の保育内容

8:30	9:00	10:30	11:00	11:30	12:45	14:00	14:30
朝の出会い/身の回りの始末	自ら選んでする遊び	片づけ	クラス全体でする遊び	昼食と休憩	自ら選んでする遊び	降園準備	

図3-2　一日の保育のおおよその流れ（幼稚園の場合）

の保育の流れは図3-2のとおりである。次項では発達過程の違いによる遊びの特徴を紹介する。子どもが遊びに取り組む姿をイメージして欲しい。

4　発達過程別に見た「自ら選んでする遊び」の内容

（1）3歳児の遊び

　入園当初はブロック、小型の積み木、ミニカー、ぬいぐるみ、描画遊びなど、家庭で行っていた遊びによく似た遊びをすることが多い。しかし、次第に気の合う友だちを誘ってごちそうをつくって並べてままごとをしたり、武器や飾りを身につけてアニメのヒーロー・ヒロインになったりして、楽しそうに遊ぶ姿が見られるようになる。

　気候のよい時期には砂場などで砂・土・水を使って、山や川、だんごやジュースづくりに夢中になる子どももいる。夏には浅いプールで水遊びを楽しむ。また、カタツムリやバッタなど身近な生き物や夏野菜などに触れることに興味を持ち、秋にはドングリ・落ち葉などの自然を利用して遊ぶ姿も見られる。

　ブランコ・滑り台・ジャングルジムなど、園庭の固定遊具に興味を持って遊ぶ子どもも多い。保育者や友だちと「まてまて～、オオカミだぞ～」などと追いかけて遊ぶことも多くなる。

（2）4歳児の遊び

　当初は室内のさまざまな遊びコーナー（ままごと、粘土、ブロック、製作、楽器など）で好きな遊びに取り組むことが多いが、次第に積み木などを利用して家、店、病院、基地などをつくって、ごっこ遊びを行い、役にふさわしい表現を楽しむようになる。また、ごっこ遊びに必要な用具を工夫してつくることもある。友だちとともに歌ったり、リズム遊び、わらべ歌遊び、楽器遊びに取り組む姿も見られるようになる。

　砂場では砂・土・水の気持ちよさを感じながら、山・トンネル・川をつくったり、お菓子やジュース、ごちそうをつくったりする。夏にはプール遊びや泥水遊びに夢中になる。また、小さな生き物に関心を持ち、カタツムリ、カマキリなどの世

話をする姿もある。イモ掘り、ドングリ拾いなど園外の活動にも期待を持って参加する。

園庭では登り棒や雲梯に挑戦するなど、体を十分動かして遊ぶ。また、ヘビジャンケン、転がしドッジなど、簡単なルールの遊びを保育者や友だちと楽しむ姿も見られる。寒い季節には、たこあげやこま回しなどで元気に遊ぶようになる。

（3）5歳児の遊び

大型積み木で家や乗り物をつくり、友だちとイメージを共有して遊ぶ姿が見られる。ペープサートの人形などをつくって演じて遊んだり、レストランごっこや病院ごっこなどに必要なものをつくる。後半では劇遊びに取り組み、仲間と一緒に話し合ったり表現したり演じることの喜びを味わう。

野の草花で遊んだり、アサガオやプチトマト、ザリガニやカマキリなどを観察し世話をする。ドングリ、マツボックリ、バッタなど季節の自然に関心を持つ。

砂場で川やダムをつくって、ダイナミックな遊びを行う。一方、砂や小石、自然物などをきれいに並べてままごとのごちそうづくりをする子どももいる。

友だちや保育者に励まされて、鉄棒、雲梯、縄跳びなどに挑戦する姿が見られる。グループに分かれてサッカーごっこやドッジボールを楽しんだり、氷鬼、高鬼、ドロケイ、陣取りなどルールを守りながら共通の目的を持って、大勢の仲間で遊ぶことが盛んになる。

3 領域の考え方

1 保育内容と領域の関係

園で展開する保育内容は、子どもの成長・発達に必要な要素が多様に入り組んでいる。これが「保育内容の総合性」である。しかし、混沌としている状況では、保育者として子どもの育ちを系統的に支援するための明確な方向性を持つことができない。保育内容を構造化することが必要になる。

そこで、幼児期にふさわしい保育の内容を考える際の視点として「健康」「人間関係」「環境」「言葉」「表現」の"5領域"を設けている。5領域として明確にすることによって"多様で総合的"な保育内容を見る"窓口"ができる。この「領域」は、一方では子どもが発達するために"重要な柱"でもある。

先に事例で示した"忍者ごっこ"を例にとって、保育内容と領域の関係を考えてみる（図3-3）。

第3章 保育所・幼稚園・認定こども園の保育内容

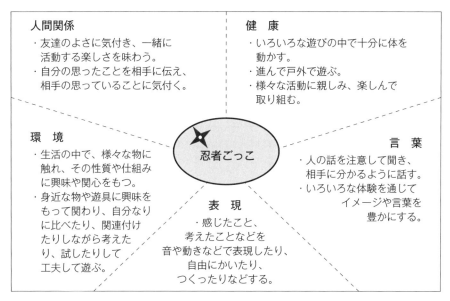

図3－3 保育内容と領域の関係
（文章はいずれも幼稚園教育要領からの抜粋）

こうして具体的な保育内容である"忍者ごっこ"を見る視点を整理すると、遊びに内包される保育の重要な柱が明確になってくる。園における子どもの生活や遊びをこのような視点（領域）から見て、個々の子どもの実態にあった育ちを支援するわけである。

2 保育内容となる活動はどのようなものか

具体的な保育内容は実際にはどのようにして決まっていくのであろうか。子どもが自らつくり出す場合や、保育者が子どもにぜひ経験して欲しいと願って提案する場合がある。また保育者があらかじめ環境を準備しておくことによって、子どもがその環境に興味を示し、遊び始めることもある。季節や行事にちなんだ恒例の活動を設定することもある。

園における日常の生活も含めたこれらの保育内容は、各園で教育課程[*2]や全体的な計画とそれを具体化した指導計画に適切に位置づけられ、系統的に展開していく。指導計画は年齢、時期によって配列しているが、決して固定的なものではなく、随時見直して変更や組み替えを行い、実施にあたっては柔軟な運用をする。子どもの実態、家庭や地域の状況、社会や時代の変化、園の環境、園や保育者の保育観などを総合して検討し、判断する。したがって、その判断には、保育者としての専門性が求められることになる。

[*2] 教育課程は学校・園の教育の全体像を示すものである。「教育のねらい・内容」を核にして「子ども・保護者・地域の実態」を踏まえた上で「めざす子どもの姿」を実現するための構造を明らかにしたものである。保育所や幼保連携型認定こども園の「全体的な計画」に該当する（第4章を参照）。

【参考文献】
いなべ市保育カリキュラム委員研修会「いなべ市保育カリキュラム」2012年
木曽岬町幼稚園・保育園「年間指導計画」2009年
内閣府・文部科学省・厚生労働省『幼保連携型認定こども園教育・保育要領』フレーベル館
　2017年
松阪市立幼稚園長会「松阪市立幼稚園教育課程」2013年
文部科学省『幼稚園教育要領』フレーベル館　2017年
四日市市立羽津幼稚園「4・5歳児カリキュラム」2002年

第4章 保育内容を展開するプロセス

> **学習のポイント**
> ● 保育の計画の意義・種類と、その方法や原則を理解しよう。
> ● 保育の展開過程における子ども理解について考えてみよう。
> ● なぜ保育に評価・反省が求められているのかを知ろう。

1 「目標－内容－方法」という方法原理から

　乳幼児期は、すべての子どもが生涯にわたり、自分らしく生きていくための基礎・土台を築くうえで大きな意義を持つ。乳児期に親しい大人から十分な愛情と保護を受けて過ごした子どもは、幼児期になると、周囲の事物や現象に対する好奇心が広がるだけでなく、他者への関心を深めかかわる力を身につけることができ

あきらめないでがんばるよ

るようになる。保育は、こうした育ちをしっかりと支え、子どもが生活や遊びに意欲的・主体的に取り組めるよう、計画あるいはねらいをもって展開されなければならない。保育の世界では楽しい活動や子どもの自発的な遊びが強調されるあまり、意図的な計画はそぐわないと感じるかもしれないが、児童中心主義保育を主唱した倉橋惣三は「幼稚園において、計画なくして幼児を迎えることは、放漫たる以上に無責任である。思いつきや気まぐれやゆきあたりばったりで、大切な幼児の生活に臨むことは許されない」[1]と述べ、計画の大切さを説いている。

　したがって、保育では、子どもが遊びを中心とした活動に意欲的・主体的に取り組めるようになるためには、発達の姿にふさわしい保育内容、そのための環境構成、適切な援助・指導などが見通しをもって計画されなければならない。それは、教育方法・保育方法という観点から、次のように説明できる。

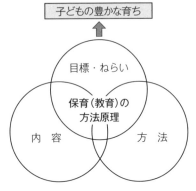

図4−1 保育の計画と方法原理の関係

教育の方法原理は、「目標－内容－方法」という関連性でとらえられる（図4−1）。

目標（保育目標・教育目標）とは、その園生活を通して子どもがどう育っていって欲しいのかという願いやねらいのことであり、一般に「めざす子ども像」とも呼ばれる。それぞれの園の方針に基づいて、例えば、「元気いっぱい遊べる子ども」「仲間を大切にできる子ども」「豊かな感性を育む子ども」「自立した子ども」などの言葉で表現されている。

内容（保育内容・教育内容）とは、目標を達成するために盛り込まれる生活や遊びや行事などの諸経験・諸活動のことである。子どもは、遊びを中心としたさまざまな活動を通してふさわしい経験を獲得し、確かな乳幼児期の発達を築くことになる。保育内容は、子どもの発達の状態（シークエンス）と、それにふさわしい経験の深化・発展（スコープ）という2つの軸から構成されることが多い。

方法とは、目標やねらいを実現するために、保育者が行う具体的な援助や指導方法を指す。乳幼児期の援助・指導方法は、①一人ひとりの子どもが安心・安定して生活し、楽しく意欲的に行動できるように環境や教材を整えること、②子どもの生活や遊びに即して保育援助を行うこと、③子どもの主体性を重視すること、④一人ひとりの発達と集団としての発展の統一を促すこと、などがその基本となる。

2017（平成29）年、幼稚園教育要領、保育所保育指針及び幼保連携型認定こども園教育・保育要領が改訂（改定）された。今回の改訂（改定）は、幼稚園、保育所、認定こども園を含めた幼児教育施設全体の質の向上を図ることや、小学校教育との接続をより密接なものとすることが目的とされている。

この改訂（改定）により、要領及び指針では、育みたい資質・能力として「3つの柱」[*1]が示され、小学校以降の教育との関連が意識されている。さらに、「幼児期の終わりまでに育ってほしい姿」として「10の姿」[*2]が明記された。これは、従来の5領域をより具体的な姿として表したもので、幼稚園教育要領、保育所保育指針、幼保連携型認定こども園教育・保育要領に共通して記載されている[2)]。「幼児期の終わりまでに育ってほしい姿」としての「10の姿」の明記は、幼児教育の到達目標を示しているのではなく、さらに、幼稚園、保育所および認定こども園における保育や教育の画一化や均質化を目的としているものではない。子どもの発達や学びの連続性、発達過程を重視した教育・保育を充実させること、そして、幼児期の子どもの育ちや学びを小学校以降の教育に円滑に引き継ぐことを重視している。したがって、「10の姿」は進むべき方向性を示すものであり、そのためには、保育・教育目標を実現するための環境構成、適切な援助・指導方法が求められ、それは保育所、幼稚園及び認定こども園においては全体的な計画にもとづいて行われる。

*1 3つの柱について、第1章を参照。

*2 「幼児期の終わりまでに育ってほしい姿」（10の姿）については、第1章を参照。

2 全体的な計画とカリキュラム・マネジメント

1 保育所における「全体的な計画」について

　保育所は、子どもの状況や発達過程を踏まえ、環境を通して「養護」と「保育」を一体的に行うことを特性としている。保育所が、保育を行ううえでその基本方針をまとめたものが、これまで「保育課程」といわれていたものである。2017（平成29）年の保育所保育指針の改定で、「保育課程」は「全体的な計画」という用語に置き換えられた。しかし、この点については、これまでの「保育課程」及び幼稚園教育要領で示されている「教育課程」と同義であると解されている。今回の改定では、保育所だけに限らず、幼稚園及び幼保連携型認定こども園においても、この文書のことを「全体的な計画」と総称することになった。また、全体的な計画の作成を求めている「保育の計画及び評価」は、改定前の指針では第4章に示されていたが、今回の改定で第1章総則に明記された。これは、保育所保育における保育計画及びその評価が重要であることを示したものと思われる。

　全体的な計画は、保育目標の達成を目的としている。保育所は乳幼児期の子どもの発達と安心・安全な生活を保障する場であることから、保育所保育指針では、すべての保育所に共通する保育目標として次の2点が示されている（第1章総則）。

　① 子どもが現在を最も良く生き、望ましい未来をつくり出す力を培うこと
　② 入所する子どもの保護者に対してその援助に当たること

　これらの基本的な目標を基準として、各保育所は独自の保育理念や保育方針・目標に従って、地域性や園の規模、個別の保育時間等の諸条件に配慮した全体的な計画を作成する。

　その作成について、保育所保育指針では次のように説明している。

3．保育の計画及び評価
（1）全体的な計画の作成
ア　保育所は、1の（2）に示した保育の目標を達成するために、各保育所の保育の方針や目的に基づき、子どもの発達過程を踏まえて、保育の内容が組織的・計画的に構成され、保育所の生活の全体を通して、総合的に展開されるよう、全体的な計画を作成しなければならない。
イ　全体的な計画は、子どもや家庭の状況、地域の実態、保育時間などを考慮し、子どもの育ちに関する長期的見通しをもって適切に作成されなければならない。
ウ　全体的な計画は、保育所保育の全体像を包括的に示すものとし、これに基づく指導計画、保健計画、食育計画等を通じて、各保育所が創意工夫して保育できるよう、作成されなければならない。

（「保育所保育指針 第1章総則 3保育の計画及び評価」より抜粋）

2 幼稚園における「全体的な計画」と教育課程

　幼稚園は、幼児期の学校として「教育基本法」及び「学校教育法」その他の法令と「幼稚園教育要領」の示すところに従い、各園の特色や地域性を生かし、創意工夫のある保育ができるよう「教育課程」を編成することが求められている。幼稚園は学校教育法によって定められた機関であることから、普遍的な教育目的として、幼稚園教育要領には、次の2点が示されている。

① 生きる力の基礎を育成すること
② 義務教育及びその後の教育の基礎を培うこと

　これらの目的を受けて、各園では教育課程を編成することになる。教育課程とは、幼稚園において必要な教育の内容等を組織的かつ計画的に組み立てたものである。各幼稚園においては、教育課程と教育課程にかかる時間終了後等に行う教育活動（多くの園で預かり保育や子育て支援など教育活動以外の活動が行われている）の計画、学校保健計画、学校安全計画を含む「全体的な計画」にも留意しながら、「幼児期の終わりまでに育ってほしい姿」（10の姿）を踏まえ教育課程を編成することとされている。

　教育課程の編成上の基本的事項と全体的な計画の作成については、幼稚園教育要領では次のように述べている。

第3　教育課程の役割の編成等
2　各幼稚園の教育目標と教育課程の編成
　教育課程の編成に当たっては、幼稚園教育において育みたい資質・能力を踏まえつつ、各幼稚園の教育目標を明確にするとともに教育課程の編成についての基本的な方針が家庭や地域とも共有されるよう努めるものとする。
3　教育課程の編成上の基本的事項
　（1）　幼稚園生活の全体を通して第2章に示すねらいが総合的に達成されるよう、教育課程に係る教育期間や幼児の生活経験や発達の過程などを考慮して具体的なねらいと内容を組織するものとする。この場合においては、特に、自我が芽生え、他者の存在を意識し、自己を抑制しようとする気持ちが生まれる幼児期の発達の特性を踏まえ、入園から修了に至るまでの長期的な視野をもって充実した生活が展開できるように配慮するものとする。
6　全体的な計画の作成
　各幼稚園においては、教育課程を中心に、第3章に示す教育課程に係る教育時間の終了後等に行う教育活動の計画、学校保健計画、学校安全計画などとを関連させ、一体的に教育活動が展開されるよう全体的な計画を作成するものとする。

（「幼稚園教育要領　第1章総則」より抜粋）

　このように国で定められた基準をよく理解したうえで、各園では園長の責任のもとに全職員の協力によって教育課程が編成されている。また、今日では、園の教育理念や保育内容を、利用者、保護者及び地域の人などに知ってもらうための情報源としても教育課程が活用されている。

第4章　保育内容を展開するプロセス

3 幼保連携型認定こども園における「全体的な計画」と教育課程

　幼稚園と保育所の機能をあわせもつ幼保連携型認定こども園は、「教育と保育を一体的」にとらえているとともに、子育て支援を含む総合的なサービスを提供する施設である。したがって、幼保連携型認定こども園教育・保育要領では、前述した保育において「育みたい資質・能力」や「幼児期の終わりまでに育ってほしい姿」（10の姿）を踏まえながら、入園から修了までの在園期間全体にわたる教育と保育の道筋あるいは方向性と、子どもの園生活全体における教育と保育内容を示した「全体的な計画」を作成することが求められている。幼保連携型認定こども園教育・保育要領では、「全体的な計画」を次のように示している。

> 　全体的な計画とは、教育と保育を一体的に捉え、園児の入園から修了までの在園期間の全体にわたり、幼保連携型認定こども園の目標に向かってどのような過程をたどって教育及び保育を進めていくかを明らかにするものであり、子育て支援と有機的に連携し、園児の園生活全体を捉え、作成する計画である。
> 　　　　　　　（幼保連携型認定こども園教育・保育要領　第1章総則　第2の1（1）より抜粋）

　具体的には、満3歳以上の子どもの教育課程にかかる指導計画、満3歳未満と満3歳以上の保育を必要とする子どもの保育計画のほか、子育て支援、学校保健計画や学校安全計画などの計画が、相互に有機的に連携し一体となって展開されるよう計画することが求められている[3)]。幼保連携型認定こども園教育・保育要領では、幼稚園教育要領と同様に教育課程という用語を使用し、幼保連携型認定こども園における教育と保育の内容は教育課程に反映されることになる。

4 新しいカリキュラム・マネジメントの考え方

　全体的な計画である教育課程は、教育学では「カリキュラム」[*3]と呼ばれる。カリキュラムのタイプは教育観や子ども観によって多様なものが提唱されているが[*4]、大きく次の2つに分類される（表4-1）。
　保育所や幼稚園の場合には、基本的には「経験カリキュラム」の考え方に基づく「生活カリキュラム」[*5]であり、小学校以上の学校教育では「教科カリキュラム」が基本となっている。カリキュラムを編成する際には、保育所・幼稚園の関連法令等[*6]にうたわれている子どもの最善の利益を第一義にして、次の点に留意することが求められる。
　① 発達をプロセスとしてとらえ、子どもの心身の発達の実態を考慮する。
　② ねらいや内容が園生活全体を通して総合的に達成されることを考慮して、豊かな生活を創造していく。

*3　教育学では、カリキュラム（curriculum）の語源は、「競走馬が走るコース（ラテン語のcurrere）」に由来しており、今日では「一人ひとりの学びの履歴」とか「成長の来歴」などの解釈がなされている。

*4　教授学におけるカリキュラムのタイプには、このほかに「児童中心カリキュラム」「学問中心カリキュラム」「潜在的カリキュラム」など多様にある（参照：日本教育方法学会編『現代教育方法事典』図書文化2004年）。

*5　この思想はルソーやペスタロッチに遡るが、生活経験を学びの中核として子どもの作業や労作を重視したアメリカの進歩主義教育学者デューイの経験カリキュラムはこの代表的なものである（参照：デューイ著（市村尚久訳）『学校と社会・子どもとカリキュラム』講談社　1998年）。

*6　児童福祉施設である保育所の場合は、保育所保育指針をはじめ児童憲章、児童福祉法、児童に関する権利条約などが該当する。教育機関である幼稚園の場合は、幼稚園教育要領をはじめ教育基本法、学校教育法などがそれに該当する。

表4－1　典型的な2つのカリキュラム

教科カリキュラム	経験カリキュラム
・文化、科学、技術、芸術等の体系から教科目として学習内容を体系化する考え方。 ・子どもは知識や技術を系統的に順序だって教えられて、学びが成立するという学習観に立つ。 ・教師中心のカリキュラム。	・子どもの生活経験をカリキュラムの主要な内容とする考え方。 ・興味・関心から生まれる主体的活動によって、学びが成立するという学習観に立つ。 ・環境に能動的にかかわることを優先する子ども中心のカリキュラム。

③　家庭や地域とのつながりを配慮し、子どもの生活全体を豊かにする。

④　発達の連続性という意味で、充実した園生活の結果として小学校以降の学習の芽生えが生まれるようにさまざまな教育内容を選ぶ。

多様な保育ニーズや教育要求に対応するために全体的な計画・教育課程は、保育時間の長短や保育期間の長短、途中入園などにかかわりなく、在園するすべての子どもを対象とする。また、在園児の保護者支援と地域の子育て支援も全体的な計画・教育課程に密接した業務として位置づけられていることから、そのための内容も含まれることとなる。

幼稚園教育要領では、教育課程や指導計画を充実させることの大切さが、「カリキュラム・マネジメント」という用語で示されている。

第3　教育課程の役割と編成等

1．教育課程の役割

また、各幼稚園においては、6に示す全体的な計画にも留意しながら、「幼児期の終わりまでに育ってほしい姿」を踏まえ教育課程を編成すること、教育課程の実施状況を評価してその改善を図っていくこと、教育課程の実施に必要な人的又は物的な体制を確保するとともにその改善を図っていくことなどを通して、教育課程に基づき組織的かつ計画的に各幼稚園の教育活動の質の向上を図っていくこと（以下、「カリキュラム・マネジメント」という。）に努めるものとする。

（幼稚園教育要領　第1章総則より抜粋）

カリキュラム・マネジメントとは、各園が、どのような子どもに育てたいかという姿（目標）を明確にして、教育課程や指導計画等を常に評価し見直していくこと、と要約できる。ポイントは、次の通りである。

①　各領域のねらいを相互に関連させ、「幼児期の終わりまでに育ってほしい姿」（10の姿）にもとづき、幼稚園等の教育目標等を踏まえた総合的な視点で、目標達成のために必要な具体的なねらいや内容を組織すること

②　教育内容の質の向上に向けて、教育課程を編成・実施・評価して改善を図る一連のPDCAサイクル[*7]を確立すること

③　教育内容と教育活動に必要な人的・物的資源等を活用しながら効果的に組み合わせること、である[3)]。

---

*7　PDCAサイクルについては、本章p.60を参照。

第4章　保育内容を展開するプロセス

　また、幼保連携型認定こども園教育・保育要領においても、カリキュラム・マネジメントという用語が使用され、その趣旨は幼稚園教育要領と同様である。

　一方、保育所保育指針では、カリキュラム・マネジメントという用語は使用されていないが、幼稚園教育要領及び幼保連携型認定こども園教育・保育要領との整合性を確保するため、育みたい資質・能力として「３つの柱」及び「幼児期の終わりまでに育ってほしい姿」（10の姿）が明記され、その姿に向かって進むための全体的な計画にもとづく保育内容や評価のあり方が求められている。その趣旨は、幼稚園教育要領及び幼保連携型認定こども園教育・保育要領と同様である。

　このように、幼稚園、認定こども園及び保育所においては、育みたい資質・能力として「３つの柱」及び「幼児期の終わりまでに育ってほしい姿」（10の姿）を踏まえた全体的な計画のもと、組織的かつ計画的なカリキュラム・マネジメントの継続的な実施により保育の質の向上を図ることが求められている。

5 カリキュラムと指導計画の関係

　カリキュラム[*8]は、その園の保育内容の骨格を示した計画であり、それをもとに各学年やクラスの実態に応じた、具体的で調和のとれた組織的で発展的な「指導計画」を作成する。保育者は、この指導計画にしたがって、子どもの活動に沿った柔軟な指導を行うのである。幼稚園指導要領では、指導計画の考え方について、次のように示している。

＊8　幼稚園及び認定こども園では編成された教育課程、保育所では立案された全体的な計画。

> 第4　指導計画の作成と幼児理解に基づいた評価
> 　1　指導計画の考え方
> 　幼稚園教育は、幼児が自ら意欲をもって環境と関わることによりつくり出される具体的な活動を通して、その目標の達成を図るものである。
> 　幼稚園においてはこのことを踏まえ、幼児期にふさわしい生活が展開され、適切な指導が行われるよう、それぞれの幼稚園の教育課程に基づき、調和のとれた組織的、発展的な指導計画を作成し、幼児の活動に沿った柔軟な指導を行わなければならない。
> 　　　　　　　　　　　　　　　　　　　（幼稚園教育要領　第1章総則より抜粋）

　指導計画には、長期のものと短期のものの２種類があるが、いずれも担当する保育者が中心となって、受け持つ子どもの発達状態や家庭状況などを考慮しながら立案する。

> 【長期指導計画】
> 　乳幼児の生活を長期的に見通して、おおまかな区切りをつけながら園生活の内容やあり方を示したもので、年間計画（年カリ）、期間計画（期案）、月間計画（月案）などがある。
> 【短期指導計画】
> 　短い生活スパンを単位としたもので、週間計画（週案）と日案、または週日案などがある。また部分案なども短期に含まれる。

各種の指導計画は、子どもの実態に即してねらいを達成するために作成されるプランで綿密に予想を立てるが、あくまでも実践のための仮説であるので、保育の展開過程における状況の変化や子どもの反応に対応して柔軟に切り替えることが必要である。この指導計画は、「ねらい」「内容」「環境構成」「予想される子どもの活動」「保育者の援助や配慮」「家庭や地域との連携」「行事」などの項目によって構成される。また、指導計画に基づき具体的な指導を行う際には、5歳児修了時点における具体的な姿とされている「幼児期の終わりまでに育ってほしい姿」（10の姿）を念頭において指導する必要がある。

　カリキュラムと指導計画との関係は、図4-2のように相互に関連し、園の全体的な計画に基づくカリキュラムから長期の指導計画へ、そして短期の指導計画へと、より具体的な方向で作成される。同時に、短期の指導計画から展開した保育実践の反省・評価を積み上げて、長期の指導計画やカリキュラムを見直すことで、常に質の高い保育をめざして改善していくのである。

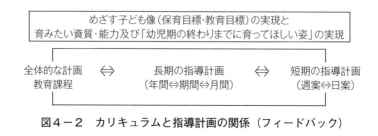

図4-2　カリキュラムと指導計画の関係（フィードバック）

3 乳幼児の生活構想と内容の展開

1 「生活のすべて」が保育内容である

　ここであらためて、保育所や幼稚園の「保育内容」の意味を考えてみたい。『保育用語辞典』によると、次のように説明されている。

>・幼稚園や保育所における保育の目標を達成するために展開される生活のすべてであり、望ましい人間形成の媒体となるものといえる。
>・保育内容は各園が教育要領や保育指針の示すところにしたがって編成した教育の計画に基づいて構成された環境に、幼児がかかわって生みだした活動の全体を指すといえる。
>（森上史朗・柏女霊峰編著『保育用語辞典［第8版］』ミネルヴァ書房　2016年　p.51より抜粋）

　このように保育所・幼稚園では「生活のすべて」が保育内容であるという点に、小学校以上の教育内容（教科）との大きな違いがある。①保育所の場合は「養護

と教育」の両面を含む「子どもの生活のすべて」であり、②幼稚園の場合は「5領域」を中核として展開される生活活動や遊び活動、文化的な活動など「幼児期にふさわしい生活」を意味する。

2 本当の「生活」をめざす

「生活」という言葉は日常的によく使われているが、辞書的な意味では、①生きて暮らしていること、衣食住など生きることの基本にかかわる活動、②いきいきと活動すること、コミュニケーションをとり、生きることに積極的な意味を見出し、それを喜びとすること、③他者とともに生きる社会的生活……とある[4]。

保育における生活は、①をベースとしながら②をめざすものであり、だれかに生活させられているとか、与えられたルールに乗せられて生きているのとは意味が違う。また、学校教育のように「知識や技能を教える」という発想からは、子どもの「いきいきとした生活」は生まれてこない。保育の基本は、なによりも子どもが生活の主体者であり、自分たちの手で「豊かな生活の展開・発展」に参加すること、そのために保育者はその場所や機会や教材といった環境を提供し、子どもたちが目当てをもって喜怒哀楽にあふれる集団生活を展開できるように温かく見守りながら援助・指導することである。この考え方は、遊びを通して総合的に指導され、環境を通して行われる教育である。

このような生活づくりにおいて、子どもはいろいろな遊びを経験し、文化・芸術の世界に触れ、子どもらしい好奇心や不思議に思う心を持って取り組むなかで、知的関心、イメージ、疑問、思考、分析能力を獲得しながらゆっくりと自己を確立していく。

多くの仲間との集団生活では、ルールを学び、共感や協力の喜びを体験するし、同時に数々の衝突や摩擦を経験することによって、自分と他者が共に生きている世界を知り、思いやりや我慢、相互援助という社会生活の基礎を身につけていくのである。仲間や保育者から認められる自己存在感情は、自分に対する自信を生み、集団生活での責任感や役割意識を持って行動できる人間を築く。このように、園での生活は家庭生活とは違った意味で、一人ひとりに生きるための基礎的な力を育むと同時に、生活の社会化という面で大きな意義を持つ。

3 生活を基盤とした保育内容の構造化

子どもを取り巻く社会環境の著しい変化、家庭や地域の教育力の低下が子どもの成長にマイナスの影響を及ぼしていることを考えると、園生活のあり方やそこでの保育内容は子どもの成長・発達にとってますます重要になってくる。

*9 倉橋惣三は『幼稚園真諦』(フレーベル館 1976年)の中で、幼稚園は「教育の生活化」ではなく「生活の教育化」が教育の基本であると主張した。このことは生活体験の中にこそ子どもが学ぶ教育的要素があるのだということであり、教科や学問領域から教えることは幼児期の教育になじまないことを説いている。

*10 第8章の図8－1「就学前教育・保育の実施状況(平成25年度)」を参照。

　幼児教育界で「生活」というテーマにいち早く着目した倉橋惣三は、乳幼児を対象とする保育では「生活を生活で生活へ」と構想することが重要だと述べた*9。この呪文のような言葉は、まず目の前にいる子どもたちの姿をとらえて(ありのままの生活を)、子どもたちとともにつくり上げていくことを通して(仲間との生活で)、より充実した生活へと高めていく(乳幼児期にふさわしい生活へ)ために、保育者の存在があると考えた。では、生きる力の基礎を育む乳幼児期にふさわしい生活とはどのようなものであるのかについて考えてみよう。

(1) どの子も自己存在感を持てる生活

　今日では、低年齢期から保育所や幼稚園に通う子どもが増えている*10。そこでは、子ども自身が安心感と信頼感を持って過ごせる生活づくりが大切である。心理学者のエリクソン(Erikson,E.H.)は、乳幼児期は親密な大人との関係の中で信頼感を獲得し、そこを安全基地にして子どもは自立性を獲得していくと述べている[5]。とりわけ乳児期から長時間・長期間を保育所で過ごす子どもたちには、一人ひとりの状況に応じた愛情に満ちた丁寧なかかわりが必要である。大人への信頼感を育み、「愛されている自分と大人との安定した関係」を自覚した子どもは、安心感を持って生活し活動できるようになる。

　3歳から集団生活を始める幼児にとっても、初めのうちは緊張感や不安感から自分の存在に戸惑いを覚えるであろう。この場合には「こうしなければならない」という発想が先行する生活よりも、まずは自分を受け入れてくれる生活が大事である。そのために保育者は、子ども一人ひとりと信頼関係を築き、それをベースにして子ども同士の仲間関係を築いていくような生活づくりが大切となるであろう。

(2) メリハリのある多様な活動が展開される生活

　園での生活は、次の4～5種類の性格の異なる活動によって構成されている。
　① 生活的な活動(挨拶、着脱衣、食事、午睡、排泄など)
　② 遊び活動(子どもがつくりだす自発的遊びと保育者が提案する遊び活動)
　③ 課業活動(絵本や歌、絵画の文化・芸術的な内容や運動・スポーツを学ぶ活動)
　④ 仕事・労働活動(お手伝い、栽培や動物飼育、係や当番など)
　⑤ 行事(季節や成長の節目に合わせて行うイベント的な活動)

　上記の諸活動は一年間という長いスパンでも、一週間・一日という短い単位でもメリハリを持って組み入れられる。子どもはいつも遊んでいればよいのではないし、いつまでも大人から世話をされる生活では満足しない。自分たちの生活を自分の手でつくっていく力を持ち合わせている。2歳後半になるとお手伝いをやりたがるし、4歳くらいになると、みんなのために責任感を持って取り組む当番や係の仕事もできるようになる。

一年の間には、伝統文化の行事や季節の行事のほかに、生活の期待感を高めたり成長の節目をみんなでお祝いする行事も数多くある。このようなさまざまな活動を含むメリハリある生活に参加することは、子どもを生活の受け身的な存在から、生活の主人公へと変えていくことになる。

(3) 集団として質的な高まりのある生活

子どもたちのいきいきとした生活は、保育者から「一人ひとり」への温かいまなざし*11と同時に、仲間関係の変化と深まりをめざす集団づくりによって実現される。

わが国のこれまでの保育実践の研究から、園生活の集団の質は次のような方向で発展していくことが実証されている。「保育者が中心となって整えていく段階➡集団の中で一人ひとりの要求を大切にしながら方向づけていく段階➡子どもたち自身が中心となって活動し、集団生活を充実させる段階➡一人ひとりの発達を確認しながら、次の発展へエネルギーを育てる段階」6)。これは園での生活を、大人に依存する生活から自立・自律のある生活へと高めていくための見通しである。このように、一人ひとりの発達は、集団生活の質的な高まりの過程において実現されるものであり、集団の発展という側面を視野に入れた生活を創造していきたい。

*11 教育方法学者・吉本均は、教師が子どもに向けるまなざしには、温かいまなざしと冷たいまなざしのどちらかであると説明し、温かいまなざしの共有こそ教育作用には必要だと説き、教育方法の概念に「まなざしの共有」という言葉を登場させた（参照：吉本均編著『「まなざし」で身に語りかける』明治図書　1985年）。

4 展開過程における子ども理解

1 子ども理解は保育の出発点

2017（平成29）年に改訂（改定）された幼稚園教育要領や保育所保育指針も、一口で言えば「子どもからの保育」を大切にする保育観に立っている。その際のキーワードは「子ども理解」であり、「子どもから学ぶ、子どもに学ぶ」という保育者の姿勢であろう。

> 幼児理解とは幼児の行動をよくみて、その行動の意味を理解することである。そのためには外面にあらわれた行動だけでなく幼児の内面の心の動きを捉える必要がある。保育の中で幼児を理解する重要な視点として、共感的理解、個別的理解、発達的理解、生態的理解などがあげられる。
> （森上史朗・柏女霊峰編著『保育用語辞典［第5版］』ミネルヴァ書房　2008年　p.54より抜粋、下線は筆者）

保育の展開過程において大事なことは、子どもをよく見ること、子どもの心に寄り添うこと、行動の意味をとらえることである。次に、共感的理解、個別的理

解、発達的理解について見ていこう。

2 保育過程における子ども理解のポイント

(1) 共感的理解　－子どもの心の動きに寄り添う－

　子どもの興味や好奇心は大人のレベルでは計れないものであることを、多くの保育者たちは毎日経験しているだろう。石の下の小さなアリやダンゴムシに見入って動こうともしない姿、水道栓を全開したり閉めたりして喜ぶ姿、絵本を「もう一回、もう一回」と何度でも読んでもらいたがる姿、雨後の水たまりにあえて足を突っ込みおもしろがる姿など、通常の大人なら「もう十分ではないの」「あ～ぁ、ダメ」「もう少し待ってね」「困った子ね」と言いたくなるような光景に、園は毎日あふれている。"子どもの心に共感する"という響きのよい言葉は確かに魅力的であるが、実際にはそれほど容易なことではないだろう。

　子どもは、とにかく、気になることを自分で確かめたい一心、やってみたくてしょうがないのである。このことを青木は「問いを発し続ける者」「哲学する心」[7)]だととらえて、大人が忘れている物事の始まり、原点があると言う[*12]。物事の始まりを共にする保育者でなければ、共感はできない。では、どうすれば物事の始まりに共感できるのだろうか。

　子どもの心に寄り添うヒントは、「子どもになってみる」「子どもと同じことをしてみる」ことにあるのではないだろうか。ある保育者は、子どもたちが固定遊具の雲梯（うんてい）に挑戦する姿をいつも下から声援していたが、ある日、大人である自分を捨てて子どもになって登ってみた。そうしたら、雲梯の丸いカーブの上をはい歩くのは恐ろしく、同時にスリルがあるということを何十年ぶりに実感したという。このように、保育者自身が物事の始まりを再経験してみること、子どもの気分になってみることが、共感的理解に近づける一歩になると考える。

(2) 個別的理解　－その子らしさを発見し、価値づける－

　集団生活を前提とした園の保育では、ついつい保育者が教えることに力が入り、みんなを一つの基準で見てしまいがちになる落とし穴が潜んでいる。その結果、「早くできる子―遅い子」「良い子―扱いにくい子」というレッテルを貼って、子どものことをわかったような気になることがある。このような愚かさを回避し、一人ひとりを本当にわかりたいと願う謙虚さと心の余裕を持ちたい。それには、二つの眼がいる。

　一つは、一人ひとりの発達のテンポをよく知ることである。子どもの発達具合には早い者もあればゆっくりの者もあり、そのペースには個人差があることが前提なのである。この個人差を十分に認識して、その子に近づいて取り組む姿を見

*12　青木は、「どうして先生なの」「どうして風が吹くの」「トマトはどうして赤くなるの」「時間はどこにあるの」といった子どもの言葉から、このように探求する子どもは哲学者である、小さな哲学者と暮らす保育者は事物の始まりを常に考える存在にならない限り子どもの好奇心を満たすことはできない、と示唆している。貴重な指摘である。

第4章　保育内容を展開するプロセス

つめる眼である。

　もう一つは、子どもの生活全般の姿から人間としての価値を見出す眼である。例えば、園では手のかからない良い子が家ではわがままだったり、逆に、園では悪ふざけの多い子が家では小さい妹弟への思いやりを持ったやさしい兄・姉であったりする。その場合、どちらの姿が本当のその子なのだろうか。答えは「両方」である。子どもは常に、今（ある自分）を生き、未来（ありたい自分）を生きている。「ありのままの自分」と「ありたい自分」のはざまに生きている姿をしっかりと受けとめて、その姿から人間としての価値をわかりたいと願うことから、本当の「個別的理解」は可能になるだろう。

（3）発達的理解　－発達のプロセスを重視しながら、育ちを物語る－

　保育者は、子どもと生活を共にしながら、同時に子どもの姿を発達の見通しという視点からとらえようとしている。今何が必要なのか、その次には何を乗り越えていくべきなのかを見極めながら、保育を展開している。それは、"これができたら次はこれ"というように発達課題を提示していくことではない。一昔前までは、行動面での達成度をみて、その次の段階へと促すことが発達の見通しだと理解されていた。

　しかし、プロセス重視の最新の発達心理学・教育心理学では、次のような点に着目している。例えば、着脱衣ができるという行為一つでも「大人から指示されてする」のと「自分からする」のとでは、その子の発達・学習の"質"が異なる。保育所では、自分がボタンをはめる力を獲得したばかりの2歳児が仲間の着脱衣を手伝おうとする姿が見られる。このことは、質的に大きな変化の表れである。同様に「仲良くできる」ことは、表面的にトラブルを起こさないことに重きを置くのではなく、お互いの意思をぶつけ合い要求の衝突を経て、その後に相手を理解できる喜びに至るプロセスを大事にする。

　このように、子どもの発達を、階段をストレートに昇るようなものとしてみなすのではなく、同一の行動でも、場面や機会を変えながら意欲や心情に支えられてやろうとする姿こそ本物の自立につながるのだという視点から、行きつ戻りつしながら行動や体験の幅を広げていくような子どもの姿を丁寧に読み取っていくことが大事である。一人ひとりの子どもの気持ちの変化や意欲に寄り添うような丁寧な読み取りは、子どもの"育ちを物語る"[*13]保育につながる。

*13　「子どもを物語る」という方法概念が保育界で登場した。保育者が外から発達する姿をとらえ理解する方法ではなく、まさに子どもを生きる者として、子どもの内なる発達の姿を「育ち」と言い換えて、保育者が物語る保育技術が着目されている。

5 保育の計画と評価・反省

1 反省・評価の意義

保育は、「計画の作成→実践（保育の展開）→評価・反省（振り返り）→改善・再立案」[*14]という流れで質的な高まりを求めて、改善されていくべきものである。ここでは「反省・評価」の意義を考えてみよう。なぜ、保育に反省・評価が必要なのか、一口で言えば、「保育を良くしていくため」「子どもの最善の利益に配慮した保育へと改善していくため」、つまり「子どもの幸せ」「子どもの発達保障」を追求していくうえで必然的事項なのである。保育という営みは、保育者のどのような行為も子どものために良かれと思う善意から発するものであるがゆえに、ともすれば、自己満足や主観的評価に陥りやすい弱点を内包している。このような弱点を克服するためにも、これからは、園全体の実態や保育活動の成果を客観的に反省・評価し、常に質的な改善努力をすることが、すべての園の任務、すべての保育者の業務として位置づけられている。

*14 企業の経営管理では、目標達成を管理するシステムとして「PDCAサイクル」（図4-3）を回すことを基本としており、近年、教育や保育にもこの考え方が取り入れられるようになっている。

図4-3　PDCAサイクル

2017（平成29）年に改訂された幼稚園教育要領では、子ども一人ひとりのよさや可能性を評価する、これまでの幼児教育における評価の考え方を維持している。しかし、繰り返し述べてきたように、改訂に際しては、各領域の「ねらい」のほか、5歳児については「幼児期の終わりまでに育ってほしい姿」（10の姿）を踏まえた視点を新たに加えることとしている[3]。改訂された幼稚園教育要領では、次のように示している。

> 第4　指導計画の作成と幼児理解に基づいた評価
> 　4　幼児理解に基づいた評価の実施
> 　幼児一人一人の発達の理解に基づいた評価の実施に当たっては、次の事項に配慮するものとする。
> （1）指導の過程を振り返りながら幼児の理解を進め、幼児一人一人のよさや可能性などを把握し、指導の改善に生かすようにすること。その際、他の幼児との比較や一定の基準に対する達成度についての評定によって捉えるものではないことに留意すること。
> （2）評価の妥当性や信頼性が高められるよう創意工夫を行い、組織的かつ計画的な取組を推進するとともに、次年度又は小学校等にその内容が適切に引き継がれるようにすること。
>
> （幼稚園教育要領　第1章総則より抜粋）

また、子ども一人ひとりを適切に評価するためには、評価のための資料やデータ等が必要になる。例えば、日々の子どもの活動の記録だけでなく写真や動画などで記録を残すことは、一人ひとりの子どもの活動や学びの軌跡を可視化するの

第4章 保育内容を展開するプロセス

に有用である。可視化されたデータは、振り返りや評価・改善に役立つだけでなく、さらなる育ちや学びを計画し、発展させていくためのツールとして活用すべきである。教育や保育にPDCAサイクルを取り入れることで、子どもの多様なとらえ方が生まれ、子ども理解が広がり、それに応じて指導も新たなものになっていく[3]。

2 評価の種類と方法

(1) 保育者の自己評価

　幼稚園における教育評価については、幼稚園教育要領の第1章の第4で、「幼児の実態及び幼児を取り巻く状況の変化などに即して指導の過程についての評価を適切に行い、常に指導計画の改善を図るものとする」と述べられている。また、保育所保育指針の第1章3の（3）のエでも、「保育士等は、子どもの実態や子どもを取り巻く状況の変化などに即して保育の過程を記録するとともに、これらを踏まえ、指導計画に基づく保育の内容の見直しを行い、改善を図ること」と記されている。さらに、（4）のアで「保育士等は、保育の計画や保育の記録を通して、自らの保育実践を振り返り、自己評価することを通して、その専門性の向上や保育実践の改善に努めなければならない」と明記されている。これらの指摘を待つまでもなく、実際に保育者はだれもが毎日、毎月、自分の保育を振り返り、反省し、次の課題を見つけ、計画のつくり直しを行っている。

　しかし、「保育の質的向上」という視点から、保育の振り返りや改善していく力量がより求められるようになった。具体的には、「ねらい－内容－環境構成－援助」が子どもにふさわしいものであったか、その結果子どもの育ちをどのようにとらえたかなどを、記録に基づいて丹念に反省・評価することである。保育者の自己評価は、職場集団である園の職員間でのカンファレンス（自由な協議）などを踏まえて、客観性のあるものにし、説得力を持つものとすることを通して、園全体の保育の質的向上につなげていくことに意義がある。

(2) 園の職員全体で行う自己評価

　保育は園の全職員が共通理解の下に協力しながら行うものであることから、園のあり方を改善し高めていくためには、職員全体による反省・評価が大事になってくる。施設環境や保育カリキュラムを家庭や地域の実態に照らし合わせて総点検し、改善するなどの作業が含まれる。社会の子どもの最善の利益を代弁する園は、保護者や地域社会に対して、その保育内容や保育環境などのアカウンタビリティを行う必要があるとして、その結果を公表する努力義務が課せられている[*15]。そのための保育所や幼稚園用のチェックリスト等も開発されている[*16]。

　その際、既成のチェックモデルを有意義に活用することで、各園が持つ特有の

*15　2009（平成21）年に厚生労働省は、保育の質的向上とアカウンタビリティを目的とする「保育所における自己評価ガイドライン」を発表した。アカウンタビリティ（accountability）とは、本来、会計分野で用いられた用語であるが、最近では企業や医療、福祉、教育の分野にも応用され、自らの行動の結果を説明することを意味する。

*16　イラム・ジラージほか著（秋田喜代美ほか訳）『「保育プロセスの質」評価スケール』（明石書店、2016年）やテルマ・ハームスほか著（埋橋玲子訳）『保育環境スケール①幼児版』『保育環境スケール②乳児版』（法律文化社、2004年／2009年）、民秋言編『幼稚園教諭・保育所保育士・認定こども園保育教諭
　保育者のための自己評価チェックリスト』（萌文書林、2015年）などが役に立つと思われる。

歴史や保育・教育理念を尊重しながら園全体で改善課題を共有し、向上を図るための民主的な体制づくりをめざすことが重要である。

（3）外部評価・第三者評価

これは、当事者である保育者や園が行う評価に比して、文字通り、「外から」「第三者的立場から」行われる評価である。外部から客観的な評価を受けることによって、利用者・社会に信頼と安心を提供し、公共性を確保しようとする意図から、この評価は導入されるようになった。外部からの評価を受けることは、その園の質が客観的に検証されるという点で意義がある。このような、外部者による評価の結果をその園自体による自己評価と結びつけて自分たちの改善課題とつなげていくことで、「子どもの幸せと発達を守る」保育を確証できる。

今後、さまざまな保育施設ができていく状況を考えると、このような外部評価は、保育の質（保育の内容や環境、保育者の対応、勤務体制など）を確保するうえで役割を持つと思われる。

【引用文献】
1）倉橋物三『大正・昭和保育文献集　第6巻』日本らいぶらり　1976年　p.4
2）座談会　新しい子ども観のもと、幼児教育はどこに向かうのか」『これからの幼児教育2017』ベネッセ教育総合研究所　2017年　pp.2-3、p.262
3）無藤隆・汐見稔幸・砂上史子『ここがポイント！　3法令ガイドブック—新しい『幼稚園教育要領』『保育所保育指針』『幼保連携型認定こども園教育・保育要領』の理解のために—』フレーベル館　2017年　p.27、p.37、p.189
4）松村明・山口明穂・和田利政編『国語辞典』旺文社　2005年
5）エリクソン（仁科弥生訳）『幼児期と社会Ⅰ』みすず書房　1977年
6）宍戸健夫『実践の質を高める保育計画』かもがわ出版　2003年　pp.41-48
7）青木久子『新保育者論　子どもに生きる』萌文書林　2002年

【参考文献】
清水民子ほか編『保育実践が発達研究と出会うとき』かもがわ出版　2006年
北野幸子ほか編著『遊び・生活・学びを培う教育保育の方法と技術』北大路書房　2009年
浅井春夫ほか編著『保育の質と保育内容』新日本出版社　2009年
津守真『保育者の地平－私的体験から普遍に向けて』ミネルヴァ書房　1997年
森上史朗ほか編『幼児理解と保育援助』ミネルヴァ書房　2003年
磯部裕子『教育課程（カリキュラム）の理論』萌文書林　2003年
小田豊ほか編著『幼児教育の方法　保育内容・方法を知る』北大路書房　2009年
無藤隆『平成29年告示幼稚園教育要領・保育所保育指針・幼保連携型認定こども園教育・保育要領　3法令改訂（定）の要点とこれからの保育』チャイルド社　2017年
無藤隆・汐見稔幸編『イラストで読む幼稚園教育要領・保育所保育指針・幼保連携型認定こども園教育・保育要領はやわかりBOOK』学陽書房　2017年

第5章 乳児（1歳未満）の保育内容

学習のポイント
- ●乳児（1歳未満）の心身の発達の姿を理解しよう。
- ●乳児保育の基本的な内容を学ぼう。
- ●保育者の果たすべき役割について考えよう。

1 乳児（1歳未満）の発達特徴

保育所保育指針にみる発達の特徴

◆おおむね0歳の発達の特徴

運動面では、全身を活発に動かすことから始まり、次第に握る・つまむなど指先の操作性が高まる。認知面では自分自身や周囲の人やものに興味を示し、「なんだろう？」と探索活動が活発になる。それを通して自分と自分の周りの環境を理解していく。情緒面では特定の人に愛着関係を築くことで安心して生活できる。自分とのつながりが深い人とそうではない人の見分けがつくようになることで人見知りをするようになる。

1 誕生からおおむね生後6か月未満

誕生したばかりの赤ちゃんは大人の世話なしで生きていくことができず、私たちには非常に無力な存在だと映る。しかし、赤ちゃんには新生児反射[*1]といわれる外から受けた刺激に対して敏感に反応する力があり、将来自分自身や周りの人とのかかわりにとって重要な力となるものを備えて生まれてくることも事実である。例えば、私たちが赤ちゃんの手のひらに自分の指を入れると、赤ちゃんはぎゅっと握る。これは把握反射といわれる代表的な新生児反射で、自発的にモノをつかむ動作の準備としての役割がある。また、赤ちゃんの唇に指で触れるとその指をリズミカルに吸う。これは吸てつ反射といわれる反射で、上手に乳を吸っ

[*1] 新生児反射には把握反射や吸てつ反射のほかに、探索反射、緊張性頸反射、モロー反射、バビンスキー反射などがあり数か月の間に消失する。消失しない場合は神経発達の異常の可能性があるため、発達診断の目安になる。

て飲み込むための役割がある。これらは赤ちゃんの意思とは関係なく起きる自動的な反応である。

　生後3か月ごろになると消え始める新生児反射もあり、いよいよ赤ちゃんが意思を持って自分で行動するようになる。手足の動きが活発になって全身で喜びや怒りを表現するようになる。首がすわるようになると、うつぶせで寝ているときには頭を持ち上げて周りを見ようとする。人の声を心地よく感じ、あやすとよく笑うようになる。

　意思を持った赤ちゃんは自分の身近にいる人、例えば生理的な欲求を満たしてくれる人や世話をしてくれる人に対して、積極的に愛着心や信頼感を持つようになる。こうしていよいよ社会の仲間入りをしていくのである。

❷ おおむね生後6か月から1歳未満

　生後6か月を過ぎる頃になると、赤ちゃんはますます活発に動くようになる。座ることができるようになることで、これまでよりも視野が広くなる。ゆっくりであれば動くものを追って見る（追視する）ことができ、自分の興味のあるものであれば、「あーあー」などと声で大人の注意を引くようになる。9か月ごろにはモノを介して大人とやりとりをするようになる。その際、指差しをして自分の興味のあるものを伝えようとする姿も見られる。モノや人に対するかかわり方がこれまでとずいぶん異なるので、9か月ごろのこの変化は「9か月革命」と呼ばれることもある。特に親や担当保育士といった情緒的なつながりのある特定の大人に対しては、自分が発見したことを知らせたい、あるいは未知のものについて触ってもいいものなのかを確かめたい、という姿が見られるようになる（社会的参照）。

　一方で、生後6か月を超えたあたりから人見知りも始まる。知らない人やあまりなじみのない人とかかわることを嫌がり、子どもによっては大泣きをして大人を悩ませることもある。しかし、人見知りは、特定の人とのつながりが確立されていることや、身近な人とそうでない人が認識できていることを示しており、成長していることの証といえる。

　甘えたり喃語(なんご)*2を使って「おしゃべり」しているように聞こえることも増え、大人側はいっそうかかわることが楽しくなる時期である。また、この頃にはつかまり立ちや伝い歩きをする赤ちゃんも見られ、大人は目を離せなくなる。好奇心が旺盛で、興味のあるモノを自分で取りに行ったり、手にしたモノを口に入れて自分自身で確かめたりするようにもなる。

　生後5か月ころ多くの赤ちゃんが離乳食を始め、生後6か月を超えたあたりから1日1回だった離乳食が2回へと増える。慣れてくると自分から手を出し、手

*2 「あーあー」「まんまん」というような一定のリズムや抑揚をもった発声を喃語という。「あーあー」のような母音のみの喃語を過渡的喃語と呼ぶ。6か月ごろになると「まんまん」のような子音＋母音で発生できるようになる。これを基準喃語という。

づかみで食べるなどだんだんと食べることを楽しむようになる。月齢とともに徐々に離乳食の回数が増え、卒乳に向かう。

2 保育内容の基本的事項

> **基本的事項**
> ■保育は愛情豊かに応答的に行われること。
> ■身体的発達に関する視点として「健やかに伸び伸びと育つ」、社会的発達に関する視点として「身近な人と気持ちが通じ合う」、精神的発達に関する視点として「身近なものと関わり感性が育つ」の3点がある。
> ■保育は、上記の3点と「生命の保持」「情緒の安定」といった養護の面に関する内容とを、常に一体化して行われなければならない。

1 応答的な保育

　視覚や聴覚などの感覚や、座る、はうなどの運動機能が発達する。これらは0歳の子どもが外の世界に興味をもち始めることと、その興味に沿って探索行動が活発になることにつながる。また特定の大人との応答的なかかわりを通して情緒的な絆が形成される時期でもある。したがって保育者は子どもの表情や行動から何に興味をもっているのかを理解し、子どもの気持ちを十分受け止めながらかかわることを意識することが求められる。

2 乳児（1歳未満）保育の3つの視点

　0歳児保育は、人として人とともに生活する力や自分で考え行動する力を養うための基礎となる保育にあたる。そのため保育は生活や遊びを通して身体的発達、社会的発達、精神的発達について包括的に行われる必要がある。身体的発達に関する視点としては、「健やかに伸び伸びと育つ」ことをねらう。社会的発達に関する視点としては、担当の保育者との信頼関係を築くことを第一に「身近な人と気持ちが通じ合う」ことをねらう。精神的発達に関する視点としては、保育者から提示される玩具に興味をもつことから、「身近なものと関わり感性が育つ」ことをねらう。

3 養護と教育の一体化

　上記の3つの視点は、0歳児以降の保育では教育面につながる内容でもある。「健やかに伸び伸びと育つ」という視点は領域「健康」、「身近な人と気持ちが通じ合う」という視点は領域「言葉」「人間関係」、「身近なものと関わり感性が育つ」という視点は領域「表現」「環境」といった具合である。保育所で行われる保育は教育だけでなく養護面も一体的に行うことが大切である。3つの視点が独立して取り上げられるのではなく、この3点をふまえた生活の中に「生命の保持」「情緒の安定」といった養護の面に関する内容を含めて保育が行われなければならない（図5－1）。

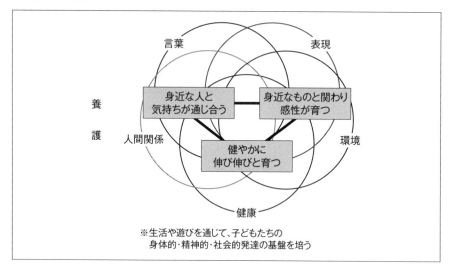

図5－1　0歳児の保育内容の記載のイメージ
出典：厚生労働省社会保障審議会「保育所保育指針の改定に関する議論のとりまとめ」（平成28年12月21日）

3 乳児（1歳未満）の保育内容のポイント
　　－ねらいと内容－

▶おおむね0歳の保育内容のポイント
・大人との安心できる関係を築く。
・授乳（食べる）をしっかり、丁寧にする。
・子どもの興味・関心を引き出す遊具や環境を用意する。

　0歳児にとってこの世界は母親の胎内で完全に保護されていた世界とはまったく異なり、自分自身でしなくてはならないことばかりの世界である。栄養を

とる、排泄する、移動するなど健康に過ごすために必要な力を身につけることを土台に、自分が安心して過ごすことができる人とのかかわりを深め、自分の周りの環境に積極的にかかわろうとする力をつけていかなければならない。このような力が備わって、初めて社会的に生きていくことができる。これらの力が身につくように、保育者は次の3点に配慮し保育する必要がある。

1 健やかに伸び伸びと育つことができるような配慮

　保育者は一人ひとりの子どもの気質や生活の仕方を十分理解し、愛情豊かに接することを心がけたい。そのうえで子どもの生理的欲求や心理的欲求を満たし、子ども自身が心地よく生活することができるようにしていきたい。0歳児は心身ともに最も目覚ましく発達する時期でもあるので、園生活を通して子どもが楽しく食事（母乳やミルク、離乳食）をすることができることや、安全な環境で十分に体を動かすことができるよう、健康な体づくりが進められる保育を計画しなければならない。身体面の発達は特に個人差が目立つので、一人ひとりの子どもの発達の特性をふまえておくことも忘れてはならない。

2 身近な人と気持ちを通じ合わせることができるような配慮

　保育者が意識的に子どもと受容的・応答的にかかわることで、子どもは信頼や愛情を育むことができる。将来健全な人間関係を築く力は、0歳の保育から始まるのである。子どもとかかわるときにはその子自身の気持ちの表し方をしっかり理解するようにしたい。そして理解したことを保育者自身の表情や身振り、語りかけで子どもに伝わるように返していきたい。これは、人とのやり取りや言葉の獲得を促すだけではなく、子どもが「わたしは認められているのだ」ということを実感することでもあり、自己肯定感を育てることにつながる。

3 身近なものとかかわり、感性が育つような配慮

　私たちはさまざまなモノに囲まれている。モノの性質がわかり工夫して扱うことができるようになると、生活が豊かになる。0歳の子どもの周りにも当然モノはある。子ども自身がモノに興味をもち、「触ってみたい」「遊んでみたい」という意欲が、幼児期には環境を自分の生活に取り込む力につながる。そのために0歳児の保育では、子どものモノに対する興味がわくような環境構成をすることが大切になる。

4 保育の事例と指導案

1 0歳児の事例

> **事例 「どきどきするの…」（6か月）**
>
> かわいい0歳児クラスが今年度も始まった。担当の保育者にさっそく甘えに行く子、興味深そうに部屋にあるおもちゃを触る子、ママから離れるときに「わーん！」と力いっぱい泣く子…一人ひとりさまざまな姿を見せてくれる。
>
> 私は保育者になって2年目、0歳児クラスを受け持つのも2年目になり、少しずつ「こんなことがしたいな」と、ねらいをもって保育したいと思うようになった。今年度、私は6か月で入園してきたAちゃんの担当になり、「担当保育士との信頼関係を築く」ことをねらい、保育を進めている。Aちゃんは緊張や不安が強い子で、登園時のお母さんとの離れ際は毎日大泣きしてしまう。私は少しでもAちゃんが安心できるように抱っこしたりやさしく話しかけたりするが、そもそも機嫌がよい日が少なく、ミルクの飲みが悪かったり寝つきも悪いので、ますますご機嫌斜めになってしまうのではないかと思った。
>
> 先輩の保育者にも相談し、「なによりもまず、園生活が安定することが大切なのでは？」と考え、楽しく園で過ごすことができるよう、環境や遊びを見直すことにした。Aちゃんはゆったりした歌が好きなので、わらべ歌を使ったふれあい遊びを取り入れたところ、とても楽しんで遊ぶようになった。わらべ歌を歌う私を見て、にこっと笑って体を揺らす姿を見ると、かわいさのあまり、思わずAちゃんを抱っこして遊びださずにはいられない。この遊びを通して、私はやっとAちゃんと気持ちがぴったり重なった気がした。

0歳児の保育を計画するうえで一番大切にしたい点は、保育実践を長い見通しで考えるという点である。一日単位で計画する（日案の立案）のではなく、短くても1週間を単位として見通した計画を立てる（週案の立案）ようにする。

2 0歳児の指導案

表5－1　0歳児の指導案（4月）

先週の姿	・入園したばかりで不安が強い。 ・環境にまだ慣れていないためかミルクを飲んだり十分睡眠をとることもできず、いつも不機嫌な状態である。
今週のねらい	・保育者との信頼関係をつくる。 ・園での生活リズムをつくる。
内　容	・安心して保育者に甘えることができる。 ・保育者との遊びを楽しむ。 ・保育者と一緒に園生活を楽しむ。
予想される子どもの姿	・保護者と別れる際に大泣きするが、特定の保育者に抱かれると時間はかかるが徐々に泣きやむ。 ・眠りたいのに眠れずに泣く。 ・慣れてくるとスキンシップをとりながら遊ぶことを好む。 ・遊ぶことができると機嫌よくミルクを飲むことができる。
環境構成	・落ち着いて過ごせるよう保育室の過度な装飾は控えるようにする。 ・室内にマットなどを敷き眠りたいときにすぐ横にできるような環境をつくる。 ・保護者も安心して預けることができるよう、保育者はゆったりと申し送りを受ける。 ・床に転がって遊ぶことができるような空間をつくる。また、保護者も子どもと転がったりはいはいしたり、楽しく遊ぶ姿を示すようにする。
保育者の援助	・家庭と連携しながらミルクを飲む量やペース、タイミングの情報を共有する。排泄の間隔についても同じように情報を共有する。子どもの生活リズムをふまえたうえで園での生活リズムの確保を促すようにする。 ・授乳は子どもの目を見てやさしく語りかけながらゆったりと行う。一定量を飲むことができない時は無理せずやめる。飲めなかったことについて家庭に連絡するようにする。 ・わらべうた遊びを取り入れ、体に触れながら表情豊かに遊ぶことを意識する。「おすわりやす」「きゅうりができた」を取り入れ子どもの様子を見る。

(1) 先週の姿

　1週間保育をして自分自身が特に気になった点を2～3点書く。先週の姿を受けて今週のねらいを立てるので、先週の姿にあげられた内容が多いとその分、今週にねらわなくてはならない内容（1週間で達成しなければならない内容）が増えてしまう。その結果、ゆったりとした保育を実践することは不可能になるので注意が必要である。なお、事例では子どものネガティブな姿を取り上げているが、もちろん「誰に対しても笑顔で抱っこされている」といったポジティブな姿を取り上げてもよい。

（2）今週のねらい

「先週の姿」で取り上げた内容を今週の保育でどう考えるのか、について書く。「先週の姿」と「今週のねらい」は必ず連続しなくてはならない。

（3）内容

「今週のねらい」にあげた点が、具体的にどのような姿となって表れてほしいかを考えて書く。

（4）予想される姿

「先週の姿」をふまえて立てた「今週のねらい」を達成するために保育を進めることによって、子どもはどのような姿を見せるようになるかを予想して書く。この項目が具体的に書くことができればできるほど、「環境構成」や「保育者の援助」が明確になる。

（5）環境構成・保育者の援助

「予想される姿」により近い姿を見ることができるような保育者の手立てを書く。この項目に書かれた内容が子どもに直接影響を与える部分になるので、園内の環境構成（園庭および保育室）や保育者自身の動きは実現可能なものにする。

【参考文献】
菅野幸恵・塚田みちる・岡本依子『エピソードで学ぶ　赤ちゃんの発達と子育て　いのちのリレーの心理学』新曜社　2010年
マイケル・トマセロ（大堀壽夫ほか訳）『心とことばの起源を探る』勁草書房　2006年

第6章 1・2歳児の保育内容

```
　　　　　学習のポイント
●1・2歳児の心身の発達の姿を理解しよう。
●1歳以上3歳未満児の保育を実践する際の基本的な内容を学ぼう。
●保育者の果たすべき役割について考えよう。
```

1　1・2歳児の発達特徴

```
　　　　発達の特徴

◆おおむね1歳の発達の特徴
　歩き始め、言葉を話すようになることにより、身近な人や身のまわりの物に自分から働きかけていく。さまざまな運動機能の発達や見立てるなどの象徴機能の発達により、環境に働きかける意欲が高まり、人や物とのかかわりが強まる。指差し、身振り、片言などをさかんに使うようになり、二語文を話し始める。

◆おおむね2歳の発達の特徴
　歩く、走る、跳ぶなどの基本的な運動機能や、指先の機能が発達するに伴い、身のまわりのことを自分でしようとする。また、排泄の自立のための身体的機能も整ってくる。発声が明瞭になり、語彙も著しく増加したり、自分の意思や欲求を言葉で表出したりするなど、言葉の発達が著しい。自我が育ち、強く自己主張する姿が見られる。象徴機能の発達により、簡単なごっこ遊びを楽しむ。
```

1 おおむね1歳から2歳未満

（1）運動機能の発達

　おおむね1歳頃から自力で立ち上がるひとり立ちを経て、ひとり歩きができるようになる。1歳5か月までには、ひとり歩きを開始すると報告されている[1]。歩き始めは、左右に揺れながら両手をあげ、バランスをとって歩く。歩行が安定するとともに徐々に腕をおろすようになり、玩具等を持って歩いたり、何かを引いて歩いたりするようになる。1歳後半になると、ひとり歩きが安定し、手すりをもって階段を上り下りしたり、小走りや後ずさりをしたりできるようになってくる。

　手指の操作においては、指を使って物をつかもうとするようになり、積み木を積んだり、スコップやクレヨン等で遊んだりすることができる。1歳後半になってくると、スプーンやフォークを使って食べたり、なぐり描きでは打ちつけるような点からぐるぐるとした曲線が見られたりするようになる。

（2）言語・認識の発達

　言語や感覚の発達では1歳頃になると、興味があるものや要求を指さしで示したり、大人が指さした物のほうを見る共同注意をしたりするようになり、三項関係[*1]が成立する。身近な事象や物と音声が結びつき、「マンマ」「ワンワン」「ブーブー」など意味のある言葉や拒否を表す「イヤ」などの言葉の一語文を話すようになり、親しい大人に自分の気持ちを伝えようとする。また、「お外に行くよ」「ワンワンはどこ？」などの簡単な言葉の指示や問いかけも理解できるようになる。

　1歳後半になると、「マンマ　ちょうだい」「ワンワン　きた」などの二語文を話すようになり、身近なものに対して「なに？」とさかんに聞く第一質問期を迎える。また、象徴機能が発達し、実際に目の前にはない場面や事物をイメージして、遊具や玩具などで見立てる遊びがさかんになってくる。また、この頃になると、自分の気持ちと他者の気持ちが違うことに気づくとともに、いろいろなことを自分でやりたいという気持ちが育ち、自我が芽生えてくる。大人の誘いかけに対し、「イヤ」「ジブンデ」などと自分の気持ちを強く主張する姿が見られるようになる。自分の思いが受け入れられないと、のけぞったり、床にひっくり返ったりするなど、だだをこねる姿も見られる。大人の受容的なかかわりにより、次第に場面の切り替えができ始め、自分の要求をおさめたり、気持ちを立て直したりできるようになってくる。

　生後5か月頃より開始した離乳は、1歳を過ぎると完了を迎え、幼児食への移行が進むのもこの時期である。

＊1　三項関係
「自分と他者（養育者）と対象（モノ）」の3つの間の関係のことを指し、1歳頃になると3つの間の関係性を認識するようになる。9か月以前では、自分と他者または自分と対象という2つの間の関係で認識している。三項関係が成立すると、他者が指さしたものを乳児も一緒に見るようになる。

2 おおむね2歳から3歳未満

(1) 運動機能の発達

　歩いたり、走ったり、跳んだりなどの基本的な運動機能が発達し、自分の体を思うように動かすことができるようになる。段差から飛び降りたり、溝などをまたいだりなど、さまざまな動作に挑戦しながら、行動範囲を拡大させていく。また、「速い－遅い」「強い－弱い」の概念がわかり始め、自分で調節しながら行動できるようになってくる。

　指先の機能の発達が進み、紙をちぎったり、粘土などの素材を引っ張ったりして遊ぶようになる。指先を巧みに使えるようになったことで、衣服のボタンをはめたり、はさみで1回切りをしたりするなど、物の扱いも上手になってくる。自分でできることが増え、食事や衣服の着脱、排泄など、自分の身のまわりのことを自分でしようとする意欲が高まり、自立が進む。

(2) 言語・認識の発達

　この時期は象徴機能が発達し、遊具や玩具などを実物に見立てたり、「…のつもり」になって「…のふり」を楽しんだり、ままごとなどの簡単なごっこ遊びをさかんにするようになる。また、クレヨン等を使って、水平の線や十字、閉じた丸を描き、それらに「コレ、ママ」「○○シテルノ」と描いたものをいろいろなものに見立てたり、意味づけをしたりして表現することを楽しむようになる。

　言語活動も活発になり、2歳頃は300前後であった語彙数が、3歳になる頃にはおよそ1,000語になると言われている。2歳後半頃から三語文を話すようになるとともに、「なぜ？」「どうして～なの？」等の理由を尋ねることが多くなり、第二質問期を迎える。2歳の終わり頃には、自分の要求や経験したことを言葉で表そうとするようになる。

　「多い－少ない」という量的な対比や「良い－悪い」等の価値的な対比もわかるようになってくる。また、2～3程度の数を物事と対応させてわかるようになったり、経験したことを記憶する力や時系列の感覚が身につき、「昨日～食べた」と話したりする。

(3) 社会性の発達

　子ども同士のかかわりが増え、特定の仲の良い友だちができ始めるのもこの時期である。友だちがしていることに興味を持ち、砂場遊びなど同じ遊びをしようとする姿も見られる。大人が仲介することで、簡単な言葉のやりとりや玩具などの物を通したやりとりをしたり、一緒にごっこ遊びをしたりすることができるようになる。3歳になる頃には、大人の仲介で、物の貸し借りや順番、交代等の社

会的なかかわりをする姿が見られるようになる。友だちとのかかわりが増える反面、物の取り合い等のトラブルが多くなる。

　2歳の頃は、子どもの自我が育つ時期である。生活や遊びの中で、自分のことを自分でしようとする姿や自分の意思や欲求を言葉で表すことが増え、「ジブンデ」「モット」「イヤ」と強く自己主張することも多くなり、思い通りにいかないと、泣いたり、かんしゃくを起こしたりする場面も現れる。そのような経験をする中で、すべてのことが受け入れられるわけではないことに徐々に気づき、見守ってくれる大人の存在によって、気持ちを立て直そうとするようになる。自分の思いを認めて欲しい気持ちも強くなるため、できる姿を「ミテテ」と要求する姿も見られる。

2 保育内容の基本的事項

> **基本的事項**
>
> ■歩き始めから、歩く、走る、跳ぶなどへと、基本的な運動機能が次第に発達し、排泄の自立のための身体的機能も整うようになる。つまむ、めくるなどの指先の機能も発達し、食事、衣類の着脱なども、保育士等の援助の下で自分で行うようになる。発声も明瞭になり、語彙も増加し、自分の意思や欲求を言葉で表出できるようになる。
> ■（1歳から2歳児期においては、）自分でできることが増えてくる時期であることから、保育士等は、子どもの生活の安定を図りながら、自分でしようとする気持ちを尊重し、温かく見守るとともに、愛情豊かに、応答的に関わることが必要である。
> 　　　　　　　（「保育所保育指針第2章2（1）ア」より抜粋、（　）内は筆者による）

　この時期は、さまざまな機能の発達により、できることが多くなるが、自分の思う通りにいかないことも多く、かんしゃくを起こすこともある。自我が芽生え、強く自己主張するが、自立と依存の間で気持ちが揺れ動き、葛藤を経験する時期でもある。保育者は、子どもの思いを汲み取り、温かく見守ったり、受容的・応答的にかかわったりし、発達を支えていくことが必要である。

　2017（平成29）年告示の保育所保育指針では、1歳以上3歳未満児の保育の内容は「健康」「人間関係」「環境」「言葉」「表現」の5つの領域によって示されるようになった。しかし、単に3歳以上児の5領域を年齢発達に合わせたものととらえるのではなく、1歳以上3歳未満児の発達の特性から、5領域は大きく重なり合い、相互に結びついているものであり、子どもの実際の生活と遊びにおいて

総合的に展開されていくことに留意しなくてはならない。

　これら5つの領域にかかわる保育の内容は、乳児保育の内容の3つの視点と3歳以上児の保育の内容における5つの領域と連続するものであることを意識し、この時期の子どもにふさわしい生活や遊びの充実が図られることが重要である。

　1・2歳の時期は心身ともに発達する時期であるが、その進み具合や発達のバランスは個人差が大きく、家庭環境やそれまでの生活体験に影響されるところがある。この時期は、生活や遊びの中心が、大人との安定した関係から子ども同士の関係へと次第に変わっていく時期でもある。1歳以上3歳未満児の保育においては、これらのことに配慮しながら、養護と教育の一体性を強く意識し、一人ひとりの子どもに応じた発達の援助が求められる。

3　1・2歳児の保育内容のポイント　　－ねらいと内容－

▶おおむね1歳の保育内容のポイント
・食事、排泄、睡眠など規則正しい生活リズムで過ごせるようにする。
・全身を使って遊び、運動機能の発達を促す。
・自分でしようとする気持ちを尊重し、温かく見守る。
・探索活動や好きな遊びが十分にできる保育環境を整える。
・保育者との関係を基盤に、他の子どもとの関係を豊かにする。

▶おおむね2歳の保育内容のポイント
・子どもの思いや気持ちを丁寧に受け止め、安心して表現できるようにする。
・基本的な生活習慣を身につけ、身のまわりのことを自分で行うようにしていく。
・保育者や友だちとのやりとりを楽しむことを通して、言葉を豊かにする。
・子ども同士の関係を支え、友だちと一緒に遊ぶことの楽しさを感じられるようにする。
・ごっこ遊びなどの遊びやさまざまな生活体験を通して、イメージしたり、表現したりすることを楽しめるようにする。

1　おおむね1歳の保育内容

　1歳児の保育において、子どもが安心し、安定した生活を送ることが保育の基盤になる。1歳の時期は心身ともに著しく発育・発達する時期であるが、個人差も大きく、家庭環境や生活体験に影響するところが大きいため、より詳細な発育・

発達状況の把握が必要とされる。具体的には、睡眠などの生活リズムや食事、排泄の状況を保護者と共通理解し、連携を図っていくことである。

（1）食　事

　食事においては、1歳児は離乳から幼児食へ移行する時期である。離乳期後半には歯ぐきでかめる固さや子どもの食べやすい大きさにするなど、食べ物に対する配慮が必要である。1歳前半は手づかみで食べたり、食べこぼしが多かったりするが、自分で口に運ぶことや一口の量を覚えていくので、保育者は注意するのではなく、温かく見守っていきたい。1歳後半頃は、スプーンを導入していく時期である。食卓に子ども用のスプーンを用意し、スプーンを使って食べることに誘いかけていくようにするとともに、保育者がスプーンを持って見せ、持ち方を知らせていく。初めは、上から握って持つが、徐々に鉛筆を持つような下から握る持ち方に移行していく。食事において最も大切なことは、食事が楽しいという気持ちを子どもが持てることである。

（2）排　泄

　2歳前後には、排泄間隔が2時間を超えるようになり、尿意を感じられるようになってくる。排尿間隔が一定になり、1回の尿量が多くなってきたことを目安にトイレトレーニングを始める。初めは、午睡明けにおむつがぬれていない時にトイレに誘うことから始めてみるとよいだろう。排泄間隔を把握するためにチェック表を活用するのもよい方法である。尿意を感じられるようになると、股に手を当てたり、足踏みをしたりして、排尿のサインを表すようになる。保育者は個々のサインの表し方を把握し、サインに気づいた時にトイレに誘いかけていくようにする。排泄の自立は個人差が大きいので、子どもの様子に応じて進めていくようにする。保育者は、トイレで排泄ができたことを子どもとともに喜び、間に合わなかったり、もらしてしまったりしても、決して責めないようにするなどの姿勢が大切である。

（3）活動範囲の拡大と環境

　1歳児は、歩行が不安定であるため、転倒・転落の事故が多い時期である。また、玩具等を誤飲する事故もあるため、保育室内の安全点検に心がけ、安全で活動しやすい環境を整えることに留意しなければならない。
　子どもは、安心できる保育者の存在を基盤に活動の範囲を広げていく。身のまわりへの興味・関心が大きく広がり、行動範囲も大きく広がる1歳児期は、子どもの興味や関心、発達過程をとらえ、環境やかかわりを工夫していく必要がある。子どもの行動を必要以上に止めるのでなく、温かく見守っていく姿勢が大切であ

る。子どもの探索、探求する気持ちが満たされるように園内や戸外のいろいろな場所を利用し、安全な環境をつくっていきたい。

(4) 言葉の発達

言葉を獲得していくこの時期は、自分の気持ちや思いを表現する姿が多くなる。大人の誘いかけに対し、「イヤ」と拒否を表すこともあるが、保育者は、「そうなの。嫌なんだね」などと子どもの気持ちを共感的に受け止めるような受容的・応答的なかかわりを心がけていきたい。自分の気持ちや思いを受け止められる経験を通して、子どもは自分を肯定する気持ちが生まれてくる。

(5) 自我・社会性に対するかかわり

この時期の子どもは、周囲の子どもへの関心も高まってくる。友だちのしていることをまねたり、同じ玩具を欲しがったりするなど、友だちと一緒であることを喜ぶようになる。友だちの持っているものが欲しくなり、トラブルになることもあるが、子どもの気持ちを受け止め、仲立ちしていくとともに、玩具を多めに用意するなど、友だちと一緒にいることが楽しいと感じられるように環境を整えていくことも必要である。

1歳後半になると、自我の芽生えから自己主張が明確になり、だだをこねたり、かんしゃくを起こすなど、大人が意図するようにいかない場面が増えてくるが、このような姿は子どもの自我が育つ過程ととらえ、「○○にする？それとも××にする？」と子ども自身が選択して決められるようにしたり、「〜したら、次はこれしようね」と次の行動に期待や見通しが持てるようにかかわることで、子どもの気持ちの切り換えを支えていくようにする。

表象機能の発達によって、1歳児の子どもたちは見立てやつもりを楽しむ遊びが見られるようになる。石や葉っぱ、砂をごはんに見立てて、「ごはん どうぞ」とやりとりをする姿も見られるようになるので、保育者も一緒に楽しみ、つもり・見立て遊びを豊かに展開していきたい。

2 おおむね2歳の保育内容

2歳児に対しては、食事や排泄、衣服の着脱など基本的な生活習慣を身につけていくことがポイントとなる。

(1) 食 事

食事においては、楽しい雰囲気のもと、食事の前には手を洗うことや食事のマナー等を伝えながら、少しずつ身につけていけるようにする。食べ物の好みが出

始め、苦手なものを嫌がるようになるが、気持ちに左右されることが多いので、食べることに意欲が持てるようなかかわりを工夫し、食べられたことをほめていくようにする。

(2) 排泄・着脱

　排泄の自立については、個人差が多いので、保護者と連携を取りながら進めていくことが必要である。だんだんと尿意を伝えられるようになり、「おしっこ」と訴えることもできるようになってくるが、トイレで一人になることに不安を感じることもあるので、近くで見守り、安心できるようにしていく。尿意を伝えられたことやトイレでできたことをたくさんほめ、成功体験を積み重ねていくようにする。3歳になると、恥ずかしいという気持ちも出始めるので、排泄の失敗から気持ちが不安定になることもあり、子どもの自尊心を傷つけないように留意する。

　着脱の場面でも「ジブンデ」と主張し、保育者の手伝いを嫌がる場面が見られるようになる。時間がかかることもあるが、保育者はゆったりとした気持ちで見守っていくようにする。うまくいかない場合は、さりげなく手助けをし、子どもが「ジブンデ　デキタ」という満足感や自信を得られるようにしていくことが大切である。

　生活の流れが子どもたちなりにわかり、身のまわりのことを自分でするようになるが、その一方で、保育者に甘えたい気持ちもまだまだあるのが2歳児である。自立と依存の間で気持ちが揺れ動く時期であるので、子どもの行動の背後にある気持ちの理解に努め、試行錯誤しながら、一人ひとりにあったかかわり方を探っていくことが必要である。

(3) 運動機能

　2歳児期の子どもは、歩く・走る・跳ぶ等の機能が整い始め、さまざまな動作に挑戦する姿が多く見られる。戸外で遊ぶ機会を多く持ち、十分な安全確保と危険予測をしながら、子どもたちがのびのびと体を動かして遊べるようにしていきたい。子どもたちの姿に応じて、鉄棒や滑り台などの固定遊具、ボールや三輪車などの用具を活用していくこともよい。

　また、手指の動作が器用になり、道具を使った遊びの幅も広がってくるので、はさみやのりを使って遊ぶことや指先を使う玉差しやパズル等で遊ぶことができるように用具や玩具を用意していく。子どもがやりたい時にすぐにできるようにしたり、集中して遊べるようにしたりするなどの環境の工夫も大切である。

（4）自我・社会性に対するかかわり

　2歳児期の前半から、友だちの存在を意識するようになり、かかわろうとする姿が多く見られるようになる。気の合う友だちと一緒に遊ぶことを喜ぶが、その反面、自我が拡大してくる時期でもあり、トラブルが多く発生する。「○○ちゃんも使いたかったんだよね」「『かして』って言おうね」など子どもの思いに共感し、その思いを代弁しながら、気持ちを伝えることの大切さを伝え、子ども同士の関係をつなげていくことが、2歳児の保育における保育者の役割である。

　また、自分の身近な経験や体験をもとに、友だちと一緒にごっこ遊びが盛り上がるのも2歳児の特徴といえる。お父さんやお母さん、お店屋さんなどの身近な人になりきるだけでなく、遠足やお祭りなど園で経験した行事や絵本で見たお話の場面などもごっこ遊びに取り入れて遊ぶようになる。ごっこ遊びのイメージが広がり、遊びが発展していくためには、「もの」が必要である。保育者は、必要な素材や遊具、環境を的確にとらえ、整えていくことが大切である。このよう遊びを通して、友だちと共通のイメージを持ってつながり、一緒に遊ぶ楽しさを感じていくようにしたいものである。

　2歳児は、「魔の2歳児」「Terrible two」などと言われるようにかかわり方に苦慮する時期であるが、この時期に、自分が認められ、丁寧に気持ちを受け止められた子どもは、友だちの思いも受け入れられるようになる。そして、さまざまな活動を通して、友だちと一緒にいることの喜びを感じるようになる。このような育ちが3歳以上の保育における協同性の育ちにつながることを理解し、保育をしていきたい。

4 保育の事例と指導案

　ここでは、保育実践の事例を通して、1歳以上3歳未満児の保育の実際を知り、保育者の役割や保育の意図を学びたい。

1　1歳児の事例と指導案

（1）1歳児の事例

事例1　「自分のことは『ジブンデ』」

　Yくんは、2人きょうだいの末っ子で、服を着たり、靴を履いたりする時には、「ヤッテ！」と保育者に甘える姿が多く見られる男の子であった。パトカーの乗用玩具が大好きで、毎日のように乗って遊び、満足できるまで遊べない時は、「モット！」

> と怒ることも少なくなかった。
> 　そんなある日、昼食の前に園庭で遊ぼうと準備をしていた時のことだった。いつもなら、一番に保育者のところへ靴下と外の靴を持ってきて「ヤッテ！」と言うYくんだが、この日はいつもと様子が違い、自分で履こうとしていた。しかし、靴下の向きがなかなか合わず、何度もやり直していた。その間に、他の子はどんどん園庭に遊びに行き、Yくんだけがテラスに残った。その様子を見た保育者は、「先生がやろうか？」と声をかけたが、Yくんは首を横に振り、「ジブンデ！」と言い、靴下を履くのを続けた。しばらくして靴下を履くと、靴も自分で履こうとしていた。園庭で遊ぶ時間が少なくなってしまうことと他の子どものことを心配した保育者は「先生がやってあげるよ」と言ったが、Yくんは、首を横に振り、「イヤ！ジブンデ！」と強い口調で答えた。保育者は、Yくんの気持ちの強さに気づき、「そっか。わかった。Yくんは自分でしたいんだもんね」と話し、他の子どもたちのことは同じクラスの保育者にお願いをし、見守ることにした。
> 　Yくんは靴のマジックテープを何度も何度もやり直し、ようやく靴が履けると、「うん」と一つうなずいて園庭に駆けていった。Yくんが園庭で遊び始めたかと思った頃に、片づけの時間になってしまった。十分に遊ぶことができないと怒ってしまうことの多いYくんだが、この日は満足そうな顔をして、一番に保育室に戻ってきた。保育者が「ちょっとしか遊べなかったけど、よかったの？」と尋ねると、ニコッと笑って、大きくうなずいていた。

　この事例は、保育者がYくんの「ジブンデ」の気持ちに気づき、その気持ちを大切にし、じっくりとかかわった実践である。保育者は、その時々での子どもの心の機微をとらえ、受容的にかかわっていくことが必要とされる。この実践は、初めは「遊ぶ時間がなくなってしまう」「他の子どものことを見なくてはならない」といった大人の価値観でとらえていたが、Yくんの気持ちに気づき、他の保育者と連携を取って、Yくんの気持ちに寄り添い、かかわるようにしたところにこの保育者のよさを感じる。「ジブンデ」という気持ちが満たされたことで、遊ぶ時間が少しになっても、Yくんは満足していたのであろう。この実践は、子どもの気持ちを満たすことの大切さが感じられる実践である。

　2歳頃の子どもの要求には、「～したい」という行為への要求と、「自分を認めて欲しい、尊重して欲しい」という自我の要求の2つの側面が含まれていると神田は述べている[2]。さらに、「行為への要求には応えられないけれど、自我の要求には応える、そうしたかかわり方ができればよいのではないか」と述べている。この事例は、2つの要求に応じることができたが、そうでない場面も少なくない。自我が芽生えてきたこの時期には、自我の要求を丁寧に受け止め、気持ちが切り換えられるようなかかわりをするようにしていきたい。

第6章 1・2歳児の保育内容

表6-1 1歳児の指導案

4月の指導計画	ねらい	・一人一人の生活リズムを大切にしながら、不安や甘えを受け止め、安心して快適に過ごせるようにする。 ・保育者と一緒に好きな遊びを見つけてじっくり遊び、安心して過ごす。 ・春の日差しや草花に触れ、心地よさを感じる。	4月の行事	・入園式 ・クラス懇談会 ・避難訓練 ・身体測定 ・誕生会	教材資料	(歌) ちょうちょう おはながわらった (手遊び) トントントン ひげじいさん (絵本) たまごのあかちゃん もとこともこ (文研出版) おはながわらった 小さいお庭 もとこともこ (福音館書店)
		Y.K（1歳1か月・男児・新入園児）		S.R（1歳10か月・女児・進級児）		環境の構成
4月当初の子どもの姿		・母と離れることに不安があり、大きな声で泣く。 ・保育者と触れ合うなかで笑顔が少しずつ見られるようになってきた。 ・食べたくないものは「いや」と拒否するが、食べたいものは手づかみで食べる。スプーンやフォークを渡すと、手に持って食べようとする。 ・はいはい、つかまり立ち、伝い歩きを移動し、興味のあるところへ移動する。		・スプーンやフォークを使って食べることが多いが、手づかみになることもまだ見られる。スプーンやおにぎりを自分で持とうとしたり、使ったエプロンを自分で片付けようとするなど、同じ玩具で遊びたがったり、友だちの真似をしたりする。 ・保育者と一緒に食事をすることで「おいしそうだね」「あむあむしようね」と言葉かけをしていく。 ・時々、母との別れ際に不安な姿も見られるが、保育者が迎えることで、自分から離れられるようになっていく。		・自分の居場所や好きな玩具を見つけて、一人一人が安心して過ごせるよう、手作りおもちゃやぬいぐるみやブロック、ままごとなど、家庭でも楽しんでいるようなおもちゃを用意する。 ・昼食時は、明るい色のテーブルクロスを準備するなどして、楽しく食事ができるように「おいしそうだね」「あむあむしようね」と言葉がけをしていく。 ・保育室内に広いスペースを作ったり、プレイルームを利用して広い場所に絵本を用意したり、いつでも手に取れるようにする。はいはいや探索活動が楽しめるようにする。 ・体を動かして遊べる場所が届くだったり、また、スキンシップを大切にしながら、一対一での読み聞かせをしていく。
育てたい子どもの姿		・手づかみでも自分で食べようとする気持ちを大切にし、園での食事を楽しめるよう、必要に応じて援助する。 ・はいはいを促したり、手を添えて歩いたりするなど、保育室内やプレイルームで体を動かす楽しさを味わえるようにする。 ・新しい環境、保育者に慣れて安心して過ごせるよう、スキンシップをとったり、優しく声をかけたり、一対一でのゆったりとしたかかわりを大切にする。 ・一対一で触れ合う遊びをしたり、興味がありそうな玩具を用意して一緒に遊ぶなど、園での生活が楽しくなるようにしていく。		・スプーンやフォークを使い、自分で食べようとする。保育者と一緒に、エプロンやタオルの片付け等、簡単な身の回りのことをしようとする。 ・好きな玩具で気の合う友だちとのふれあい遊びをしたりする中でも安心して遊べるようにする。		・登園時の会話や連絡ノートで、子どもの健康状態や体調を把握していく。 ・体調や天候に応じて遊びを変更したり、衣服の調節を行ったりする。 ・新しい環境に、生活リズムが変わるので、休息や睡眠を一人一人に合わせて、十分に取れるよう配慮する。 ・はいはいや広い歩きをするスペースを保育室内やホール内で安全に遊べるようスペースを取り、遊具や玩具の消毒や破損箇所がないか、点検を行う。
保育者のかかわりと配慮		・自分で手づかみでも食べようとする気持ちを大切にし、援助する。 ・はいはいを促したり、手を添えて歩いたりするなど、身の回りのことを自分でしたいという気持ちを汲み取り、温かく見守ったり、さりげなく援助し、できた満足感が味わえるようにする。 ・子どもの好きな遊びややりとりあい遊びを、友だちと一緒に繰り返し楽しめるように用意する。また、同じ玩具を多めに用意し、友だちと一緒に楽しめるようにする。 ・不安な気持ちを汲み取り、「○○ちゃんのねじ」などと、一対一でのかかわりやスキンシップを十分に持つようにする。また、好きな遊びを保育者も一緒に楽しみ、安心できるようにする。		・子どもの食べたい気持ちを大切にして、さりげなくスプーンに手を添えたり、「おいしいね」などの言葉かけをしたりして、楽しく食べられるようにする。 ・身の回りのことを自分でしたいという気持ちを汲み取り、温かく見守ったり、さりげなく援助し、できた満足感が味わえるようにする。 ・子どもの好きな遊びややりとりあい遊びを、友だちと一緒に繰り返し楽しめるように用意する。また、同じ玩具を多めに用意し、友だちと一緒に楽しめるようにする。		健康・安全のための配慮
家庭との連携		・登園時の直接の会話や連絡ノートを利用して、生活リズムを整えられるよう、子どもの食事や睡眠の様子を伝え合う。 ・園での生活の様子や持ち物の準備などについて、丁寧に説明をして、保護者の方も安心できるようにする。 ・少しずつ保育者や園の生活に慣れてきていることを知らせ、共に成長を喜び合う。		・進級し、新しい環境になったことで保護者も不安に感じることがあるので、子どもと家庭の様子を丁寧に伝え合うようにする。 ・友だちのしていることにも関心が出てきたことや、共に成長を喜び合う。また、関心が出てきたことに反面、トラブルが増えてくることも知らせていく。		職員間の連携
						・一人一人の体調や保護者からの連絡事項を、職員全員が確認し、家庭での様子や健康状態を把握し、共通した対応ができるようにする。 ・毎朝、登園時に子どもの健康状態を把握し、体調に十分配慮して、保育中の様子の調整を行う。 ・一日の終わりにミーティングを行い、子どもと保護者の様子や保育中の様子、活動内容を確認し、翌日の準備を行う。

（2）1歳児の指導計画

1歳児期は、月齢や子どもの発達の様子や園での姿に個人差が大きく見られるので、個別的な視点とクラス全体としての視点の2つの視点から指導計画を作成することが望ましい（表6-1）。

▌2▌ 2歳児の事例と指導案

（1）2歳児の事例

> **事例2　絵本から発展したごっこ遊び「手を見せて！」**
>
> 2歳児クラスのあひる組の子どもたちは、絵本で『おおかみと七ひきのこやぎ』を読んで以来、保育者がオオカミ役になり、子どもたちは子ヤギになって、保育室のいろいろなところに隠れて遊ぶことが大好きである。
>
> 　保育者は、子どもたちの姿から段ボールで扉を作ることにした。段ボールの扉を見た子どもたちは大喜びで、オオカミ役になる子どもも出てきた。そして、戸外で遊んでいた「あぶくたった」のやりとりが加わり、新たな遊びが始まった。
>
> 　オオカミ役の子が「トントントン」と扉をたたくと、「何の音？」と子ヤギの子どもが尋ねる。「風の音」「車の音」と答えると、「あ～よかった」と、友だちと顔を見合わせて笑い合う。「オオカミの音」とオオカミ役の子が答えると、「キャー」と言って、机の下や棚の後などに隠れる。
>
> 　しばらく、そのような遊びが続いていたある日のこと、オオカミ役をしていたKくんが「何の音？」の質問に、ちょっと高い声で「お母さんよ」と答えた。今までとは異なる答えに子ヤギの役の子たちが顔を見合わせていると、それを見ていた保育者が「じゃあ、手を見せて」と話した。今度は、それを見ていたMちゃんがままごとコーナーにあった白い布を持ってきて、Kくんの手に巻いた。保育者がくすっと笑いながら、「本当だ。お母さんだ！」と扉を開けると、Kくんが「本当はオオカミだ！」と言って子ヤギを追いかけた。そこに、いつの間にか、Mちゃんも加わり、Mちゃんも子ヤギを追いかけた。KくんとMちゃんは、このやりとりが楽しかったのか、ニコニコしながら追いかけていたが、しばらくすると、床に転がって笑っていた。

　この事例は2歳児のごっこ遊びの中で、どんどん遊びが発展していった実践である。子どもたちは、絵本で見たり、経験したりしたことを遊びの中に取り入れて遊ぶ。この事例では、『おおかみと七ひきのこやぎ』の絵本の場面と「あぶくたった」のやりとりがうまく組み合わさって、遊びが盛り上がっている。保育者が子どもの姿をとらえ、段ボールの扉を作ったことも、遊びが発展していく要因になっている。

第6章　1・2歳児の保育内容

表6−2　2歳児の指導案

2歳児の年間計画	年間目標	1期（4〜5月）	2期（6〜8月）	3期（9〜12月）	4期（1〜3月）
ねらい	◎保育者との安定したかかわりの中で、自分の思いや要求を表し、安心して過ごす。 ◎生活に必要な基本的生活習慣を身につけ、すすんでしようとする。 ◎保育者の仲立ちに支えられながら、友だちとかかわって遊ぶことを楽しむ。	◎新しい環境に慣れ、安心して、生活したり遊んだりする。 ◎保育者に手助けされながら、身の回りのことを自分でしようとする。 ◎春の自然に触れ、保育者との関わりの中で、好きな遊びを十分に楽しむ。	◎保育者の見守りや手助けの中、身の回りのことを自分でしようとする。 ◎夏の自然を味わう、開放感を味わう。 ◎いろいろな遊びを通して、友だちとかかわって遊ぶ楽しさを味わう。	◎簡単な身の回りのことを自分でしようとする。 ◎全身を動かしてのびのびと遊ぶことを楽しむ。 ◎保育者や友だちと一緒に、模倣や表現遊びを楽しむ。 ◎秋の自然に触れて、遊ぶことを楽しむ。	◎自分でできることに喜びを感じながら、身の回りのことを自分でしようとする。 ◎ごっこ遊びや集団遊びなどを通して、保育者や友だちと一緒に遊ぶ楽しさを味わう。 ◎冬の自然に触れ、自然への興味・関心を広げる。
内容（健康・人間関係・環境・言葉・表現）		・家庭的で温かい雰囲気の中で安心して過ごす。 ・新しい生活の場やリズムに慣れる。 ・簡単な身の回りのことを自分でしようとする。 ・保育者や友だちと一緒に食事をする。 ・保育者に誘われて、一緒にトイレに行き排せつしようとする。 ・自分の思いをしぐさやことばで伝えようとする。 ・保育者や友だちと好きな季節の歌をうたい、手遊びや体を動かして遊んだり、身近な動植物や草花に触れて遊ぶ。	・必要に応じて休息や水分などをとり、心地よく過ごす。 ・簡単な衣服の着脱を保育者に手伝ってもらいながら自分でする。 ・楽しい雰囲気のなかで、スプーンを使って自分で食事をする。 ・自分から尿意を知らせ、トイレで排せつしようとする。 ・水・砂・泥などの感触を楽しみながら、夏遊びを全身を使って楽しむ。 ・いろいろな素材に触れ、保育者と一緒に作ったりごっこ遊びをしたりすることを楽しむ。 ・見立てやごっこ遊びを楽しみ、保育者や友だちとかかわって遊ぶことを楽しむ。	◎簡単な身の回りのことを自分でしようとする。 ・薄着の習慣を身につけ、自分で食べる喜びを感じながら、食べようとする。 ・食べ物に興味を持ち、自分で食べようとする。 ・簡単な衣類の着脱を自分でしようとする。 ・走る、跳ぶ、登るなどの全身を使った遊びを楽しむ。 ・友だちや保育者と一緒に歌をうたったり、踊ったりごっこ遊びをして遊ぶ。 ・戸外遊びや散歩を通して、秋の自然物にふれ、秋の自然事象とふれて遊ぶ。 ・ことばのやりとりを楽しむ。	・保育者と一緒に手洗いやうがいをしたりして、健康な生活習慣を身につける。 ・箸に興味を持ち、少しずつ使いながら、さまざまな食べ物を食べる。 ・自分からトイレに行けるようになる。 ・身のまわりのことを自分で進めてしようとする期待を持ち、簡単なルールのある遊びを進んで遊ぶ。 ・簡単な物語の内容がわかり、イメージしながら聞いたりすることを喜ぶ。友だちとごっこ遊びをすることを楽しむ。 ・遊びや生活の中で、自分の思いを言葉にしたり、言葉のやりとりを楽しんだりする。 ・冬の自然事象に関心をもち、触れて遊ぶ。
環境構成・保育者の援助・配慮		・一人ひとりの不安や緊張を受けとめ、ゆったりとした雰囲気のなかで過ごせるようにすると共に生活を安全に整える。 ・自分で食べようとする気持ちを大切にし、楽しい雰囲気作りを心がける。 ・ゆったり、共感したりして、自信や意欲が見守ったり、共感したりして、自信や意欲が持てるようにする。 ・一人ひとりの排泄間隔を把握し、タイミングよくトイレに誘うようにする。 ・身の回りのことを一緒にしながら興味を持てるようにし、タオル掛けやロッカーなどにマークを貼っておく。 ・保育者と一緒に春の自然に触れ、楽しみを持てるようにし、戸外に出かけ、春の自然に触れたり、動植物に触れて遊ぶ機会を多く持つ。	・温度や湿度、健康状態などに気を配り、水分補給や休息を適切に行う。 ・子どもの気持ちに寄り添いながらさりげなく手助けし、自分でできた満足感が味わえるようにしていく。 ・食事の量など、一人ひとりに合わせて対応していく、保育者も一緒に楽しく食事する。 ・いかけ、トイレで排泄できた時は一緒に喜び自信が持てるようにする。 ・砂遊びや水遊びを通し、必要に応じて着替えたりしながら、友だちとかかわる楽しさが感じられるようにする。 ・素材を豊富に準備し、遊びに必要な物を配り、保育者がごっこ遊びを楽しめるようにする。	・活発に遊べるように、安全な環境を整える。必要に応じて水分や休息をとれるように配慮する。 ・子どもがやってみようとする気持ちが持てるように励ましたり、言葉のトラブルが増えるので、気持ちを言葉にしたり、仲立ちをしたりして丁寧に対応していく。 ・道具の使い方を丁寧に知らせ、遊具のかかわり方を丁寧に伝えていく。 ・子どものイメージや発想を大切にし、場の工夫をしたりごっこ遊びを楽しめるようにする。 ・年上児と一緒になって遊べるように、異年齢に興味を持って遊べるようにする。 ・散歩などで一緒に遊ぶ機会を多くもち、秋の自然に触れ、季節の移り変わりを感じることができるようにしていく。 ・発想して作ったり、表現したりすることを大切にしていく。	・手洗いやうがい、室温や湿度、換気に留意して、風邪の予防に努め、室温や湿度に丁寧に知らせながら、箸を使って食べられる喜びに共感する。 ・一人ひとりに援助しながら、基本的生活習慣を身につけ、自信をもってできるようにする。 ・ごっこ遊びや簡単なルールのある遊びを進めるように、みんなで遊ぶ楽しさが感じられるようにする。 ・絵本の読み聞かせなども用意したり、遊びのイメージが広がるような素材など用意したり、相手に思いが広がる喜びが感じられるようにし、冬の自然にふれて遊ぶ機会を大切にする。 ・汲み取ったり、戸外遊びや散歩を喜び、冬の自然に適した遊具や遊びを大切にする。
家庭との連携		・新しい環境に対する不安や緊張があるので、子どもの様子を丁寧に伝えていく。 ・進級、入園式等ふれあい遠足など、直接ゆっくり話し合う時間を大切にする。	・子どもの体調について情報交換し、水遊びの参加の有無を確認する。 ・保育参加や夏祭りを通してスキンシップをとり、親子のふれあいの大切さについて知らせていく。	・身の回りのことを喜んでしている姿を伝え、子どもの思いを受け止め、見守ることの大切さを確認し合う。 ・運動会などの行事を通して、親子のふれあいや保護者同士のかかわりを大切にしていく。	・冬に流行する病気や予防法を知らせ、保護者と連携して健康に過ごせるようにする。 ・1年間の成長を喜びあうと共に、進級について話す機会をもち、安心してもらえるようにする。

子どもの発想は、大人も驚かされることが多い。それまで、「○○の音」とやりとりをしていたが、Kくんは保育者が絵本を読んでいたことを思い出し、「お母さんよ」と言った発想がおもしろく、その発想に答えるかのように、絵本のイメージで「手を見せて！」と返した保育者の発想がさらに遊びを盛り上げている。Mちゃんの発想もおもしろく、Kくんも自然にMちゃんの発想を受け入れ、一緒にオオカミ役になって遊びが盛り上がっている。

　このように2歳児なりに友だちとイメージを通い合わせ、時には保育者の援助を受けながら、「友だちと一緒は楽しい」という経験を積み重ねていくことが大切である。保育者も子どもの発想をおもしろがり、一緒に楽しむ姿勢を持って、保育をしていきたいものである。

（2）2歳児の指導計画

　指導計画の作成にあたっては、保育所保育指針に示されている1歳以上3歳未満児の保育のねらいや内容を踏まえることが大切である。

　ここでは、1年間の子どもの発達の過程を予想しながら立案された指導計画を紹介する（表6-2）。

【引用文献】
1）厚生労働省「平成22年乳幼児身体発育調査」2011年
2）加藤繁美・神田英雄監修『子どもとつくる2歳児保育』ひとなる書房　2012年　p.40

【参考文献】
川原紀子監修・執筆『0歳～6歳 子どもの発達と保育の本』学研　2011年
大竹節子　塩谷香監修『0～5歳児の発達と保育と環境がわかる本』ひかりのくに　2012年
汐見稔幸監修『保育所保育指針ハンドブック』学研　2017年
加藤繁美・神田英雄監修『子どもとつくる1歳児保育』ひとなる書房　2012年
加藤繁美・神田英雄監修『子どもとつくる2歳児保育』ひとなる書房　2012年
増田まゆみ総監修『発達が見える！　0・1・2歳児の指導計画と保育資料』2013年

第7章 3・4・5歳児の保育内容

> **学習のポイント**
> - 3・4・5歳児の心身の発達の姿を理解しよう。
> - 保育を実践する際の環境構成や援助のポイントを整理し、保育者の果たすべき役割について整理してみよう。
> - 仲間との関係における子どもの気持ちの揺れ動きを共に感じたり、遊びを楽しくするための子どもなりの考えや工夫に注目し、自立を促したりしながら意欲を高めるためにできることを考えよう。

1 3・4・5歳児の発達特徴

> **保育所保育指針にみる発達の特徴**
>
> ◆おおむね3歳の発達の特徴
>
> 　基本的な運動機能が伸び、それに伴い、食事、排泄、衣服の着脱などもほぼ自立できるようになる。話し言葉の基礎ができ、盛んに質問するなど知的な興味や関心が高まる。自我がいっそうはっきりしてくるとともに友だちとのかかわりが多くなるが、実際には、同じ場所で同じような遊びをそれぞれが楽しんでいる平行遊びであることが多い。日常生活において経験したことや大人の行動・言動をごっこ遊びに取り入れたり、象徴機能や観察力を発揮したりして、遊びの内容に発展性が見られるようになる。予想や意図、期待を持って行動できるようになる。
>
> ◆おおむね4歳の発達の特徴
>
> 　バランスを取って動くことができるようになり、積極的に身近な環境とかかわって遊び方を身につけ、喜んで活発に遊ぶ。想像力が豊かになることによって、さまざまなことを「やってみよう」とする一方、結果を予測して不安になるなどの葛藤も経験する。仲間とのぶつかり合いの中で、決まりの大切さに気づいて守ろうとし、折り合いをつけようとするなど、次第に自分の気持ちを調整できるようになる。

> **◆おおむね5歳の発達の特徴**
>
> 　基本的な生活習慣が身につき、滑らかで巧みな動きを見せるようになる。目的に向かって集団行動をする中で役割分担が生まれ、相手の気持ちをわかろうとしたり、仲間の役に立とうとしたりするようになる。さまざまなことへの興味・関心が高まり、自分なりに考えて行動したり、工夫しようとしたりすることが、遊びの発展につながって仲間関係を深めていく。信頼できる身近な大人に甘えて気持ちの安定を図ることもあるが、さまざまな経験を通して自立心が高まる。

1 おおむね3歳

　おおむね3歳の子どもは、歩く、走るなどの基礎的な運動能力が育ち、自由に動いて遊ぶことができるようになって、行動範囲も広がりを見せ始める。そのため、個人差はあるが、体を動かして遊ぶことを好む子どもが多くなる。

　また、一人ひとりが育っていく過程の違いはあるものの、食事、排泄、衣服の着脱などの基本的な生活習慣が整い始める。保育者と共に日々繰り返し行うことにより、子どもが自分でやろうとする気持ちを喚起する中、次第に自立が進む。しかし、おおむね3歳の子どもは、思いのままに遊ぶ、周りを見てはいるが行動に移さない、保育者の傍から離れようとしないなど、多様な姿を見せる。

　そして、話し言葉の基礎ができ始め、保育者や友だちとの会話が成立してくる。このころは、「なぜ？」「どうして？」などの質問が盛んになり、ものの名称やその機能などの知識欲と同時に、その時の人の気持ちなどにも関心を寄せ、自分からわかろうとする意欲が湧く。また、友だちへの関心が強い一方で、具体的な言葉でのやり取りやかかわり方がうまくいかず、トラブルになることが多い。そのようなとき、絵本や紙芝居などのストーリーの中の言葉のやり取りを楽しんだり、登場する人や動物になりきったりすることを通して、イメージを描いたり、ストーリーの先を予測したりするようにもなる。

　このころの子どもはさまざまな素材を使ったり、作りたいものを作ろうとしたりすることを通して、偶然にできたものを何かに見立てたり、そこからイメージを膨らませたりすることも多い。歌をうたうときは、手遊びや手拍子、リズミカルな動きをつけるなどして、体を動かしながら歌をうたうことを楽しむようになる。

　さらに、身のまわりの事象への気づきも増え、発見したことを喜んだり、驚いたりする。おおむね3歳の子どもは、好奇心が旺盛であり、豊かな想像力を発揮して、遊びへの積極的な参加や取り組みも見られるようになる。

❷ おおむね4歳

　おおむね4歳の子どもは、戸外で友だちや保育者と一緒に体を動かして遊ぶことが増え、体を動かす心地よさを体験して、さまざまな運動能力を身につけていく。ブランコで立ちこぎをしたり、平均台や巧技台を渡ったり、補助輪なしの自転車に乗れるようになったりなど、バランスを取って遊ぶことに熱中して取り組む。また、スキップや縄跳びをする、走る、登る、すべるなど、巧みに体を動かし、繰り返して遊ぶことが多くなる。次第に友だちと一緒に簡単なルールのある遊びを楽しみ、目的に向かって一緒に行動しようとする姿も見られる。

　また、気の合う友だちと遊びが続くようになり、どんな遊びをするのかを合意して決めることができるようになってくる。一人ひとりがその場で過ごすことや仲間との関係の中で安定することを求め、気に入った場所を見つけて遊ぶようにもなる。遊ぶ場の範囲が広がって、園内のさまざまな場所を遊びの場にする。

　そして、信頼感やあこがれを抱く大人の言動や態度をまねて、遊びに取り入れたり、行動したりする。また、自他の行動に対する周囲のさまざまな反応から、良いこと、悪いことがあることに気づき、自分なりの善悪の基準をつくっていく。友だちのことが気になって同じことをしたり、一緒に過ごしたりするが、それぞれが自己発揮できるようになってくると、次第に自己主張が強くなり、衝突が起こる。自分の気持ちを通そうとする思いと、時には自分の思ったとおりにいかないという不安や、悔しさ、悲しさ、つらさといった心を揺さぶる経験をする。そのような気持ちを周りの大人に共感してもらったり、励まされたりすることを繰り返しながら、自分の思いを表し、友だちの思いを受け入れて遊ぶ中で、折り合いをつけて我慢ができるようになっていく。

　一方、自然など身近な環境にかかわり、さまざまな物の特性を知り、それらとのかかわり方や遊び方を体得していく。砂、泥、水の感触を楽しんだり、だんご虫、かたつむり、てんとう虫などを捕まえて、動く様子を興味深く見たり、実際に触ったりするようになる。さらに、虫や木の実、落ち葉、石ころなどに自分の思いを寄せて大事にしようとしたりもする。

　さらに、具体的なイメージが持てるようになり、友だちにイメージを伝えたり、友だちの言うことを聞いたりして、言葉で伝えあいながら、遊びを進めようとする。また、絵を描いたり、歌をうたったり、見立てたり、なりきったりして遊びを楽しむ姿も多くなる。

3 おおむね5歳

　おおむね5歳の子どもは、運動機能が発達し、友だちと一緒に戸外で身体を動かして遊ぶことが多くなり、ドッジボール、サッカー、リレーなど、勝ち負けやルールのある遊びの楽しさがわかり、勝ちたいという気持ちが高まって精いっぱい取り組む。遊びの中のルールは、不都合があれば自分たちで考えて変えたり、新たにつくったりする。さらに、縄跳び、竹馬、一輪車、こま回しなどは、一人ひとりの目標に向かって、繰り返し試したり工夫したり挑戦したりする。興味を持った遊びにじっくり取り組んだり、挑戦したりして、できるようになると喜んで繰り返し取り組む。

　そして、気の合う友だちと新しい空間や気に入った遊びの場を見つけて一緒に遊び、友だちとのかかわりが深まっていく。友だちや保育者と過ごす楽しさを十分に感じ、受け入れられている自分を実感し、安心して自己発揮をするようになる。しかし、自分の思いが受け入れられないことや友だちの思いと違うことに納得できないときにはぶつかり合いやいざこざ、トラブルになることがある。自分の思いを相手にうまく伝えることができず葛藤を経験する中で、自分なりに考えて判断したり、批判したりする力も生まれる。そこでは、ぶつかり合いを自分たちで解決しようとして、相手を許したり、異なる思いや考えを認めたりするという社会生活に必要とされる基本的な力を身につけていく。

　一方、3歳児や4歳児の世話をしたり、当番の仕事をしたり、人の役に立つことを進んでしようとしたりするなど、年長児としての意識が行動に表れることが多くなる。さらに、生活の仕方に見通しを持つようになり、自分でできることは自分でしようとする。そして、自分でできるようになったことに自信を持ち、さらにいろいろなことをしてみようとする。また、友だちの力になったり、なってもらったりすることを通して、喜びを感じるようになり、役割分担をして遊ぼうとする姿を見せる。5歳後半になると、それまであまり気づかなかったクラスの友だちの新たな一面を知り、互いに認め合うようになっていく姿も見られる。

　さらに、目にした自然事象や耳にした社会事象、遊びや生活の中の文字や数などへの興味や関心が深まっていく。また、不思議なことやわからないことを自分たちで調べてわかろうとする姿も増える。身近な大人に甘え、心の基地を求めて、気持ちを休めにくることがある一方、さまざまな経験を通して、心身共に力があふれ、意欲が旺盛になり、会話が活発になって、自立心が一層高まっていく時期である。

2 保育内容の基本的事項

> **基本的事項**
>
> ■運動機能の発達により、基本的な動作が一通りできるようになるとともに、基本的な生活習慣もほぼ自立できるようになる。理解する語彙数が急激に増加し、知的興味や関心も高まってくる。仲間と遊び、仲間の中の一人という自覚が生じ、集団的な遊びや協同的な活動も見られるようになる。そのため、おおむね3・4・5歳の保育においては、個の成長と集団としての活動の充実が図られるようにしたい。

　おおむね3・4・5歳の保育においては、個の成長と集団としての活動の充実が図られるように保育を行う必要がある。また、「幼児期の終わりまでに育ってほしい姿」が、「ねらい」及び「内容」に基づく活動全体を通して資質・能力が育まれている子どもの小学校就学時の具体的な姿であることを踏まえて保育を行いたい。

　そのためには、日ごろの保育内容をどのように考え、組み立てていくのかが重要になる。日々、子どもの姿を丁寧にとらえて、翌日の「ねらい」「内容」を考え、環境構成や明日の子どもの姿を予想して留意点を考えたり、配慮したりするための指導計画を立案する。翌日は計画をもとに保育実践を行い、子どもの降園後は振り返りを子どもの姿として記録に残し、また翌日の指導計画を立案するというサイクルを繰り返すのである。その中に、小学校へ送り出すまでの「幼児期の終わりまでに育ってほしい姿」である10の姿（①健康な心と体、②自立心、③協同性、④道徳性・規範意識の芽生え、⑤社会生活との関わり、⑥思考力の芽生え、⑦自然との関わり・生命尊重、⑧数量や図形、標識や文字などへの関心・感覚、⑨言葉による伝え合い、⑩豊かな感性と表現）を意識していくことが求められる。

　おおむね3・4・5歳の発達の特徴を踏まえ、保育の「ねらい」及び「内容」について、心身の健康に関する領域「健康」、人とのかかわりに関する領域「人間関係」、身近な環境とのかかわりに関する領域「環境」、言葉の獲得に関する領域「言葉」、感性と表現に関する領域「表現」の5領域、ならびに養護における「生命の保持」及び「情緒の安定」にかかわる保育の内容と一体となって展開されるものであることに留意したい。つまり、保育内容とは、5領域を別々に指導・保育するものではなく、さまざまな体験を積み重ねる中で、互いを関連させながら、総合的にとらえて徐々に育んでいくものである。

3 3・4・5歳児の保育内容のポイント
—ねらいと内容—

▶おおむね3歳の保育内容のポイント
・安定感を持ち、楽しい園生活が送れるようになる。
・好きな遊びを見つけ、遊びを存分に楽しめる。
・保育者や友だちと一緒にいることが楽しくなる。
・身のまわりのことの自立が確立していく。

▶おおむね4歳の保育内容のポイント
・自分の好きな遊具や遊びなどを見つけ、思い思いの活動を楽しむ。
・友だちとのつながりを感じながら、遊びを楽しむ。
・先生や友だちと一緒に園行事に参加することを通して、経験を広げていく。

▶おおむね5歳の保育内容のポイント
・遊びの目的に向かって、いろいろに工夫して遊ぶ。
・友だちと話し合い、考え合いながら活動を進め、協同的な活動を楽しむ。
・互いのよさを認め合うクラスの中で、自信や見通しを持つ。

|1| おおむね3歳の保育内容

　3歳児の保育内容は、園生活に親しむことから始まる。初めての場や空間での生活、初めての先生や同じ年齢の子どもたちとの出会い、初めて母親から離れることなど、新入園児の場合は、初めてづくしである。進級園児の場合も、これまでの個人・グループ対応から、主にクラスでの生活に移行するため、戸惑いは大きいに違いない。そのためにまずは、新しい生活に慣れ、親しむまでのゆったりした時間が必要である。

　おおむね3歳の子どもは、新しい環境に慣れ始めると自分自身を表出し、自分の遊びたいことを見つけて、思う存分遊ぶようになる。しかし、予想通りの行動ばかりではなく、予想外の行動に出ることもある。生活の中で大切にしなければいけないものがあったり、自分以外の人がいることや物の扱いの手順に気づいたりして、少しずつ生活のリズムや時間の流れへの対応ができるようになっていく。

　保育者との関係を築きながら、毎日園に通うことを楽しみにし、少しずつ友だちのいるクラスにもなじんでいく。園は次第に、安心・安定の場となり、信頼する保育者や名前を覚えた友だちと一緒に遊ぶことを楽しみにするようになる。それとともに、周りに刺激されながら自分の身のまわりのことが自分でできるようになり、自立が確立していく。

第7章　3・4・5歳児の保育内容

❷ おおむね4歳の保育内容

　4歳児の保育内容は、子ども一人ひとりが物や人、事柄とのかかわりを深めながら、子どもたちがそれぞれに自己発揮していく過程を大切に進めたい。子どもはそのプロセスの中で、うまくできないことに追い込まれたり、挫折感を味わったりするが、そうした場面を自分の力で乗り越えて自立しようとする気持ちを持つことを保育者は応援したい。その保育者のかかわり方が子どもの育ちを支える重要な要素となり、その支えを得て自立し、保育者とともに成長していく姿が、4歳児の特徴といえる。

　さらに、園行事（運動会、生活発表会、誕生会など）は、子どもが物や人、事柄とのかかわりを深め、自信を持って園生活を送ることができる経験となることを考慮して、保育者は一人ひとりの思いをつなぎながら、「みんなと一緒に〇〇すること」の楽しさを味わえるようにすることが大切である。

❸ おおむね5歳の保育内容

　5歳児の保育内容は、生活や遊びに主体的に取り組もうとする子どもの姿を受け止めながら保育を展開し、子ども一人ひとりが充実した園生活を送ることができるように計画したい。

　共に過ごすことを楽しいと感じ、認められていることを実感することによって、子どもは安心して自己発揮し、自信を持って行動できるようになり、「自分」というものに気づいていく。そのために、保育者は、子ども同士が互いのよさを認め合うようなクラスづくりを心がけ、かかわりのタイミングや方法に留意しなければならない。人間形成や生きる力の基礎をつくる幼児期の教育の意義と役割を理解したうえで、保育内容を組み立てていくことがなによりも重要となる。

　子どもたちのかかわりが「自分たち」という友だち意識や連帯感になっていくプロセスを大切に受け止め、保育者は、時には遊びの仲間として、また時には物や人、事柄とのかかわりが深まるようなヒントを提供する共に生活する人（先生）として、さまざまな役割を果たし、子どもたちの活動が豊かなものになるようにもしていきたい。

　さらに、そのような生活や遊びのまとまりが生活の節目や園行事（運動会、生活発表会、誕生会など）となり、子どもたちの目標となるように一人ひとりの思いをつなぎながら、「みんなと一緒に〇〇すること」の楽しさとともに、充実感を味わうことができるように保育内容を構成することが、保育者の重要な役割となる。

4 保育の事例と指導案

|1| 3歳児の事例と指導案

　3歳児クラスに入園・進級した子どもたちも、7月ごろになると気温が高い日が続くため水遊びに興味を示す。この時期には、水、砂、土などの感触を十分に味わうことができるように準備したい（表7-1）。

　子どもたちと一緒に遊びを思う存分楽しむ保育者の雰囲気が子どもに伝わり、3歳の子どもたちは自分に寄り添ってくれる保育者に信頼を寄せる。身近な存在である保育者を通して、ものの考え方や見方、人とのかかわり方や対応の仕方を身につけていくのである。また、一緒に楽しく遊んでいる友だちからの影響も少なからず受けていく。友だちの言動を敏感に感じながら遊び、友だちと同じ遊具を持ったり、同じことをしたりすることで友だちとの一体感を強め、遊びをいっそう楽しくしている。

　子どもたちの思いのままを受け止めながら、安全への配慮に心がけ、感じたことや考えたことを自分で表現するようにする姿を見守りたい。さらに、動きや音などで表現したり、演じて遊んだりしながら、自分なりに表現することの喜びを味わうことから、次第に感性が育まれ、表現力が養われていくプロセスを大切にしたい。

|2| 4歳児の事例と指導案

　4歳児は、保育者とのつながりを求めつつも、次第に友だちを求めて遊ぶようになっていく。この頃の友だちとの関係は、必ずしも互いの思いを理解し合う関係ではなく、互いの思いが通じなかったり、一緒に遊びたいと思っても遊びのイメージにズレが生じたりしていることが多い。自分のイメージを実現しようとして積極的に働きかけることができる子どももいれば、相手が何を思っているのかを考えたり、察したりするどころか、自分の思いを相手に伝えることすらままならない子どももいる。保育者はこの時期、子ども同士のイメージのズレやすれ違いの場面をとらえて相手の思いに気づくように配慮しながら、子ども同士のつながりをつくっていくことが大切である（表7-2）。

　経験したことや考えたことなどを言葉で伝え、相手の話を注意して聞くなどして、繰り返し、言葉による伝え合いを楽しむことを大切にしたい。また、このような体験を繰り返す中で、自分の話や思いが相手に伝わり、相手の話や思いがわかる楽しさや喜びを感じて、伝え合うことができるようになっていくことができるようにかかわりたい。

第7章 3・4・5歳児の保育内容

表7－1 3歳児の指導案 （7月）

記録	【事例】6月4週目「はきかえてきたら？」 　登園してきた子どもたちのほとんどが水着に着替えたころに、保育者が「水遊びする人はお外に行こう、いいお天気、気持ちいいね」などと言いながら、子どもたちをテラスや中庭に誘う。 　水着を着たAちゃんとBちゃんは手をつないで保育室から出てきて、ゴムぞうりに履き替える。Bちゃんの後ろをAちゃんがうれしそうについて歩き、歩行板を渡る。Cちゃんが来て、AちゃんとBちゃんを誘う。3人で歩行板を何回も渡ったり、横を向いて3人で手をつないで横歩きをしたりする。Bちゃんが「ぴょんして」と言って、歩行板から芝生にジャンプすると、AちゃんもBちゃんのまねをしてジャンプする。Dちゃんは誰に言うでもなく「みててね」とつぶやいてから、カップの水にストローを差し込んで、口にくわえブクブクと息を吐く。周りにいたAちゃん、Bちゃん、Cちゃんたちも、それをまねてブクブク遊びをする。Eちゃん、Fちゃんは向かい合ってブクブクし合っている。どの子どもも夢中でブクブクするので会話はない。Eちゃんは太鼓橋の上までカップとストローをもっていってブクブクし始めた。そこに、プールカードを忘れたために朝から機嫌が悪いGちゃんが上靴のままやってきた。Eちゃんに「ぞうりにはきかえてきたら？」と言われたのをきっかけに、Gちゃんは気持ちの切り替えにつながったのか、表情が明るくなり、靴を替えに走ってテラスに行く。Gちゃんは戻ってくるとご機嫌で遊びを始めた。
ねらい	・イメージが伝わる簡単な言葉を発したり、同じ動きを楽しんだりして、友だちに関心を持つ。
内容	① 動きをイメージして簡単な言葉を発しながら、自分の声や表情、体の動きに表す。 ② 友だちの動きをまねながら、ぶつかったり、滑ったりしないように気をつけてジャンプする。

●予想される子どもの姿　★環境構成　◎保育者の配慮・留意点

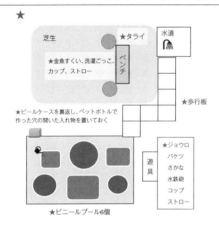
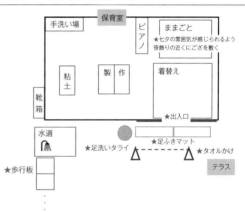

① 動きをイメージして簡単な言葉を発しながら、自分の声や表情、体の動きに表す。

● 「ワァー、つめたいね」「ヒャー、きもちいい！」と、肩をすくめたり、「シュッ、シュッ」「ブクブク」「いっぱい、さかなぁー」などと声にしながら、水をとばす仕草をしたり、頬を膨らませたりしながら、水遊びを楽しみにして遊び始める。
● ビニールプールの中にそっと入ったり、元気よく「ザブーン」と入ったりして、思いがけなく水がかかった子どもとトラブルになる。

◎ 子どもたちの言葉を繰り返したり、同じように感じていることを表情で返したり、同じ動きをしたりして、子どもが表していることを受け止めるようにする。

② 友だちの動きをまねながら、ぶつかったり、滑ったりしないように気をつけてジャンプする。

● シャワーを浴びた後、仲良しの友だちと手をつないで「ぴょんしよう！」と、歩行板から芝生に跳ぼうとする。
● 跳ぼうとすると、前を横切る子どもに「ちょっと、まって」「どいて、どいて」と声をかけている。
● 高く跳ぼうとしたり、遠くまで跳ぼうとしたりして、力が入り、バランスを崩す。

◎ 滑って転んだり、友だちとぶつかったりしないように、「そぉれ！」「いち、にの、さん」と掛け声をかけたり、跳び方を見守ったりしながら、跳び合う場面に立ち会う。

上記のねらいや内容が関連する「幼児期の終わりまでに育ってほしい姿」のうち、「豊かな感性と表現」に着目……感じたことや考えたことを自分で表現するようになる。
　子どもの素朴な表現は、自分の気持ちがそのまま声や表情、身体の動きになって表れることがある。また、保育士等や他の子どもに受け止められることを通して、動きや音などで表現したり、演じて遊んだりしながら、自分なりに表現することの喜びを味わうことにつながり、次第に感性が育まれ、表現力が養われていく。

参考：4 幼児教育を行う施設として共有すべき事項「保育所保育指針中央説明会資料」より

表7-2 4歳児の指導案 （11月）

記録	【事例】11月1週目「ぼくがあそびたいのは…」 　H男は、2月生まれで一人っ子である。9月末の運動会では、自分以外のクラスの子どもたちと先生がかかわる様子を眺めながら、参加をしぶった。10月の誕生会では、なかなか自分の誕生を祝ってもらう日が来ない、と涙を見せていた。最近、砂場で偶然一緒になったI男とは遊びのテンポが合い、一緒にいると安心していることがわかる。 　11月のある日、I男と遊びたいと思ったH男が誘いかけようとしたが、I男は女児たちのままごとに誘われて行ってしまった。手持ちぶさたになったH男は、先生に応援を求めようとしたが、他の子どもたちと楽しそうに遊んでいる先生に声をかけられず、しょんぼりしていた。その姿を見たJちゃんが「Hくん、おにいちゃんやってよ！」と言うが、I男とゆったりしたテンポで遊ぶことが心地よいH男は、積極的なJちゃんの誘いを受け入れられず、首を振った。ままごとの近くで積み木やブロックで道路を作って遊んでいたK男は、「ぼく、おにいちゃんになる」と言うが、今度はJちゃんが「Kちゃんは、ネコになって！Iくんはイヌなんだよ」と言う。K男は「おとうさんならいいけど…」と背中を向けて、また積み木の道路に自動車を走らせた。 　遠くから見ていた先生がやってきて、「こんにちは、Iくんのともだちのしさんです。Jかあさんですか？MちゃんとNちゃんはおねえさんかな。おにいちゃんはだれ？Iくんイヌのなまえは？」とそれぞれがなりたい役になれるよう間を取り持った。
ねらい	・自分が思っていることや考えていることを伝えようとし、言葉を交わす喜びを味わう。
内容	○なりたい役になりきって、友だちの考えを聞いたり、自分の思いを伝えたりしながら、ごっこ遊びを楽しむ。

●予想される子どもの姿　★環境構成　◎保育者の配慮・留意点

○ なりたい役になりきって、友だちの考えを聞いたり、自分の思いを伝えたりしながら、ごっこ遊びを楽しむ。

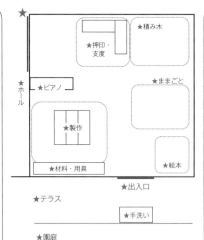

- ●「今日もお母さんやりたい」「ぼくはどうしようかな。前はイヌだったけど…」「おにいちゃんがいないねぇ」などと、それぞれのしたい役割を言葉にして伝えようとしている。
- ●「行ってきます」「行ってらっしゃい」、「お野菜、買ってきます」「○○スーパーが安いからね」、「○ちゃんのおうちに遊びに来て、って言われたから行ってくるね」「はぁい、ポチも連れて行ってね」「おみやげに絵本を持っていこう、っと」などと、相手の言葉を聞いて答えている。
- ●自分なりに表情や言い回しに気をつけて、自分の役になりきって遊んでいる。

- ◎H男が遊びの輪に入りやすいようにその時に作りたいものを知って、保育者も同じものを作り、同じように動いて、気持ちが通じ合うように関わるようにする。そのようなかかわりの中で、H男が次第に子どもたちの中に入っていけるように、しばらくは一緒に行動する。
- ◎「○ちゃんお母さんは、働き者ね」「○くんおにいちゃんは、力持ち」「○おねえちゃんは、おしゃれなのね」と声をかけ、保育室内にとどまらず、ホール、テラス、園庭を行き交う姿を受け止め、それぞれのイメージを大切にごっこ遊びが楽しめるようにする。

上記のねらいや内容が関連する「幼児期の終わりまでに育ってほしい姿」のうち、「言葉による伝え合い」に着目……経験したことや考えたことなどを言葉で伝えたり、相手の話を注意して聞いたりし、言葉による伝え合いを楽しむようになる。
　自分の気持ちや思いを伝え、保育士等や友達が話を聞いてくれる中で、言葉のやり取りの楽しさを感じ、そのやり取りを通して相手の話を聞いて理解したり、共感したりするようになっていく。このような体験を繰り返す中で、自分の話や思いが相手に伝わり、相手の話や思いが分かる楽しさや喜びを感じ、次第に伝え合うことができるようになっていく。

参考：4 幼児教育を行う施設として共有すべき事項「保育所保育指針中央説明会資料」より

第7章　3・4・5歳児の保育内容

表7-3　5歳児の指導案（9月）

記録	【事例】9月1週目「バイキングごっこにいるものを作ろう」 　夏休み明けの9月、さくら組の28人は元気な夏休みを過ごしたのか、体も一回り大きくなり、たくましくなったことを感じる。 　遊戯室の大型積み木でおうちごっこをしていたO、P、Qの3人は、Oの「お食事に行くことにしない？バイキングって、食べたことある？」との提案に、「いいよ、行ったことあるもん」「バイキングね」と、うなずく。まずは、食べ物をそろえようと、保育室に戻ってままごとコーナーの食べ物を集め始める。ところが、ままごとコーナーで食べ物を使っていたRとSに「そんなに持っていかないでよ」と言われ、「だって、いるんだもん」と小競り合いになった。「いいこと考えた！」と、Oは先生に制作の材料を使うことを告げ、制作の準備をしてのり巻きと焼きそばを作り始めた。PとQも一緒に作りながら、「たまご焼きとから揚げも作ろうよ」「ピザもいいよ」と言い、材料集めをしている。楽しそうな雰囲気に誘われて、ままごとをしていたRとSが「入れて！」と仲間入りした。 　子どもたちの作りたいものに使えそうな材料を探して「これは使える？」と、先生が声をかける。Pが「たまご焼きはオムレツじゃなくて、ぐちゃぐちゃってなってるたまごだから、折り紙がいい！」と言うと、「それ、スクランブルエッグかな？それなら折り紙がいいかもね。」と、イメージを伝える努力をしていることを認めている。RとSは、「ピザの係りになっていい？」と、少し厚めの紙を探して、空き缶のふたを型にして、円形をなぞって切ろうとしている。そして、「入れ物もいるよ、集めてくる！」と、PとQが顔を見合わせて保育室のほうへ走っていく。次は、バイキングの置き方や食べる場所をどうするのかと、遊戯室全体を眺めながら、子どもたちのイメージが実現できるように考える保育者がいた。
ねらい	・自分の思いやイメージを伝えて、自分たちの遊びに必要なものを作ろうとする。
内容	① いろいろな素材に親しんで、作りたいものについて話し合う。 ② 友だちと話をしながら、遊びに必要なものを考え合い、自分なりに工夫して作ってみようとする。

●予想される子どもの姿　★環境構成　◎保育者の配慮・留意点

① いろいろな素材に親しんで、作りたいものについて話し合う。	② 友だちと話をしながら、遊びに必要なものを考え合い、自分なりに工夫して作ってみようとする。
● 作りたいものを作るために、保育室にある使えそうなものを探して「これ使えるかなぁ」「こうしたら？」と相談している。 ●「リレーのバトンみたいにして、小さく作ればドーナツにならない？」「アイスクリーム、二段のも作ろうよ」「私たち、ドーナツ係にしよう‼ あの子たちに、アイスクリームお願いしようよ！」と、役割を分けようとしている。	●「のり巻きにエビも入れるっていうのは、どう？」「デザートも作る！」「それ、いいね」と、話しながら、それぞれのイメージを伝えあい、どのようにしたいかを伝えようとする。 ●「ままごとの道具持ってくると困っちゃうみたいだから、これ（発泡スチロールの皿）にしとこう」と、アルミホイルをかぶせて、フェルトペンで皿を作って絵を描こうとする。

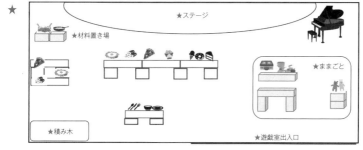

★材料
・ままごとの食べ物
・ままごとの皿、お椀など
・折り紙
・毛糸
・白ボール
・アルミホイル
・空き箱
・発泡スチロールの皿
・空き缶（丸）
・ハサミ、鉛筆、フェルトペン

| ◎ 互いの材料やままごと道具を了解して使ったり、譲り合ったりしている場面では、「そうするとうまくいくね」と認め、必要なものは材料を見つけて作ることができるように、どんなものを使って、どのように作りたいのかを聞くようにする。 | ◎ 子どもたちの思うように場が整っていく途中で、「ここがお料理するところね」「そこから順番に持って行くのね」「食べる場所は？」と、参加している子どもたちが確認できるように声をかけ、さらに考え合ったり、工夫し合ったりできるようにする。 |

上記のねらいや内容が関連する「幼児期の終わりまでに育ってほしい姿」のうち、「協同性」に着目……共通の目的の実現に向けて、考えたり、工夫したり、協力したりし、充実感をもってやり遂げるようになる。
　協同性は、保育者との信頼関係を基盤に他の子どもとの関わりを深め、思いを伝え合ったり、試行錯誤したりしながら、一緒に活動を展開する楽しさや共通の目的が実現する喜びを味わう中で育まれていく。友達と関わる中で、様々な出来事を通して、うれしい、悔しい、悲しい、楽しいなどの多様な感情体験を味わい、友達との関わりを深めていく。その中で互いの思いや考えなどを共有し、次第に共通の目的をもつようになり、協同性が育っていく。

参考：4 幼児教育を行う施設として共有すべき事項「保育所保育指針中央説明会資料」より

3　5歳児の事例と指導案

　園内で「年長組」になったという自覚を持つ5歳児は、その子どもなりの楽しみや目標・目的を持って、期待に胸をふくらませて登園し、自分から積極的に遊びの仲間に入る姿が見られるようになってくる。また、5歳児は、本物らしさへのこだわりや遊びの目的やイメージにふさわしいと考えた材料を選ぶ・組み合わせる・工夫するなどの姿を見せるようになる。保育者は、子どもたちが充実感や達成感を味わうように十分につき合い、意欲を持って次の遊びに取り組めるようにしていくことが大切である。さらに、子どもたちが目的を実現するために材料を提供したり、つくり方のアドバイスをしたり、一緒に困ったり、悩んだりすることも必要である（表7－3）。

　保育者が仲介しても、必ずしもスムーズな「話し合い」が進むばかりではない。「話すこと」、「聞くこと」を繰り返すうちに、自分とは異なる意見に触れ、新しいアイデアに気づいたり、感情を鎮めたり、自分の役割を考えて行動したりする経験につながることに意味がある。そして、「話し合うこと」が繰り返されることによって、「自分」の思いや考えが「自分たち」の思いや考えになり、次第に信頼感が育まれ、そのプロセスの中で先の見通しを持つことができるようにもなる。しかし、大勢であれ、少人数であれ、話し合いながら遊びや活動を進めていくうちに途中でさまざまな課題が出現し、子どもたちを混乱させることも多い。その時になんとかして乗り越えようとすることが、子どもたちの中に自信を生む。同時に、仲間と力を合わせて最後までやり遂げようとすることが、仲間との協同性を育てていくことになる。

【参考文献】
1）厚生労働省『保育所保育指針』フレーベル館　2017年
2）文部科学省『幼稚園教育要領』フレーベル館　2017年
3）神長美津子『3・4・5歳児のクラス運営』ひかりのくに　2009年
4）田代和美・松村正幸『演習保育内容人間関係』建帛社　2009年
5）無藤隆・岩立京子『事例で学ぶ保育内容領域人間関係』萌文書林　2007年
6）森上史朗・大豆生田啓友・渡辺英則『保育内容総論』ミネルヴァ書房　2001年
7）森上史朗・渡辺英則・大豆生田啓友『保育方法・指導法の研究』ミネルヴァ書房　2001年
8）森上史朗・吉村真理子・後藤節美『保育内容「人間関係」』ミネルヴァ書房　2001年

【参考資料】
1）小田豊・神長美津子　ビデオ『3年間の保育記録③先生とともに／④育ちあい学びあう生活の中で』岩波映像㈱　2005年
2）幼保連携型認定こども園教育・保育要領・幼稚園教育要領・保育所保育指針　中央説明会資料　内閣府・文部科学省・厚生労働省　2017年

第8章 就学前教育と初等教育を接続する保育内容

本章のポイント

①就学前教育と初等教育の接続の意義を理解しよう。
②幼児期と児童期における「学び」の特徴を把握しよう。
③幼稚園・保育所等と小学校の接続のカリキュラムを知ろう。

1 就学前教育と初等教育の接続の意義

　幼稚園・保育所等における就学前教育と、小学校における初等教育の接続が求められる背景には、小学校入学前の子どもの多くが幼稚園や保育所等に通っていることがあげられる。
　文部科学省によれば、5歳児の未就園率は1.5%であり、ほとんどの子どもが義務教育ではない就学前教育を受けていることがわかる（図8－1）。また、保育所・

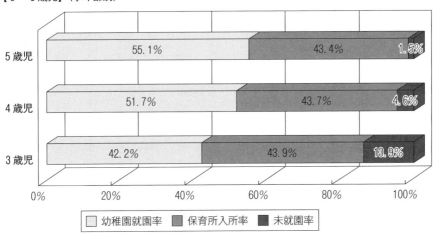

図8－1　就学前教育・保育の実施状況（平成25年度）
出典：文部科学省「幼児教育、幼小接続に関する現状について」2015年

*1 幼稚園は「幼児を保育し，その心身を発達させるための教育を行う事業所」。保育所は「日日保護者の委託を受けて，乳児又は幼児を保育する福祉事業を行う事業所」。幼保連携型認定こども園は「子どもに対する学校としての教育及び児童福祉施設としての保育並びに保護者に対する子育て支援事業を行う事業所」（総務省統計 2011 [http://www.e-stat.go.jp/SG1/estat/eStatTopPortal.do]）。

*2 小1プロブレムとは、小学校に就学した1年生で、授業中に立ち歩きや私語、自己中心的な行動をとる児童によって学級全体の授業が成り立たない現象。かつては学級崩壊の一種と考えられていたが、学級崩壊は形があるものが壊れるのに対し、小1プロブレムの場合は集団がいまだ形成されていないので、学級崩壊とは異なるものとしてとらえられるようになった（森上史朗・柏女霊峰編『保育用語辞典［第8版］』ミネルヴァ書房 2015年 p.331）。

幼稚園では就学前教育を幼児期の発達の特性に合わせ、「幼児の自発的な活動としての遊び」を重要な学びとして位置づけて、教育課程や全体的な計画を編成し、意図的かつ計画的な保育[*1]を「環境を通して」行っている。これは、目先の結果のみ期待するのではなく、その後の児童期以降の生涯を見通して、学習意欲・態度の基礎となる好奇心や探究心を培い、小学校以降における教科の内容等について実感を伴って深く理解できることにつながる"学習の芽生え"を育むことを目的としている。

就学前教育施設に通い、その後に小学校へと入学する子どもは、これまでいた環境との違いに戸惑うことが多いに違いない。これが小1プロブレム[*2]や学力低下、学級崩壊などのさまざまな問題の要因となっているとの指摘もある。このような環境の変化という段差を子どもがスムースに乗り越えられるようにするとともに"学び"をつなぐことが今の課題であり、連携が必要な理由である。

増加傾向にある幼保連携型認定こども園も含めて、就学前教育施設と初等教育施設の縦方向の連携はもちろん、幼稚園、幼保連携型認定こども園、保育所間での横方向の連携も考えなくてはならない（図8-2）。

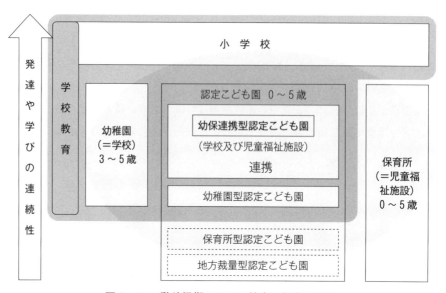

図8-2　乳幼児期における教育・保育の制度

出典：文部科学省「幼児教育、幼小接続に関する現状について」2015年

2 幼児期と児童期における「学び」の特徴

1 「幼児期」と「児童期」

就学前教育の対象となる「幼児期」と初等教育の対象となる「児童期」とは、それぞれどのような時期なのだろうか。

「幼児期」とは、1歳ごろから修学前の6歳までの時期であり、この時期の子どもの多くが保育所・幼稚園等で過ごしている。幼児期は、自己中心的な思考や直感的な思考が特徴で、自我の芽生えや運動機能の発達、時空間を越えての思考の始まり、社会性の発達も見られる。知識を教えられて身につけていく時期ではなく、遊びの中での直接的・具体的な体験を通して生きる力の基礎となる心情、意欲、態度を育成していく時期でもある。

一方、「児童期」とは、6歳ごろから12歳ごろまでを指す。小学校に通うのがこの時期であり、学童期ともいう。知的能力が飛躍的に発達して論理的思考や科学的基本概念の獲得が見られ、道徳判断基準が確立して自律的な自己概念も形成される時期である。

このように、「幼児期」と「児童期」とを分けて、それぞれの特徴を記すことはできる。しかし、「幼児期」から「児童期」になったからといっても、急な変化があるわけではない。子どもは少しずつ小さな変化を積み重ねて発達していくのである。

2 幼児期の「学び」と児童期の「学び」

幼児期と児童期における学びは、質が異なる。それぞれの時期における学びの特徴を把握しておかなければ、適切な接続はできないだろう。

幼児期の学びは、興味や関心に基づいて展開される自発的な遊びによるものであり、友達や保育者といった人的環境とのかかわりや、動植物や遊具、生活用具などの物的環境とのかかわりによって、一日を区切りとしてさまざまなことを学

表8-1 幼児期と児童期における学びの特徴

	学びの形態	学びの媒体	学びの区切り
幼児期	興味・関心に基づく自発的な遊び	自然・人・物などの環境	1日
児童期	教師主導の教科別学習	教科書などの教材	45分

んでいく。一方、児童期の学びは、教師が指導し、多くは教室で席についた状態で教科書などを用いた、時間割に沿った教科別の授業で成り立っている（表8－1）。

「就学前教育」か「初等教育」が、どちらか一方に合わせるのではなく、それぞれの果たすべき役割を担うとともに、歩み寄る必要がある。そうすることにより、それぞれの教育形態の特色を把握・理解し、長期的視野を持って幼児・児童に対して一貫性のある教育が可能となる。

3 保育内容としての交流活動

1 幼稚園・保育所等と小学校の連携

幼小連携は40年以上前からのテーマだが、ここに保育所等が加わる。保育所や幼稚園等どこで教育を受けても、小学校入学時には子どもが同じスタートラインにいて欲しいとの願いがそこにある。

2009（平成21）年3月、文部科学省及び厚生労働省によって「保育所や幼稚園等と小学校における連携事例集」が作成された。

2009（平成21）年4月から実施された保育所保育指針と幼稚園教育要領に小学校との連携の推進が盛り込まれたことと、小学校学習指導要領にも幼稚園に加えて保育所との連携が新たに明記されたことなどが作成の経緯である。また、各地域においても、地域の実情に応じ創意工夫を生かした取り組みが進められており、それらの事例を参考にして一層の連携強化が願われている。

2 幼稚園と小学校の連携の事例

幼稚園入園から小学校卒業までの期間に子どもがどのように育つかを見通すことは、子どもの発達を支えるうえでとても大切である。そのための幼稚園教諭と小学校教諭との協力は、重要な意味を持つ。

文部科学省による、保幼小連携の成果と課題を次にあげる。

① 幼児・児童の交流の成果
・お互いに育ち合うような交流の積み重ねにより、交流がイベント的なものではなく、子どもの発達にとって必要な学習の場であるとともに互いの学び合いの場となっている。
・小学生は事前・事後の学習を通して、園児との交流体験への思いや願いを膨らませたり、自分自身の成長を感じたりすることができた。
・園児が小学校への期待を高めることができた。
・子ども同士の交流の中で、それぞれの発達段階に応じた思いやりの気持ちがはぐくまれた。

② 幼児・児童の交流の課題
・各施設においてそれぞれ教育課程や保育課程を編成しており、日常的な交流を実施するためにはこれらを事前に調整する必要がある。
・子ども同士の交流を年間計画に位置づける必要がある。
・事前・交流を通した体験・事後のつながりを大切にして、体験を深める必要がある。
・保育所、幼稚園、小学校のそれぞれの子どもたちにとって意義のある交流になるよう、それぞれの目標を明確化する必要がある。
・低学年だけでなく、中・高学年においても互いに育ち合うような交流を行う必要がある。
・交流活動について、保護者や地域の方々にも幅広く理解を求めていくことが重要である。
・子ども同士の交流活動は地理的な条件等により困難な場合もあることから、地域の実態に応じた交流活動のあり方を検討する必要がある。

出典：文部科学省　調査研究事業報告書など

　文部科学省の発表の中に幼小連携の事例として、S幼稚園とS小学校との連携がある。この地では、2003（平成15）年より幼小中連携の日を設定し、滑らかな接続に取り組んでいるが、2006（同18）年に園内研究として幼小連携を取り上げたことをきっかけに幼稚園と小学校の先生同士の交流が増えていったそうである。幼小連携をしていくうえで興味深いポイントを以下にまとめた。

（1）2種類の段差

　滑らかな接続を考えるうえで大切なポイントは、幼稚園と小学校との間の段差である。段差を経験することで、環境の変化への対処法を学んでいくが、段差が大きすぎると乗り越えられない。
　この段差には2種類あり、1つ目は施設や通学、食事の変化といった「乗り越えさせるべき段差」、2つ目は子どもが乗り越えやすいよう意識的に「小さくする段差」である。

（2）生活リズムの変化

　幼稚園では遊びの保障のために一日を生活の区切りとしているが、小学校では45分を単位として授業が展開されるため、多くの子どもは入学直後に戸惑ってしまう。また、幼稚園は活動内容によって時間の区切りが設定され、逆に小学校では時間の区切りから活動内容が展開されるイメージがある。このような段差を小さくするためには、具体的にどのような指導の工夫をしたらよいのだろうか。「生活リズム」に関する指導事例を表8-2に挙げる。

（3）学びの形態の変化

　幼稚園では遊びの中で友達や先生と話し合ったり、自分なりに試したりしながら考えることの楽しさを実感するが、小学校では子どもは席に座り、先生が教科書を用いて教えることが多くなる。そのため、子どもは椅子に長時間座ることや、教室中に聞こえるような声での話に戸惑いを感じるかもしれない。このような段

差を小さくするための「学習場面」における援助事例が、表8-3である。

表8-2　生活リズムの指導方法の事例

幼稚園
○ 3～4歳
・集まる前、食事前、降園前などにトイレに行くようにする（小学校では休み時間にトイレに行くので、活動の区切りの時にトイレに行く習慣をつける）。
・片づけをした後に「○○して遊ぼうね」等と次にすることに期待をもてるようにする（小学校での次の授業に対する期待感につながるように）。
・自由に遊ぶ時と学級全体で遊ぶ時との区別をつける。そうした中で、子どもが時間の流れや区切りを感じるようになる。
○ 5歳
・ホワイトボードに1日の流れを書き、子どもが1日の生活について大まかな見通しをもって自ら行動できるようにする（小学校での1日の流れ［時間割］を予測し、安心して自ら行動することにつながるように）。
・時計を使って長い針がいくつまでという指示を与え、子どもが計画的に行動できるようにする。

小学校
・休み時間ごとに教員が声をかけ、休み時間にトイレに行く習慣をつける。
・接続期には、45分の授業を10分・15分くらいの単位に区切り、気分を切り替えながら授業をする。
・学校生活のリズムに慣れ、生活の仕方を身につける。

出典：文部科学省「幼小連携（千束幼稚園と千束小学校の事例）」

表8-3　学びの指導方法の事例

幼稚園
・話す態度や聞く態度を身につけるために、視覚的な教材等を用いながら自ら話を聞こうとするように工夫する。
・絵をかいたり、粘土をしたり、話を聞いたりする時等、椅子に座っての活動を取り入れる。
・大勢の前で発言したり発表したりする機会を設ける。
・課題活動を取り入れ、グループの友達と相談したり行動したりする機会を設ける。
・人の話を聞く時と自分の話をする時の区別ができるようにする。

小学校
・視覚的な教材を増やし、子どもが興味をもって授業に取り組めるように工夫する。
・いつも同じ教室で着座して受ける授業だけでなく、着座しない授業や教室以外の場所での授業を行うなど、バリエーションに富んだ授業も取り入れて環境の変化をつける。
・勉強したい気持ちを大切にして、鉛筆の持ち方や、運筆・姿勢、授業中は席に座っていること、話し方のきまり（一人一人手を挙げて発言する、みんなに聞こえるように話す、人と同じでも「同じです」と言うことで自分の意見を伝える）等の集団での学び方を伝え、身につける。
・教室内の環境を工夫し、掲示物を活用する。

出典：文部科学省「幼小連携（千束幼稚園と千束小学校の事例）」

（4）思いの共有

S幼稚園とS小学校では、円滑な接続のために上記のようないくつかの面から指導方法を工夫しているが、そこには「思い」がある。幼稚園側の教師と小学校教師とが「思い」を共有することが、お互いのアドバイスや工夫につながると考え、次の事例をあげている（表8-4）。

表8-4　指導方法への思いの共有化（下線は筆者）

○　幼稚園では遊びや生活の中に文字や数を取り入れています。例えば、年少では動物マークなどの絵でロッカーやくつ箱等の自分の場所を示していますが、年長では文字で示しています。また、双六をしたり、椅子を5個ずつ並べたりもしています。そのようにして、幼児が文字や数に対して親しみを感じ、興味をもつようにしています。しかし、それらを知識として系統立てて教えることはしていません。なぜなら、幼児期は日々の生活から体験を通して学ぶ時期だからです。幼稚園では、文字大好き、数についてもっと知りたいという気持ちをもって小学校に入学できるようにしています。

　小学校入学当時、子どもは小学校から始まる勉強に興味があります。早く鉛筆を持って文字を書きたい、足し算をしてみたいという気持ちをもっています。これは幼稚園教育の成果の一つと言えると思います。しかし、45分間ずっと同じことができるかというと難しい面もあります。そんなとき、例えば、自分の名前を書いた後に歌を歌いながら自己紹介をしてみます。活動内容を変えてみることで、子どもは集中して授業を受けることができます。またこのような活動は幼稚園教育における「総合的な指導」につながるものがあります。このようにゆるやかな移行を意識しながら、次第に小学校での教科教育の内容を深めていくようにしています。

○　幼稚園では掲示板など周りの環境から、幼児自身がいろいろなことに気付くように工夫しています。例えば、ゴミ箱は「もえるゴミ」「もえないゴミ」を文字でのみ示すのでなく、絵もあわせて示すことにより何が燃えるゴミで何が燃えないゴミであるのかについて幼児自身に考えさせるようにしています。

　小学校では、このような幼稚園教育の成果を引き継ぎ、子ども自身が周りの環境からいろいろなことを学ぶことができるよう掲示板などの周りの環境を一層工夫しています。

○　幼稚園で子どもははじめて集団での生活を経験します。集団での生活の中で、子どもは話し合ったり、協力したりしています。小学校では授業の中でグループ分けや役割分担を子どもで相談して決めるように促しました。

出典：文部科学省「幼小連携（千束幼稚園と千束小学校の事例）」

3 保幼小連携の事例　－愛知県の取り組みから－

文部科学省と厚生労働省によって2009（平成21）年3月に作成された「保育所や幼稚園等と小学校における連携事例集」には、保育所・幼稚園と小学校の連携事例が紹介されている。

（1）愛知県の状況

保幼小の各施設において子ども同士の交流が行われ、これを通して互いの教育内容等への理解が求められている。保幼小での生活など、連続した育ちを支える

ための基本情報を相互に得られるようにし、連携に向けて適切な対応ができるようにしている。

愛知県では保育者と小学校教師の間において情報量が少ない現状を踏まえて、相互理解を深めるよう「子どもたちのすこやかな育ちを支える幼稚園・保育所と小学校の連携の在り方」の冊子（図8－3）を保幼小および市町村教育委員会に配布し、支援している。

図8－3　冊子の表紙

（2）実践の展開

連携の概要は、表8－5のとおりである。「子ども同士の交流」「教職員の交流」「課程の編成」「指導方法の工夫」の4点がポイントなっていることがわかる。

表8－5　連携の概要

	県	市町村	施設
子ども同士の交流活動 教職員の交流		○市町村において研修会を実施したり、各施設が連絡を取り合って行っている。 ○主なものは次の通り ①子どもや保育者・教師が互いの行事（運動会、発表会、展覧会等）に参加 ②小学校の教育活動（給食、就学前授業参観、総合的な学習の時間等）における園児の参加を通じた教職員の交流 ③保育者・教師が小学校入学前に懇談会を持ち、情報交換	
課程編成・指導方法の工夫			○幼児教育から小学校教育への円滑な接続のため、各施設において指導方法を工夫している。
その他	○「子どもたちのすこやかな育ちを支える幼稚園・保育所と小学校の連携の在り方」を作成している。 ○調査研究「心をむすぶ学校づくり推進事業」の中で子ども同士の交流活動を取り上げている。	○地域の実態に応じて取り組んでいる。	

出典：文部科学省・厚生労働省『保育所や幼稚園等と小学校における連携事例集』2009年　p.18

第8章　就学前教育と初等教育を接続する保育内容

　幼児教育の特徴　　　　　　　　　　　　　　　　　幼稚園・保育所

Q2 幼稚園や保育所での幼児教育の特徴をわかりやすく説明してください。

A 幼児教育では、保育者が教育内容に基づいた計画的な環境をつくり出しています。その環境にかかわって幼児が主体性を発揮して展開する生活を通して、望ましい方向に向かって発達を促すようにしています。（関連　幼Q3・Q5・Q8）

幼児教育の基本

① 環境を通して行う教育

> 幼児教育における「環境」とは
> 物的な環境だけでなく、保育者や友だちとのかかわりを含めた状況すべてです。

・保育者との信頼関係に支えられ、自分の存在が受け入れられているという安心感をもつことで、自立的な生活が確立されていきます。
・興味や関心から発した活動は幼児に充実感や満足感を与えます。
・友だちと十分にかかわって展開する生活を通して、幼児は自律性を身に付けます。

② 遊びを通しての総合的な指導

・遊びを通して、周囲の環境に様々な意味を発見し、様々なかかわり方を発見します。その過程で達成感・充実感・挫折感・葛藤などを味わい、精神的にも成長していきます。

③ 一人一人の発達の特性に応じた指導

・幼児教育の場では、幼児が集団で生活しながら互いに影響し合うことを通して、一人一人の発達が促されることを大切にしています。このとき保育者は、一人一人の幼児の行動に温かい関心を寄せ、心の動きに応答することが重要となります。

《　幼児教育のねらい　》

幼児期は知識や技能を一方向的に教えられて身に付けていく時期ではありません。
直接的・具体的な体験を通して、

○　人間形成の基礎となる豊かな心情
○　物事に自分からかかわろうとする意欲
○　健全な生活を営むために必要な態度

を培うことをねらいとしています。

《　幼児教育における指導　》

① 保育者は、幼児一人一人の発達の姿や内面を理解するように努めています。
② 発達の道筋を見通して、教育的に価値のある環境を計画的に構成しています。幼児が遊ぶのをただ放っておくのではなく、保育者が意図をもって環境を構成します。
③ 幼児が主体的にかかわることのできる環境を作り、適切な援助をします。

図8－4　幼児教育の特徴を知る

出典　愛知県幼児教育研究協議会『子どもたちのすこやかな育ちを支える幼稚園・保育所と小学校の連携の在り方』　2005年　p.34

小学校入学までに身に付けてほしいこと、入学当初配慮していること　　　　小学校

　小学校入学までに幼稚園・保育所で身に付けておいて
ほしいと願うことは何でしょう。また、小学校入学当初
に特に配慮していることは何ですか。（関連Q2）

　小学校は、「時間」と「教科」という大きな二つの枠でくく
られており、時間割に従って生活しています。したがって時間
を区切った活動を経験させておいていただきたいと思います。
　また、入学当初は時間で区切られた学校生活の流れに慣れる
ように配慮しています。

時間枠

　小学校の1単位時間は規則で基本的には 45 分と定められています。（新しい指導要
領では、弾力的運用が行えるようになりました。）また、年間授業時数として、例え
ば小学校1年生では、総授業時数が 782 単位時間（ただし下限）と決められています。
各教科毎にも下限の時間数が細かく定められています。

満足するまで続ける活動から、約束した時間続ける活動へ

教科枠

　小学校 1 年生は、国語、算数、生活科、
音楽、図工、体育の6教科と道徳、特別
活動の2領域、合計8枠に分けられてい
ます。そして、それぞれに年間の最低授
業時数が定められています。

1年生の時間割例

	月	火	水	木	金
1	学活	国語	算数	国語	国語
2	国語	算数	体育	道徳	算数
3	生活	図工	国語	体育	音楽
4	体育	図工	音楽	生活	生活
5	国語		国語	国語	

自分がやりたい活動から、決められた活動へ

身の回りの整理整頓ができるように

　生活習慣として、自分の持ち物をきちんと片付けることができるようになっていて
ほしいです。時間割で動く学生生活は、限られた時間で次の行動
に移らなければいけません。自分の持ち物の片付けと、次の活動
の準備が自分でできることが大切です。

自分の持ち物の管理ができるように

入学当初、小学校生活に慣れるための努力

　入学当初の1週間は小学校生活に慣れ、落ち着いて学習活動が行えるよう、具体的
な動きを通して学びます。

「時間」や「次は何をするか」を意識して動くことができるように

図8-5　入学までに身に付けて欲しいことなど（幼児教育の側からの疑問）

出典：愛知県幼児教育研究協議会『子どもたちのすこやかな育ちを支える幼稚園・保育所と小学校の連
　　　携の在り方』2005年　p.48

第8章 就学前教育と初等教育を接続する保育内容

4 連携のカリキュラム作成

1 各教育段階における学びの体系

　先に述べたように、幼児期における学びは「遊び」の中で得るものであり、これは「領域」という概念でとらえられる。例えば、砂遊びの中には、腕など全身を動かす「健康」、友だち同士で相談し合う「人間関係」、砂が水を含むことによって固くなる性質に気づく「環境」、言葉で意思を伝達し合う「言葉」、砂の手触りや水の動きを楽しむ「表現」というような、5つの領域がある。しかし、幼児教育・保育の現場を見学した人の中には、「子どもは遊んでばかりで何も学んでいない」や、「子どもが遊びから何を学んでいるかわからない」という人も存在する。「教師指導のもとで机に着いて勉強すること」が「学び」だというイメージを持っていると、遊びの中の学びは見えてこない。

　児童期における学びとは、先のイメージのような、授業という区切られた環境において、教科書などを用いて「教科」ごとにさまざまな知識・技能を習得するものだからである。

　このように、「領域」と「教科」は別物であるので、これを踏まえたカリキュラムを作成しなくてはならない。なお、保育者養成の場においては、領域別授業が開講されてはいるが、それぞれの「領域別視点」を養うためのものであって、教科の指導法と混同してはならない。

2 幼小接続期カリキュラム

　国立教育政策研究所によれば、幼小接続期カリキュラムとは、「アプローチカリキュラム」と「スタートカリキュラム」を指すとしている。そして、アプローチカリキュラムとは、「就学前の幼児が円滑に小学校の生活や学習へ適応できるようにするとともに、幼児期の学びが小学校の生活や学習で生かされてつながるように工夫された5歳児のカリキュラム」であり、スタートカリキュラムとは、「幼児期の育ちや学びを踏まえて、小学校の授業を中心とした学習へうまくつなげるため、小学校入学後に実施される合科的・関連的カリキュラム」と定義している[1]。

3 アプローチカリキュラム

　愛知県幼児教育研究協議会は、『アプローチカリキュラム編成の手引 理論編』(2012・2013年度作成)の中で、アプローチカリキュラムを「アプローチ期〈幼

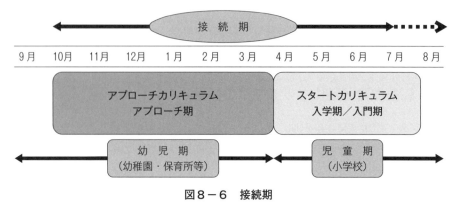

図8-6　接続期

出典：愛知県幼児教育研究協議会『小学校教育を見通した幼児期の教育を考える—接続期における教育課程・保育課程の編成に向けて—』2014年　p.1

児教育の最終段階である5歳児後期（10月～3月）〉における教育課程・保育課程」と定義している。「10月～3月にしたのは、幼児の発達として、「人間関係が深まり、学び合いが可能となる時期」であり、「具体的には、"友だちとともに探究する"、"興味・関心が深まる"、"自分に気づく"、"小学校への期待が膨らむ"などの姿が見られるようになる時期だから」とし、「アプローチ」を「小学校教育に適応するための準備ではなく、幼児期の終わりまでに育ってほしいことを具体的に明らかにし、一人一人にその力が育っているかを確かめ、修了までに育てることを目指すことが、小学校教育につながっていくという考えの下」に使用している[2]。

　アプローチカリキュラムがなぜ必要なのか。愛知県幼児教育研究協議会は、複数の問題が現状の接続に存在するからであると指摘する。「幼児の育ちの問題点」として、「思い通りにならないときに我慢できない、実体験が乏しい、相手の気持ちがわからない」等が挙げられている。また、「幼稚園や保育所等の保育の問題点」は、「保育についての考え方が違う、小学校教育を先取りした教科指導や偏った活動など幼児の発達に沿わない取組が見られる」と並ぶ。さらに、保幼小の接続の問題点については、「一つの園から複数の小学校へ進学したり一つの小学校に複数の園から入学したりするなど連携しにくい、取組が市町村によって異なる」等がある[3]。これらの問題点を解決するには、修学前教育のあり方について、幼稚園教育要領や保育所保育指針等に基づいた保育内容の共通理解や、各園の実情に応じた保育の取り組みが求められる。さらに、幼児期に育った力が小学校にどのようにつながっていくかを見通さなくてはならない。

　2017（平成29）年3月告示の幼稚園教育要領では、「幼児期の終わりまでに育ってほしい姿」（10の姿）として、「①健康な心と体、②自立心、③協同性、④道徳性・規範意識の芽生え、⑤社会生活との関わり、⑥思考力の芽生え、⑦自然との

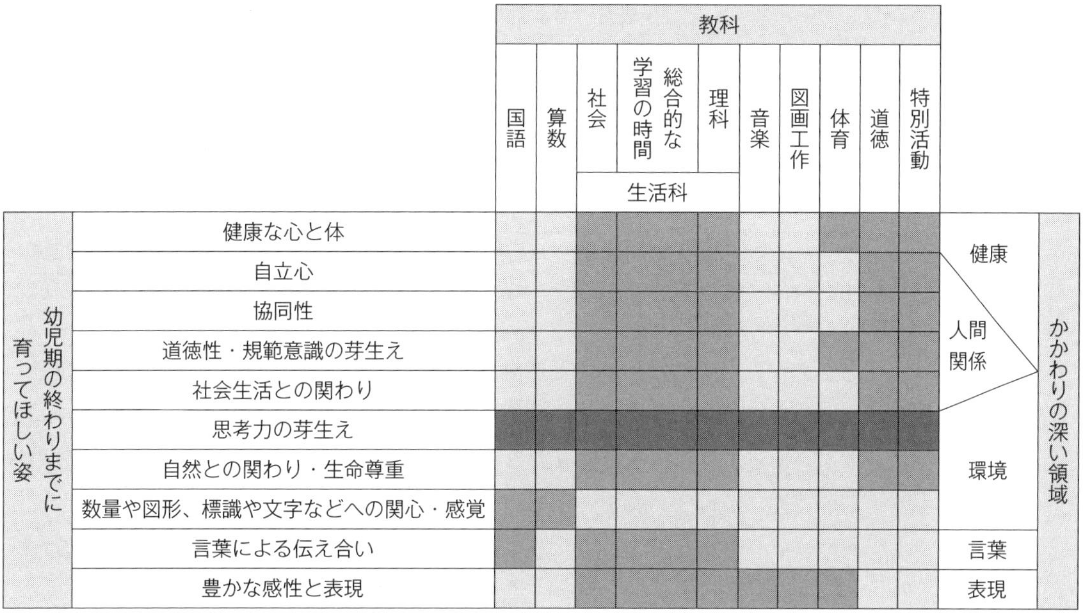

第8章　就学前教育と初等教育を接続する保育内容

図8-7　接続期カリキュラムのイメージ例
出典：文部科学省『幼稚園教育要領改訂と幼児教育充実のための施策』2017年を参考に、筆者作成

関わり・生命尊重、⑧数量や図形、標識や文字などへの関心・感覚、⑨言葉による伝え合い、⑩豊かな感性と表現」をあげている。これらは、5領域で示された「ねらい及び内容に基づく活動全体を通して資質・能力が育まれている幼児の幼稚園等修了時の具体的な姿であり、保育者が指導を行う際に考慮」しなくてはならないものである。

そして、小学校の教科との関係性を整理したものが、図8-7である。基本的に「幼児期の終わりまでに育ってほしい姿」（10の姿）は、すべての「教科」に関連するが、濃い部分は特に意識的につながりを考えなくてはならない。ただし、小学校教育を前倒しで行ってはならない。

4　スタートカリキュラム

スタートカリキュラムの編成の仕方・進め方については、文部科学省が2015（平成27）年に発行した『スタートカリキュラムスタートブック』を確認したい。ここでは、スタートカリキュラムとは、「小学校へ入学した子供が、幼稚園・保育所・認定こども園などの遊びや生活を通した学びと育ちを基礎として、主体的に自己を発揮し、新しい学校生活を創り出していくためのカリキュラム」*3であり4)、幼児期の「学びの芽生え」と、児童期の「自覚的な学び」をつなぐカリキュラムであると説明している。「ゼロからのスタートではな」く、「入学当初は、学びの

*3 『小学校学習指導要領解説総則編』(p.51)には、「低学年では特に生活科を中核として合科的・関連的な指導の工夫を進め、指導の効果を一層高めるようにする必要がある。特に第1学年入学当初における生活科を中心とした合科的な指導については、新入生が、幼児教育から小学校教育へと円滑に移行することに資するものであり、幼児教育との連携の観点から工夫することが望まれる」とある。小学校学習指導要領についても確認し、小学校教育の前倒しを避けなければならない。

表8-6　幼児教育と小学校教育の特性

幼児教育	小学校教育
5領域（健康、人間関係、環境、言葉、表現）を総合的に学んでいく教育課程等	各教科等の学習内容を系統的に学ぶ教育課程
子供の生活リズムに合わせた1日の流れ	時間割に沿った1日の流れ
身の回りの「人・もの・こと」が教材	教科書が主たる教材
総合的に学んでいくために工夫された環境の構成	系統的に学ぶために工夫された学習環境

出典：文部科学省国立教育政策研究所・教育課程研究センター『スタートカリキュラムスタートブック』2015年　pp.4-5より筆者作成

　芽生えから自覚的な学びへと連続させることが大切」であり、「生活科を核として楽しいことや好きなことに没頭する中で生じた驚きや発見を大切にし、学ぶ意欲が高まるように活動を構成することが有効」であると記述し[5]、それぞれの学びの特性について、表8-6のように整理しているとともに、図やイラストを交えて、カリキュラムのつくり方や環境構成について案内している（図8-8）。

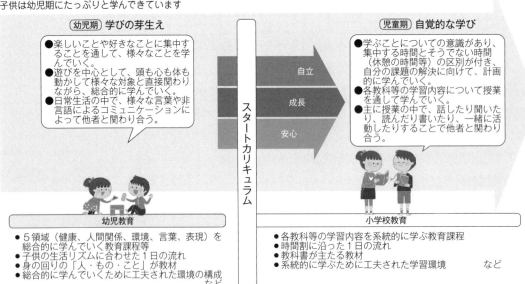

図8-8　幼児期の学びと育ちを大切につなぎましょう

出典：文部科学省国立教育政策研究所・教育課程研究センター『スタートカリキュラムスタートブック』2015年　pp.4-5

5 カリキュラムと段差

　カリキュラムを区切れば、そこにはどうしても段差ができる。「学び」の形態の異なる「幼児期」と「児童期」とを、どのように橋渡しすればよいだろうか。それぞれの時期の学びを理解し、段差を意味のある克服すべき課題としてとらえ、可能な限り段差を小さくするカリキュラムを考えたい。そのためにも、保育者と小学校教諭がそれぞれの学びの特徴を把握することが肝要である。

　例えば、卒園時にできることよりも入学後に求められるものが高くては、満足に生活や学習についていくことができず、さまざまな意欲がそがれてしまうだろう（図8－9のA）。反対に、卒園時よりも入学時に求められるものが低いようでは、簡単すぎてさまざまなことに対する興味を失わせてしまうおそれがある（図8－9のB）。

　保育者・小学校教師は、子どものもっと学びたいという気持ちを汲み取り、まるで階段を一歩ずつ登っていけるような、適切な大きさの段差を設けたカリキュラムを作成しなくてはならない（図8－9のC）。その際には、園長や校長だけでなく担当の保育者など、子どもとかかわるさまざまな立場の人々の意見を汲み取っていきたい。

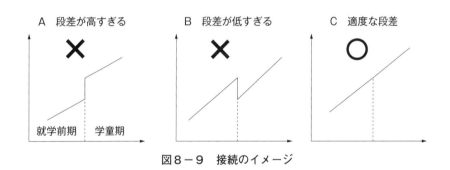

図8－9　接続のイメージ

5 まとめと課題

　本章でこれまで述べてきた通り、幼児期の学びと児童期の学びを滑らかにつなぐことは、子どもの発達にとって大きな意味がある。連携する際には、幼児期と児童期との学びの特徴をとらえ、段差を知るとともに、その段差を滑らかにする指導・援助のあり方を模索しなければならない。

　連携によって子どもが小学校生活へ期待を寄せ、自分の近い将来を見通すことができるようにすること、また、教職員間だけでなく、地域の人たちとの交流により、幼児・児童の実態や教育内容・方法について相互理解し、それぞれの機関

の役割を再認識することが課題である。

【引用文献】

1）国立教育政策研究所「幼小接続期カリキュラム全国自治体調査」2011年
　（http://www.nier.go.jp/youji_kyouiku_kenkyuu_center/youshou_curr.html）
2）愛知県幼児教育研究協議会「アプローチカリキュラム編成の手引　理論編」2016年　p. 1
　（http://www.pref.aichi.jp/uploaded/attachment/209279.pdf）
3）同上　pp. 2 - 3
4）文部科学省　国立教育政策研究所　教育課程研究センター『スタートカリキュラムスタートブック』2015年　p. 2
　（https://www.nier.go.jp/kaihatsu/pdf/startcurriculum_min_pdf）
5）同上　pp. 4 - 5

【参考文献】

秋田喜代美・第一日野グループ『保幼小連携 育ちあうコミュニティづくりの挑戦』ぎょうせい　2013年

教育課程研究会『「アクティブ・ラーニング」を考える』東洋館出版社　2016年

汐見稔幸・大枝佳子『じんぐるじゃむっ』小学館　2016年

民秋言・西村重稀・清水益治『幼稚園教育要領・保育所保育指針・幼保連携型認定こども園教育・保育要領の成立と変遷』萌文書林　2017年

津金美智子『新幼稚園教育要領 ポイント総整理』東洋館出版社　2017年

久野弘幸『小学校新学習指導要領ポイント総整理 生活』東洋館出版社　2017年

第9章 異年齢児の保育内容

学習のポイント
- 異年齢保育とは何かについて知ろう。
- 異年齢保育における保育内容について理解しよう。
- 異年齢保育で子どもに育つ力と、保育者の援助について考えよう。

1 異年齢保育の意義

異年齢保育の意義

◆さまざまな年齢の子どもたちが共に生活をすることによって、さまざまな友だちとかかわり、思いやりや親しみを持ち、子ども同士が互いに育ち合う。
◆異年齢の子どもとのかかわりの中から、より多様な遊びや活動が展開される。
◆さまざまな発達段階の子どもが一つの集団に存在することにより、障がいのある子どもも受け入れられやすい。
◆異年齢保育の中に同年齢での活動を取り入れることにより、同年齢での遊びや活動の重要性に気づくことができる。

お兄ちゃんがいるから大丈夫

1 さまざまな人とのかかわり

　異年齢保育とは、年齢の異なる子ども同士でクラスを構成し、展開される保育で、縦割り保育とも呼ばれている。同じ異年齢の保育でも、混合保育とは、子どもや保育者の数などによって、同年齢で1クラスが編成できない場合に用いられる場合が多い。異年齢保育にもさまざまな形態があり、1歳児から5歳児までの異年齢でクラスが編成されている保育所もあれば、1・2歳児は同年齢のクラス編成だが、3・4・5歳児が同じクラスという保育所もある。また毎日の生活を

共にしたり、週に1日異年齢で交流をするなど、取り組む時間も多様である。さらに、保育所での延長保育、幼稚園での預かり保育も異年齢で構成されるグループがほとんどである。このように、現在では、ほとんどの保育所・幼稚園・認定こども園で、時間の長短や形態の差異はあるが、異年齢での保育が意図的に展開されている。

幼保連携型認定こども園教育・保育要領には、「家庭や地域において異年齢の子どもと関わる機会が減少していることを踏まえ、満3歳以上の園児については、学級による集団活動とともに、満3歳未満の園児を含む異年齢の園児による活動を、園児の発達の状況にも配慮しつつ適切に組み合わせて設定するなどの工夫をすること」と記されている。

少子化が問題となっている現代社会において、子どもを取り巻く状況は大きく変化している。核家族化、子どもの数の減少に加えて、特に地域の子育て力が低下してきており、具体的には、近隣のつながりの弱体化、異世代交流の場や機会の消失、子どもの遊び場の減少などがあげられる[1]。地域社会で共に暮らす人同士のつきあいが薄くなるにつれ、子ども同士で遊ぶ機会も場所も減少してきている。特に異年齢の子ども同士がかかわる機会は年々少なくなってきている。そこで保育所・幼稚園・認定こども園での異年齢保育が重要な役割を担うことになるのである。異年齢の子どもたちが共に生活することによって、自分とは年齢の異なる子どもとのさまざまな人間関係を経験することができる。年下の子どもは年上の子どもにあこがれの気持ちを抱き、その行動をモデルにしたり、年上の子どもは、年下の子どもとかかわることによって思いやりの心が育つなど、子どもたちが互いに育ち合っていく。仲良く遊んだり、ときにはいざこざを起こしたりしながら、家族の中での兄弟姉妹のような人間関係を経験し、同年齢同士の横の関係に加えて、縦の関係も広がっていくのである。子どもの将来を見通したとき、これらの経験が、多種多様な人びとが住んでいる地域社会の中で、生きる力を培う基礎となると考えられる。

2 仲間として

例えば、言葉が出ない、座って先生の話を聞くことが苦手、などの特別な配慮が必要な子どもたちにとって、異年齢のクラスは、生活しやすい場である。異年齢のクラスには、さまざまな発達過程の子どもがいるので、発達に課題を抱えている子どもを周りの子どもたちが受け入れやすい環境にあるからである。

また、年齢の異なる子どもによってさまざまな遊びが展開されているので、自分に合った遊びを見つけやすいというメリットもある。毎日の生活の中で、友だちとのかかわりの中で、お互いに育ち合っていく保育の場であるといえよう。

3 同年齢での活動

　異年齢編成クラスの中に、同年齢の遊びや活動を取り入れている園では、5歳児だけの活動時間を設けたり、当番活動を設定するなど、3・4歳児から一目置かれる存在としての5歳児の姿を見ることができる。運動会のリレーやお泊まり保育などの5歳児だけの同年齢の活動も、日ごろ一緒に生活している3・4歳児の声援があることによって、5歳児としての自覚が芽生えてくる。また、3・4歳児も、5歳児の活動を間近で見ることにより、自分も大きくなったらあのようになりたいというあこがれの気持ちを抱き、真剣にその活動を見守ることになる。すなわち、異年齢で一緒に生活するからこそ、同年齢の子どもの発達がよりはっきりと見えてくるというメリットもある。

4 見通しを持って

　異年齢保育を行っている園では、5歳児が卒園したあと、同じクラスに新たに3歳児が入ってくるという形態もあれば、毎年クラスを編成する形態もある。どちらの場合も保育者としては、1年という期間ではなく、3年間というサイクルで子どもの発達を見守ることができる。4月の新学期を迎えても、それぞれ進級した4・5歳児は、進級したという誇りを持って3歳児を迎えることができ、前年度までの4・5歳児の姿を思い出しながら子ども同士のかかわりを深めていく。同時に保育者も、一人ひとりの子どもの発達の見通しを持ちやすく、子ども同士のかかわりに助けられながら、保育を展開することができるのである。

2 異年齢保育においてめざす子ども像

> **異年齢保育においてめざす子ども像**
>
> ■さまざまな活動や遊びを通して、年上や年下の友だちとのかかわりを深めるとともに、思いやりや親しみを持てる子ども。
> ■同年齢、異年齢の友だちと、多様な遊びを展開して楽しむ子ども。
> ■友だちのよさに気づき、一緒に活動する楽しさを味わう子ども。

　異年齢の保育では、子どもも保育者もさまざまな人とのかかわりが生じ、それに伴い、さまざまな役割を持つことになる。ここでは異年齢保育の中での3歳児、4歳児、5歳児がどのように育っていくのかについて、それぞれの年齢に分けてまとめてみよう。

1 3歳児にとって

　年上の子どもたちと一緒に過ごす生活は、3歳児にとってどのようなものであろうか。いつもお兄さんやお姉さんがそばにいて、できないことがあれば手伝ってくれ、友だちにおもちゃを取られて泣いていれば、声をかけてくれたり、自分の思いを代弁してくれたりすることもある。しかし、いつもやさしいばかりではなく、5歳児が積み木でつくった線路をこわせば怒られるし、話しかけても相手にしてもらえないこともある。それでも、同じ部屋で過ごすことで、さまざまなかかわりを経験していく。また衣類の着脱や手洗いなどの生活習慣は、お兄さん・お姉さんの姿をモデルにして自ら学びとって身についていくのである。

2 4歳児にとって

　3歳児と5歳児にはさまれた4歳児にとっての異年齢保育は、5歳児をモデルとしながら、3歳児からは頼りにされるという両方を経験することができる立場である。少しずつ自分の気持ちを抑えたり、我慢ができるようになってきた4歳児にとって、3歳児の前でお兄さん・お姉さんとしてふるまうことは、大切な経験である。5歳児が同年齢の活動で部屋を留守にするときなどは、見よう見まねで、いつも5歳児が行っている当番活動に取り組む姿が見られる。5歳児と同じようにできないもどかしさを持ちつつ、5歳児になったらやってみようという期待感を育む。この体験が、次の年の5歳児としての活動の基礎をつくり上げるのである。

3 5歳児にとって

　園生活も最後の年となる5歳児は、友だちと力を合わせてやり遂げる経験をすることによって、仲間の一人としての自覚を持つ年齢である。異年齢保育の中でも、3・4歳児のモデルとしての当番活動や、1・2歳児クラスでのお手伝いなど、年長児としての役割を理解した上で意欲的に取り組むことができる。

　しかし、いつも5歳児がモデルとなるばかりではない。3歳児が4・5歳児よりも折り紙がうまく折れたり、片づけが手早くできたりすることもある。そのような場面では、3歳児は自信と誇りを持ち、4・5歳児はその子どもの姿から、「あの子ができるならボクもワタシも」と思い直して取り組む姿が見られる。

　また、5歳児は、小学校入学を控え、小学校での同年齢での活動についていけるのか、という懸念もあるであろう。5歳児の発達を保障するという視点に立つと、同年齢での保育の必要性が指摘されるかもしれない。しかし、今まで述べてきたように、同年齢での活動は、異年齢の中でいっそう意味を持つものになり、

異年齢の中で培った人とかかわる力が、新しい環境にも適応していく力の基礎となっていくのではないだろうか。

4 「見る」ことと「待つ」こと

　子どもの育ちにとって、「見る」ことと「待つ」ことは、たいへん重要である。年下の子どもが、年上の子どもの行動を見て学ぶことはもちろんであるが、例えば、3歳児が友だちにおもちゃを取られて泣き出し、保育者が声をかける場面があったとする。次に同じような場面が起きたとき、今度は5歳児が保育者と同じように3歳児に声をかけたりすることがある。5歳児も保育者の行動を見て学び、それを実際に行動に移していくのである。

　また、おやつの場面で、5歳児が牛乳を注ぐ当番であれば、4歳児は、やりたくても我慢をして、5歳児のやり方を見守っている。そこには、自分も5歳児になったらすることができるという見通しと期待があるからこそ、今は我慢して待つことができるのである。そして5歳児になったら、やっと当番ができるという満足感を持って行動することができる。それが年長児としての自信と自覚を大きく育てていく。

　保育所保育指針には、「異年齢で構成される組やグループでの保育においては、一人一人の子どもの生活や経験、発達過程などを把握し、適切な援助や環境構成ができるよう配慮すること」と記されている。また服部は、人とかかわる力を身につけていくためには、発達過程から子どもの姿をとらえるだけではなく、一人の子どもの変化を縦断的に追うことで初めて見えてくる発達の姿があると述べている[2]。異年齢保育を行う際には、長い目で子どもの成長発達を縦断的に見通す視点が保育者に求められる。

3 異年齢保育の保育内容のポイント

> ▶異年齢児の保育内容のポイント
> ・異年齢のクラスではさまざまな友だちとのかかわりがあり、遊びもそれに伴いさまざまに展開していく。年下の子が入って遊びが中断されたり、年上の子に教えてもらったりする中で、子どもたちは思いやりや親しみの気持ちを育てていく。
> ・そのためには、保育者が子ども一人ひとりに応じた適切な援助を行うことと同時に、子ども同士をつないでいく役割を果たすことが求められる。また、保育者間の連携も重要なポイントとなる。

1 異年齢保育の保育内容

(1) クラスでの一日の生活

　園の朝は、子どもたちの元気なあいさつで始まる。自分のクラスで朝の支度をし、好きな遊びを楽しむ。朝の会で今日の予定を確認し、当番は人数報告に給食室まで出かけて行く。人数報告をするのは5歳児であるが、3・4歳児も一緒についていく。

　保育室では積み木、ブロック、ままごと、お絵かきなど好きな遊びを楽しむ。カードゲームで各年齢が混じって遊んでいるときは、自然に5歳児がカード配りをしている。3・4歳児は、当たり前のように配ってもらうのを待っている。4・5歳児の男の子が積み木でレールをつくり、電車を走らせている。それを3歳児がじっと見ている。その様子を見ていた保育者が、3歳児に向かって「『入れて』って言ってみようか」と声をかけ、一緒に4・5歳児に伝え、3歳児も電車を走らせる。しかし、3歳児はすぐにほかの遊びに気をとられ、場を離れてしまう。そのうち4歳児もブロックのコーナーへ行きそこで遊んでいる。5歳児は、子どもたちの出入りがあっても、気にすることなく最後まで集中して積み木で遊んでいる。片づけになると、年齢には関係なく、さっさと片づける子もいれば、なかなか片づけない子もいる。しかし3歳児は、片づけも着替えも何をするにも時間がかかるので、そのことがわかってくれば、4・5歳児もあわてずに一日の生活を過ごすことができるようである。

(2) 製作活動

　母の日におかあさんに渡すプレゼントの製作をしたり、運動会の絵を描いたりするなど、園生活では3・4・5歳児が同じねらいをもった活動をする場面も多く見られる。そのようなとき、保育者はどのような援助を行っているのであろうか。描画活動であれば、同じ時間帯で5歳児は絵の具を使って、3・4歳児はパスを使って描く。また、製作であれば、各年齢ごとに異なった作品ができあがる。例えば、パスを使って描くところまでは一緒に行い、3歳児は片づけをして年上の子の活動を見たり、部屋の中で好きな遊びをして楽しむ、4歳児はノリづけをして終了、5歳児はハサミで形を切るところまで行う、などの工夫がなされる。製作時も異年齢のグループで座っているので、できないところは教えたり、見守ったりしながら展開していく。それぞれが、それぞれのペースで活動を楽しむことができる。一方で、同年齢だけが集まって完成させることもある。パスの使い方や折り紙などの場面では、5歳児が年少児たちに得意げに教える姿も見られる。

（3）当番活動

　異年齢クラスの中で交代で行う当番活動のリーダーは5歳児であり、朝の会で当番の確認があり、5歳児として誇りを持って取り組む活動になっている。主な活動としては、クラスの出席人数報告、給食当番である。給食当番は、前期は4・5歳児が行い、3歳児は見るだけである。後期になってから、3歳児も4・5歳児と一緒に当番活動をするようになる。3歳児は年上の子と一緒に仕事ができることがうれしく、当番用のエプロンを着け、保育者に「みてみて」と自分が当番であることを知らせに来る。4歳児は、今までは5歳児の動きを見て行動していたが、やり方がわからない3歳児に教えなくてはいけないという気持ちが生まれ、3歳児の世話をしている。3歳児は半年間、4・5歳児の活動を見ることによって、「いつかはじぶんもやるんだ」という見通しと期待を持って、待つことができる。年上の子の活動を見る機会の多い異年齢保育ならではこそ、子どもが、自分からやりたいという思いを育むことができるのである。

早くしたいな、当番活動

（4）同年齢の活動

　A園では、毎日おやつの前の30分間、5歳児の同年齢での活動時間が設定されている。7月のお泊まり保育の準備、10月の運動会に向けてのリレーの練習など、仲間としての自立をめざしての活動を行っている。その時間に3・4歳児は好きな遊びを楽しんでいる。

　ある日、5歳児が園庭で大縄跳びに挑戦していた。保育者が回す大縄に、一人ずつ入って跳ぶのである。園庭での歓声を聞いた4歳児が、同じクラスの5歳児に向かって「○○ちゃんがんばれ！」と叫んだ。すると、子どもたちが、次々とベランダにやってきて「しろぐみがんばれ！」「あかぐみの○○くん、がんばれ！」と、大声援となった。子どもにとっては一緒に生活をしている仲間であり、同じクラスの5歳児の活躍は、自分のことのようにうれしいのである。5歳児にとっても、クラスの代表という意識も生まれ、はりきって縄跳びに挑戦することができた。日ごろ異年齢で生活をしているからこそ、同年齢での活動の意味が見えてくるのではないだろうか。

5歳児の大なわとびを応援する4歳児

（5）行事への取り組み

異年齢保育を行っている園でも、毎月の誕生会を始め、遠足、運動会、生活発表会、作品展などのさまざまな行事があり、その取り組みも、クラス単位で行ったり、同年齢で行ったりと多様である。A園の運動会は、「カーニバル」と名づけられ、その日は、親子の触れ合いが主

お兄ちゃんめざしてヨーイドン！

なねらいである。3歳児のかけっこ、4歳児の大きな布を使った演技や5歳児のリレーなど、得意技以外は、親子で参加する種目である。しかも、すべての種目は事前に希望をとって申し込むので、クラスの枠もなく、どの種目にもクラスのだれかが出場していることとなり、参加者全員が、「カーニバル」を楽しむことができる。まさに、異年齢保育のよさが生かされた取り組みといえよう。

2 保育者のかかわり

異年齢保育を行っている園では、保育者も子どもと同様、さまざまな役割を持つことになる。クラスの担任として、また同年齢のグループの担当としての役割である。あか組のMちゃんはあか組の一員でもあり、5歳児のMちゃんでもあるのである。保育者も、クラスの子どもとのかかわりだけではなく、同年齢の子ども同士のかかわりにも援助が必要となる。クラスの中では、子どもと子どもをつないでいくことが大切な役割である。「Mちゃん、Sちゃんと手洗いにいってくれる？」「Dくんと一緒に入れてって言ってみようか」などのやり取りで、子ども同士がかかわりを持ち、生活が営まれていく。そして同年齢を担当するときは、クラスも移動し、子どもも異なり、また新たな関係が育まれるのである。

しかし、異年齢の集団に対して、「保育者がどこに焦点をあてて保育を行うのかがわからない」また、「5歳児は年下の子に合わせ、3歳児は年上の子に合わせるから、それぞれがのびのびと過ごすことができないのではないか」と言われることがある。例えば、紙芝居を選ぶときはどの年齢に合わせたらいいのかといった課題がある。年齢別の保育に慣れ親しんでいると、年齢による差異に注意が向けられることが多いが、同年齢保育でも、それぞれの子どもによって受けとめ方はさまざまである。何度も読んだ紙芝居が心に響くこともあれば、難解な言葉を聞いて、興味がわくこともあるかもしれない。そのためには、保育者が一人ひとりの子どもの状態を把握したうえで、保育のねらいを明確に持った適切な援助や環境構成を行う必要がある。保育者の援助があって初めて子ども同士が自ら関係をつくり、遊びが展開していくのである。

このように保育者自身が、縦と横の両方の視点を持つことによって、園内に網の目のようなつながりが生まれていく。それをベースにして、子どもたちは自分の所属するクラスから自由に園内を行き来することができるのである。子どもにとっては、クラス担任だけではなく、同年齢での活動担当の保育者も存在し、自分の居場所を複数持つことができる。給食の調理員さんに人数報告に行って、しばらくそこで話をしている子もいれば、職員室で園長先生に、友だちとのいざこざの様子を話している子もいる。「そのような生活は、"園内のどこに行ってもいい"し"だれと遊んでもいい"という自由感と、"園内のだれもが自分を受け入れてくれる"という安心感に支えられてこそ実現されるもの」[3]であるのである。このように園全体で子どもたちを見守るためには、保育者間の連携が、なにより重要となる。「○○ちゃんが今こっちにきていますよ」「○○くんはしばらく遊んでからクラスに帰ります」など、保育者も自分のクラスだけにしばられないで、常に流動的に、しかし確実に園全体の子どもを見守る体制づくりが求められる。これらの職員相互の連携が保育の質の向上へつながると考えられる。

4 保育の事例と考察

1 生活発表会の事例

　異年齢保育を行っている園での行事は、どのようなねらいをもって行われているのであろうか。また、保護者は、異年齢保育をどのように理解しているのだろうか。ここで保護者からの便りを見てみよう。

事例1　保護者からの便り　－生活発表会を見て－

　今年は4歳児ということもあって、落ち着いて生活発表会を楽しむことができました。3歳児はかわいく、4歳児はとても元気！　そして5歳児は少し成長して大人びて見えました。お兄ちゃんが5歳のときは、ハラハラドキドキで"ちゃんとできるかな"という心配ばかりで感動とまではいきませんでした。

　でも、今年は一歩離れた立場で、いつもと違う顔つきの5歳児の発表を見て"こうして巣立っていくんだなあ"と感動してしまいました。いろいろなドラマがあって、大きくなってきていると思うと、涙があふれそうになって5歳児のママには話しかけられませんでした。

　今年は元気いっぱいで楽しませてくれたわが子が、来年どんな姿を見せてくれるのか楽しみです。

（保護者のアンケートより）

異年齢保育を行っているＡ園の生活発表会は、12月初旬に行われる。そこでは、同年齢グループでの劇や歌の発表が中心であるが、5歳児は、4歳児とともに劇を上演する。保護者も行事に参加することによって、わが子だけではなく、園全体の子どもの様子を知る絶好の機会となる。保護者は、同じクラスの子どもたちを、クラスだよりやわが子を通じて知っているので、どの年齢の活動も関心を持って見守ることができる。保育者も、自分のクラスだけではなく、クラス担任として、同年齢グループの担当としての役割があることによって、園全体の子どもとかかわることになる。そして子どもたちも、クラスの仲間、同年齢での仲間、そして園全体の子どもとのかかわりを持ちながら、行事を心待ちにし、取り組んでいくのである。

❷ 延長保育での事例

　保護者の労働時間の延長や、就労形態の多様化などの理由から、保育時間が11時間を超える延長保育を行っている保育所が増えてきている。そこでは通常の保育とは異なり、クラスを超えた異年齢での保育が展開されている。

> **事例2　Ｍくんはイチゴ博士**
>
> 　Ｍくんは年長バナナ組に進級した4月、母親の転職により保育時間が急に長くなることになった。これまでは朝は8時30分ごろに登園し、自分のクラスで朝の支度をして、そのまま友だちと好きな遊びを楽しんでいたが、今では保育所が開所する7時を少し過ぎたころには登園している。しかも、今までは母親の送迎だったが、朝は父親が送ってくることになった。早朝の子どもの受け入れは0・1歳児クラスのイチゴ組で行っている。いつも元気なＭくんだが、朝早く起こされ、不機嫌な顔で登園してくる日が続いていた。
>
> 　ある日、バナナ組で朝の支度をしたＭくんは「ボクはここにいる」と動こうとしない。父親はＭくんを気にしつつも、あわてて仕事に出かけていった。早朝保育担当の保育者は、イチゴ組のＫちゃんを抱っこしながらバナナ組へやってきて「イチゴ博士のＭくんおはよう！　Ｋちゃんがお兄ちゃん来るの待ってたよ。一緒に『馬はとしとし』[*1]したいって。待ってるから来てね」と声をかけてイチゴ組へ戻っていった。Ｍくんは最初はしかたないなという表情であったが、小走りでイチゴ組へ向かっていった。

*1　『馬はとしとし』はわらべうたの一つで、歌に合わせて、おんぶしたり、ひざに乗せた子どもを揺すって遊ぶ。

　Ｍくんは、年の離れた姉と両親との4人家族で、家庭ではいつも面倒を見てもらう存在である。そんなＭくんが、突然の環境の変化に戸惑い適応できずにいたが、両親も仕事の忙しさにかまけて、なかなかＭくんの思いに気づくことができなかった。この保育者は、不機嫌なＭくんに、年下の子の世話をするという役割

を思い出させるような言葉がけをすることによって、Mくんの笑顔を取り戻すことができた。長時間の保育の中で、子どもが負担を感じる場面もあると思われるが、いつものクラスの保育とは異なった環境を利用して、新たなかかわりが生まれてくることも、異年齢集団ならではのメリットである。

3 障がいのある子どもについての事例

　Tくんは、知的障がいのある3歳の男の子である。入園当初のTくんの食事は、保育者が食べさせたり、手づかみで食べることが多かった。そんなTくんの言葉にならない思いを受けとめ、子ども同士の関係を築いていくには、どのような援助が必要なのであろうか。

> **事例3　パチパチ拍手**
> 　8月下旬、給食のテーブルにはTくんの隣に仲良しつなぎ*2の5歳児のKくん、前には5歳児のYちゃんが座る。KくんがTくんの皿が空になったのを見て拍手をしている。Tくんも一緒に拍手をする。Kくんが前の席のYちゃんに「すごいよ、Tくんが今パチパチしたよ」と知らせる。Yちゃんは「すごいね」とニコニコしながら言う。

*2　「仲良しつなぎ」とは、5歳児と3歳児のペアのことで、一年間一緒に行動することが多い。手のひらを重ねあわせて手をつなぐことからそう呼ばれる。それとは別に、同年齢同士での手つなぎは「仲間つなぎ」と呼んでいる。

　これまでTくんが給食を全部食べて、お皿が空になったとき、担当保育者は、拍手をして声をかけていた。すると、Tくんが、全部食べたときは自分から拍手をするようになった。そのTくんの表現に保育者が気づき、周りの子どもたちに伝えた。今回Kくんは、保育者に言われなくても、自分でTくんの表現に気づき、それを喜んで他児に伝えた。こうしてTくんは、他児とのかかわりの中で、自分の思いを表現することができるようになっていった。子どもからの働きかけに、Tくんも少しずつ慣れていっているようである。受けとめてくれる他児がいることがうれしく、それは周りの子どもにとっても一緒である。こうして、子ども同士のかかわりが広がっていったのである。

　このように、異年齢の集団では、さまざまなかかわりが網の目のように生まれ、子ども同士がお互いを受け入れやすいという長所がある。そのためには、保育者の援助が重要なポイントとなる。子ども同士の関係が生まれるきっかけは、最初に保育者が周りの子どもにどのように働きかけるのかが大切な要因となるのである。

手をつないで小さい子を守るんだ

【引用文献】
1）大豆生田啓友・太田光洋・森上史朗編『よくわかる子育て支援・家族援助論』ミネルヴァ書房　2008年　p.16
2）子安増生・服部敬子・郷式徹『幼児が「心」に出会うとき』有斐閣　2000年　p.11
3）森上史朗・吉村真理子・後藤節美編『保育内容「人間関係」』ミネルヴァ書房　2001年　p.128

【参考文献】
ききょう保育園・諏訪きぬ『ききょう保育園の異年齢保育』新読書社　2006年
友定啓子・青木久子『領域研究の現在〈人間関係〉』萌文書林　2017年
宮里六郎「異年齢保育から保育を問い返す」『現代と保育』86号　ひとなる書房　2013年
柏井保育園『平成19年度　障害児保育巡回相談記録』社会福祉法人柏井会柏井保育園　2007年

コラム　みんなで祝う誕生日

　A園の毎月のお誕生会は、誕生日を迎えた子どもの保護者も参加して開かれる。保護者は、一日保育士さん体験の日として、子どもたちと給食や昼寝を共にする。それとは別に、今日が誕生日の子どもは、朝からお迎えの時間が待ち遠しい。なぜなら、お迎えの時間に誕生日をみんなで祝うイベントがあるからである。

　帰りの会が終わって保護者の迎えを待つ間、子どもたちは、園庭で思い思いに好きな遊びを楽しんでいる。そこで放送が流れ、誕生日の子どもが紹介される。誕生日には、園庭で一番高いジャングルジムの頂上につけられた三角の旗を取りに行くのだ。登り棒を登って、あっという間に頂上に着いて、旗を取って降りてくる子もいれば、一歩一歩ジャングルジムを登って、旗を取りに行く子、保護者に支えてもらって旗を取る子とさまざまである。年齢の小さい子どもたちは、ジャングルジムの隣にあるすべり台の一番上に保護者と一緒に取りにいって、すべって降りてくる。旗を取って、得意満面の子どもに、温かい拍手がわき起こる。保育所に通う子どもや保護者、職員から祝福される誕生日は、子どもにとっても保護者にとっても特別の日である。

　しかし、保護者の迎えの時間がまちまちになってきた昨今、なかなかみんなでそろってお祝いをすることが難しくなってきている。子どもの希望と保護者の都合との折り合いをつけながら実施しているが、長時間の保育の中で、保護者とともに子どもを育てるために、今後どのような工夫ができるのかが問われている。

ボクひとりで登ったよ

第10章 子育て支援を創造する保育内容

学習のポイント
- 子育て支援が、なぜ必要になってきたのかを探ろう。
- 保育所や幼稚園、認定こども園に求められている役割が大きく変わってきていることを把握しよう。
- 保育者はどのような視点を持って子育て支援を行っていけばよいのかを学ぼう。

1 子育ての現状と課題

1 母親にのしかかる子育ての負担

今、私たちの社会は、さまざまな変化を見せている。その大きなうねりの中で子育て環境も大きく変化し、社会の価値観の多様化に伴って「子育て」そのものが多様化している。子育ての現状は決して楽観できる状況にあるとはいえない。本章では、子育ての現状を振り返り、そこから見えてくる子育て支援の必要性とその保育内容を探る。

乳児を対象にした子育て支援の一例

近年、一気に加速した都市化は、都市部への人口集中と地域社会の自然環境や住環境に変化をもたらし、都市的なライフスタイルを定着させた。都市化はそのまま核家族化を促進する要因となり、晩婚化・少子化とあいまって小世帯化が加速している。その結果、三世代で暮らしていたころと異なり、祖父母やきょうだいの物理的・精神的援助も期待できなくなった。核家族においては、子育てはどうしても母親が担う機会が多く、役割が固定しがちである。さらに女性の社会進

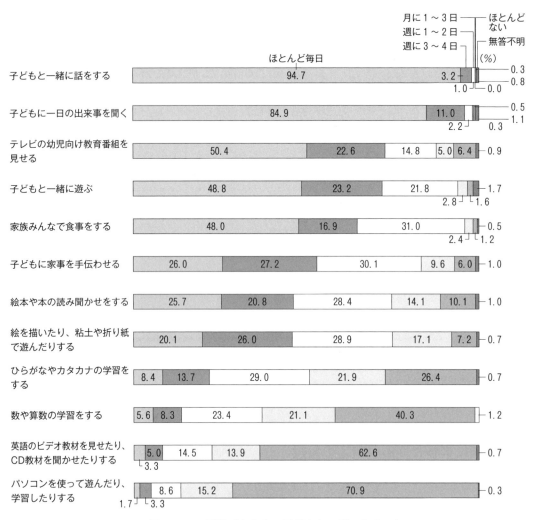

図10-1　母親が家庭内で子どもと一緒にすること

注：サンプル数は3,069名。
出典：ベネッセ教育総合研究所『第3回子育て生活基本調査（幼児版）』2008年　p.25

出が進み、共働きが増えた。しかし、妊娠・出産前後に退職した女性の約4分の1が「仕事を続けたかったが仕事と育児の両立が難しくてやめた」としており[1]、出産による女性の就業継続が厳しいことが伺える。同時に都市化は地域のあり方にも影響し、子どものいない世帯の割合が増加し、かつて地域コミュニティが担っていた子育てにかかわる役割も期待できなくなっている。その結果、乳幼児の遊び相手は「母親」がもっとも多くなった（図10-1）。さらに子どもの年齢が上がるにつれ、「子どもと一緒に遊ぶ」よりも、平仮名や数を教えるというかかわり方をするように変わっていく。これらのことから、母子の密着度が高まり、「息のつまりそうな子育て環境」へとつながりやすい状況を生んでいる。

第10章　子育て支援を創造する保育内容

❷ 育児不安・育児ノイローゼの増加

　都市化・核家族化の状況の中で子どもと一人で向き合う母親は、"孤育て"に奮闘しなければならない。しかも、社会の中における家庭の孤立と、家庭の中における母親の孤立という二重構造の孤立になっている。

　育児に対する不安には、具体的な育児についての知識不足や知識過剰から起こる不安、知識通りにうまくいかないことから起こる不安や心細さなどがある。そこから生じる自信喪失に加えて、非協力的な夫への不満（図10−2）や自分とは異なる子育ての価値観を周囲から押しつけられることによるストレス、子育てのために自分のやりたいことができず社会から取り残されてしまうのではないかという焦燥感など、さまざまな事情が入り乱れ、母親たちを苦しめている。また、かつての子だくさんの時代には自然と身についた親になるための準備性（レディネス）も今は不足するようになり、加えて、就労している母親の増加により、子育てと仕事の両立の困難といった問題が顕在化している。

　こうした育児不安や育児ストレスは、児童虐待相談件数の増加の要因の一つにもなっている（図10−3）。児童虐待に関するさまざまな情報が、親自身のイライラ感とあいまって新たな育児不安を巻き起こしているのである。

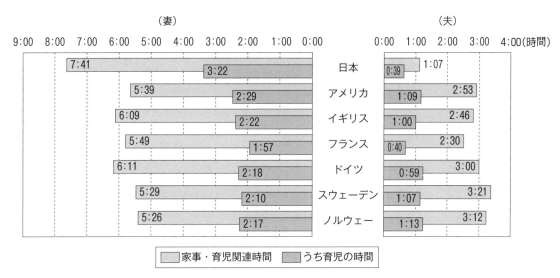

図10−2　6歳未満の子どもを持つ夫婦の家事・育児関連時間（1日あたり）

（備考）1．Eurostat "How Europeand Spend Their Time Everyday Life of Women and Men"（2004）、Bureau of Labor Statistics of the U.S. "Amerian Time Use Survey"（2015）及び総務省「社会生活基本調査」（2011（平成23）年）より作成。
　　　2．日本の数値は、「夫婦と子どもの世帯」に限定した夫と妻の1日当たりの「家事」、「介護・看護」、「育児」及び「買い物」の合計時間（週全体）である。
出典：内閣府『平成29年版　少子化社会白書　概要版』2017年　p.15

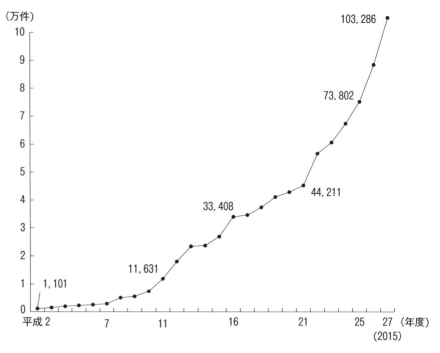

図10-3　児童相談所における児童虐待相談件数

注：平成22年度の数値は、東日本大震災の影響により、福島県を除いて集計したもの。
資料：厚生労働省「福祉行政報告例」
出典：内閣府『平成28年版 子供・若者白書（全体版）』2017年　p.14を筆者改変

2 子育て支援とは何か

1 子育て支援の意味

　制度的に「子育て支援」という言葉が一般的になったのは、1994（平成6）年にエンゼルプランが策定されてからである。『保育用語辞典』では、「子育て支援」について次のように説明している。

> 子育てという営みあるいは養育機能に対して、私的・社会的・公的機能が支援的にかかわることにより、安心して子どもを産み育てる環境をつくるとともに、子どもの健やかな育ちを促すことを目的とする営み[2]。

　ただ、注意したいのは、子育てを支援するという行為そのものは、今までもあったという点である。両親が共働きだったり、貧困や病気のために親が育てられない場合には、保育所が子どもを預かるというかたちで支援を行ってきた。また、地域社会で子育てを支えあうシステムを子育て支援というならば、ひと昔前の地

域共同体は子育てを支える機能を立派に持っていた。子育ては社会が支えあうものだというならば、子育て支援自体は新しいものではない。かつてあった大事な要素を新たなかたちでよみがえらせることだといえる。

2 子育て支援の目的

子育て支援の本質を問わなければ、さまざまな子育て支援事業は表面的に進められてしまうだけで、本当の子育て支援になっていかないという懸念がある。また、親が望むことを何でも肩代わりしてしまう「親の代行事業」になってしまう危険性もはらんでいる。

保育所や幼稚園、認定こども園、学校の保育者及び教員たちは、今まで主に子どもにかかわってきたが、今、支援の対象はすべての子育て家庭である。行政や専門職がお膳立てをし、市民を招くという従来の手法は通用しない。子育て支援には、「親を育て、そのことにより間接的に子どもを育てる」というこれまでの保育や幼児教育にはない、まったく新しい発想が必要であると原田は述べている[3]。

3 子育て支援施策・制度の展開

一口に子育て支援といっても、その範囲は広い。まず、子育て支援は次のように分類できる（図10－4）。

では、これらの子育ち・子育てを社会全体で支援していくために、政府はどのような支援策を講じてきたのだろうか（図10－5）。

1994（平成6）年、エンゼルプランにより新たな子育て支援の基本的方向と重点施策が示され、児童手当や育児休業法制定などの措置もとられた。それらを受けて、地方公共団体においても子育て支援に積極的に取り組み、子育てしやすい環境づくりに前向きに取り組むようになった。

さらに、急激な少子化の進行や家庭及び地域を取り巻く環境の変化に伴い、次代の社会を担う子どもが健やかに生まれ育成される環境の整備を図ることを目的として、「次世代育成支援対策法」が2003（平成15）年に成立し公布された。その後さらに少子化が進み、労働力も不足しつつあるため、女性が子育てをしなが

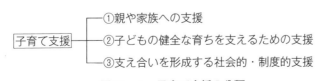

図10－4　子育て支援の分類

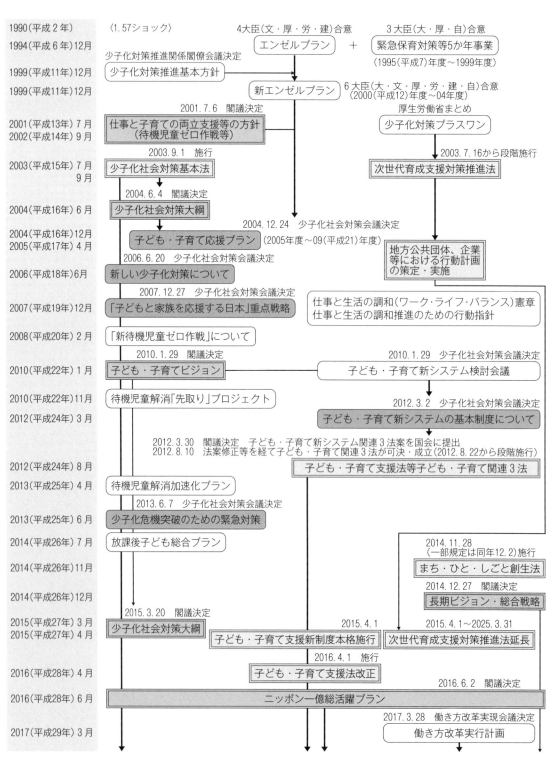

図10−5　少子化・次世代育成支援のこれまでの取組み

出典：内閣府『平成29年版 少子化社会対策白書 全体版』2017年　p.47

子育て支援事業*1

たのしいな

*1 子育て支援の先駆的な取り組みとして、1992（平成4）年に誕生した「武蔵野市立0123吉祥寺」がある。0〜3歳までの子どもたちが自由に遊べる場や、親同士の交流と学習の機会を提供している。現在、全国に広まっている子育て支援の施設や活動は、この「武蔵野市立0123吉祥寺」がモデルの一つとなっている。

ら働き続けることができる施策も考えられてきた。

2001（平成13）年以降、待機児童の解消のための施策やワークライフバランス推進のための行動指針の策定などが次々に講じられ、2015（平成27）年には子ども・子育て支援制度が創設された。その取り組みについては、図10-5を参照されたい。

しかし、こうした対策にもかかわらず、少子化傾向はいぜん続いており、新たな法や施策などの基盤整備が今も行われている。2017（平成29）年には、「幼稚園教育要領」「保育所保育指針」「幼保連携型認定こども園教育・保育要領」の3法令が初めて同時に改訂（定）された。法的な位置づけが整備されたことにより、子どもたちはどの教育施設に通っていても同じ質やレベルの幼児教育・保育を受けられることが望まれるようになった。したがって、現今、子どもを育てている人たちに対してどのような支援をしていくかが重要な課題となっている。子どもを育てることの大変さをお互いに共有しつつ、子どもがいることの楽しさや子どもがいきいきと生活することの大切さを伝えていく役割が、今の保育所や幼稚園、認定こども園には求められている。では、具体策としてどのようなことが実施されているのかについて、次に見ていこう。

3 保育所・幼稚園に求められる子育て支援

1 保育所における子育て支援

（1）子ども家庭福祉施策の進展

図10-5にある少子化・子育て支援施策の流れからわかるように、子育てしやすい環境づくりは、いずれも「社会による子育て」「利用者中心」の必要を強く要請することで共通している。保育所保育指針の改定の背景の中で、柏女は、子育ち・子育て環境の変化に対応するための施策や就学前の充実が進められ、これ

らの施策が保育所保育に大きな変化を求めていることを指摘している[4]。そこで、保育所には、在籍する子どもだけでなく、保育所が位置する地域の子育てを支援することが求められるようになった。「保育に欠ける子ども」を行政が措置するという観点から、利用する側が保育所を選べるようになったことも大きな変化である。

2008(平成20)年の保育所保育指針の改定では、在園児の保護者への支援及び地域の子育て中の保護者への支援が義務または努力義務とされていた。2017(平成29)年の改定では、さらに国の地域包括ケアシステムづくりに応える形で、保育所は、地域の子育ての拠点の一つとして地域の子育てを支援していくことが明記された。また、保育所には、近年増えてきている児童虐待の発見や抑制などに役立つことも期待されている。

(2) 保育所で行われている子育て支援

保育所で行われている毎日の保育が、「子育て支援」といえる。それは大きく2つの観点で分けることができる。①保育所に在籍する子どもとその保護者に対する支援、②在宅で子育てする地域の保護者とその子どもに対する支援である(表10-1)。

表10-1　保育所で行われている子育て支援の分類

保育所に在籍する子どもと その保護者に対する支援	在宅で子育てする保護者と その子どもに対する支援
・子育てに関する悩みなどの相談 ・就労と子育てを両立するために利用できる保育の提供(延長保育、休日保育、夜間保育、病後児保育[注1]など) ・子育ての学習機会の提供 ・子育てに関する情報提供	・子育てに関する悩みなどの相談 ・子育てコミュニティを育てる育児サークル等の活動支援 ・一時的、緊急に必要な場合に利用できる一時保育[注2]の提供 ・子育ての学習機会の提供 ・子育てに関する情報提供

注1：病後児保育とは、保育所に通所している乳幼児が病気の回復期であるため、集団保育が困難なとき、保育所や病院などの専用スペースや訪問保育士の派遣によって一時的に預かる保育のことである。
注2：一時保育とは、週1～3日程度の非定期的な保育や臨時・緊急的な保育利用形態の総称である。

表10-2から、子育ての悩みなどに関する相談に応じることと、子育てについての学習の機会や情報の提供は、子育て中の保護者に共通に必要とされる支援であるが、ライフスタイルによって、それぞれ異なるニーズがあることがわかる。

(3) 保育士の果たす役割

地域のもっとも身近な児童福祉施設として、保育所の役割がますます大きく、貴重になってくるにつれて、保育士に大きな期待が寄せられるようになった。そ

れに加えて、従来は「子育ち支援」中心であった保育の見直しもされるようになった。乳幼児期の親子のかかわりの弱さが指摘される今、相談に応じたり、他の親子の様子に触れる機会を設けたりするなど、親自身が育つ場を考える「親育ち支援」「親子関係支援」などの役割が、保育士に期待されているのである。

さらに子育て中の親やその子どもに寄り添って、話を聞いたり、一緒に考えたりしていくことが、親を支え、親としての育ちを促していくことが明らかになってきた。それにつれ、保育士の専門性として、相談援助におけるカウンセリング能力や相談に対する専門性としての助言能力なども求められるようになった。2017（平成29）年に改定された保育所保育指針でも、第5章に職員の資質や専門性の向上について明記されている。

子育て支援は、子どもが育つ支援であり、同時に親が育つ支援にもなるよう、保育者が中核を担っていかなければならない。そのためにも、一層の専門性の向上のために研修の機会の充実が求められている。

2 幼稚園における子育て支援

2001（平成13）年に出された幼児教育振興プログラムでは、「幼稚園における子育て支援の充実」があげられた。多様化している保護者と地域のニーズに応えられるように、幼稚園に、地域の幼児教育のセンターとしての子育て支援機能を充実させることが求められるようになったのである。具体的には、「保護者自身が保護者として成長する場を提供していく」と同時に、地域の実態や保護者の要請に応じて、希望のあるすべての幼稚園で「預かり保育」を実施することが盛り込まれた。

2003（平成15）年7月には、次世代育成支援対策推進法と少子化社会対策基本法などが次々に成立した。2005（平成17）年には、中央教育審議会から答申が出され、今後5年間に総合的かつ計画的に取り組むべき施策の中で、幼稚園等を活用した子育て支援の推進が促されるとともに、2008（平成20）年には幼稚園教育要領が改訂されるにいたった。この中で、教育課程に係る教育時間の終了後などに行う教育活動や子育て支援などが、さらに明確化された。

特に幼稚園教育要領の改訂の背景となる流れの中で、無藤は「今後ますます家庭や地域との連携を深めていくことが大切になります。しかし、一律に預かり保育や子育て支援をするように求めているわけではありません」と述べており[5]、社会の大きな変化を汲み取って、幼稚園の教育機能を生かした取り組みが期待されるようになった。2017（平成29）年の改訂では、「社会に開かれた教育課程」が目指されている。社会と教育課程のつながりを大切にし、社会の状況を視野に入れて教育課程を編成することが求められているのである。そして、この「社会

に開かれた教育課程」としての役割の中で、預かり保育や子育て支援などの教育課程以外の活動についても充実させていくことが期待されている。

（1）預かり保育
① 幼稚園における預かり保育の位置づけ

これまでも、幼稚園は、預かり保育の時間を通じて、施設や機能を開放するなどその役割を担ってきた。2017（平成29）年の幼稚園教育要領の改訂では、預かり保育について、第1章総則の「第7 教育課程に係る教育時間の終了後等に行う教育活動など」で留意事項が示されている。冒頭には、まず子どもの心身の負担に配慮することが掲げられている。要約すると下記の通りである。

- 園生活全体を通じて子どもの発達を把握すること
- 預かり保育については、教育課程に係る教育時間を含めた全体の計画の中で計画し、実施すること
- 地域の人々との連携などを強化して、チームとして取り組むことを目指すこと
- 子どもの生活体験を豊かにするとともに生活の連続性を実現すること

社会が変化し、家族のあり方や子育て支援のニーズなども多様化する中で、幼稚園における預かり保育には、これまで以上に期待が寄せられている。

② 預かり保育の実施状況

預かり保育が開始された1993（平成5）年には、公私立幼稚園全体の実施率は19.4％程度であった。その後、2005（平成17）年には、公立幼稚園で44.1％、私立幼稚園で86.6％と大幅に増加した。日数も増大し、週6日実施している園が、私立で約23％、公立でも約7％を占めている。また長期休業期間での預かり保育を実施している園が実施園の過半数を占めており、新たな人員確保が必至となり、60％の園が実施しているという現状がある[6]。

預かり時間が長期化していくと、その時間を子どもたちはどのように過ごすのか、預かり保育の活動内容も課題になってくる。国公立・私立幼稚園でともに実施されている割合の高いものは、「自由遊び」や「おやつを食べる」「絵本や紙芝居の読み聞かせ」「戸外活動」「数人で遊ぶ」などがあげられる。

教育課程の時間の後に行われる預かり保育には、指導計画のようなものはそぐわないと思われるが、家庭の中で自然に体験できることが幼稚園でも味わえる環境づくりが求められている。

（2）地域の子育てセンターとしての機能
① 幼稚園における「地域の子育てセンター」としての機能の位置づけ

2017（平成29）年の幼稚園教育要領では、幼稚園を地域における幼児期の教育

センターとして次のように位置づけている。

> 第3章　教育課程に係る教育時間の終了後等に行う教育活動などの留意事項
> 　2　幼稚園の運営に当たっては、子育ての支援のために保護者や地域の人々に機能や施設を開放して、園内体制の整備や関係機関との連携及び協力に配慮しつつ、幼児期の教育に関する相談に応じたり、情報を提供したり、幼児と保護者との登園を受け入れたり、保護者同士の交流の機会を提供したりするなど、幼稚園と家庭が一体となって幼児と関わる取組を進め、地域における幼児期の教育のセンターとしての役割を果たすよう努めるものとする。その際、心理や保健の専門家、地域の子育て経験者等と連携・協働しながら取り組むよう配慮するものとする。
>
> （「幼稚園教育要領」より抜粋）

このように、未就園の子どもを育てる家庭を対象にした子育て支援についても、具体的に明記され、地域の保護者や関係機関と連携・協働することで、より綿密できめ細かな活動ができ、地域の家庭の課題解決に取り組む体制が強化されていくものと期待したい。

②　幼稚園の「地域の子育て支援センター」としての取り組み

現在、保育終了後の園庭開放や、地域の未就園児とその保護者に定期的に施設を開放するなどの事業を通して、教育相談や遊びや文化の発信など、各園の実態に応じてさまざまな取り組みがされている。

また、子育て講座や家庭教育学級の実施など在園児の保護者を対象としていたものを、地域の未就園児を持つ保護者にも広げて充実を図っている園も出てきている。幼稚園は、「地域の子どもを地域で育てる環境づくり」に向けて大きな役割を果たしつつある。

4　子育て支援の実践事例と考察

園ではできない部分を他の専門機関や地域の人たちと協働・連携して、保護者のニーズに応えながら、地域の子育て支援の拠点のあり方を模索している姿を見てみよう。

1　保育所の事例

K保育園では子育て支援事業の一環として、月に1回、地域の未就園児の親子を対象に「にこにこ広場」を実施している。「にこにこ広場」に通う子どもは、家庭で保育されている1・2歳児である。

「楽しさを共有する」「友だちをつくる」「自分の子育てを見つめる」の3点を目標にして、園舎・園庭の開放をして、安心して遊べる場の提供をすると同時に

さまざまな交流活動を試みている。

在園児の日常的な遊びが間近に見える園内で、こうした事業を実施することは、「わが子とどのように接したらよいのかわからない」という保護者にとってよい勉強になる。子育て支援の場は、「保護者がいきいきと子どもとかかわることができる場」になることが望ましい。そのためには、保護者が今どのようなことで悩んでいるのか、何に苦しんでいるのかなど、実態を踏まえてプログラムを立案する必要がある。気軽に悩みを話せる場の提供も欠かせない。支援者には子育てに対する専門的知識を習得していくことが求められる。さらに、自分たちで支援できない部分は、保健所や児童相談所など他の専門機関と連携して保護者のニーズにどのように応えていけばよいのかを考え、地域の子育て支援の拠点のあり方を模索していくことが大切である。

事例1　地域の子育て支援センター　「にこにこ広場」

|活動内容|

- 在園児との交流（子ども同士の触れ合い・いろいろな遊びの経験）。
- 親同士の交流（子育て不安や悩みの解消など情報交換の場）。
- 保育者との交流（子育てについての具体的情報・悩み相談・遊びのヒントなど）。

|支援者|

　この交流活動には、保育園の職員だけではなく、以下のようにさまざまな地域の人びとの協力を得ている。

- 民生委員・児童委員、主任児童委員による支援（話し相手・悩み相談・楽しい遊びの提供など）。
- 栄養士・保健師による支援（専門的な情報の発信と共有）。
- ボランティア（子育てが終わったベテランママ）による支援（話し相手・子育ての経験者としてのアドバイスなど）。

|1日の流れ|

行事名	にこにこ広場		
期　日 時　間	8月25日（木） 9：30～11：30	場　所	園庭及び遊戯室
ねらい	水遊びを楽しむ。		
時　間	活動内容		配慮する事項など
9：30	○受付をする。 ・受付の後、名札をつけたら遊びの中に自由に入って遊ぶ。 ○なかよし遊び（在園児の子どもと一緒に）をする。		・参加者名簿を用意する。 ・参加される方には、名簿に名前などを記入してもらう。 ・名札に名前を記入して子どもにつけてもらう。

	・石鹸遊び、色水遊び、砂場遊び、シャボン玉遊び　など ・滑り台、トンネル、ボールプール、ブロック　など ○片づけをする。 ・音楽が鳴ったら、片づけることを知らせる。	・おむつ交換用ベッド・授乳用衝立を遊戯室の片隅に設置しておく。 ・片づけていない子に声かけをしていく。 ・次のものを準備する。 　マイク 　ビニールプール（2）
10：00	○みんなで遊ぶ。 ・手遊び『とんとんとんとんひげじいさん』をする。 ・園長先生からお話を聞く。 ・おもちゃをつくる。 　手づくりおもちゃのつくり方の説明を聞く。 　（牛乳パックシャワー・ペットボトルのジョーロなど） ・水着に着替えてプールで遊ぶ。 　（つくったおもちゃで遊ぶ） ・すみれ組（4歳児）のうたを聞く。 　『魚がはねて』	手づくりおもちゃ 　シャボン玉セット 　紙芝居　　　　など ・すみれ組は遊戯室に入ってあいさつをする。参加者にも一緒に踊るように声をかける。 ・おやつの準備をする。
11：15	○おやつ（すいか）を食べる。 ・おやつをみんなで一緒に食べる。	おやつ・紙コップ・お茶（やかん）・雑巾・ごみ袋など ・全員がもらったか確認する。 ・忘れ物はないか確認する。
11：30	○終わりのあいさつをする。	
役　割	カメラ担当（A）　受付…民生委員・児童委員（2名）　進行（B）	

2 幼保連携型認定こども園における子育て支援

（1）子育て支援の義務づけ

　2006（平成18）年に創設された幼保連携型認定こども園では、「就学前の子どもに関する教育、保育等の総合的な提供の推進に関する法律」（通称「認定こども園法」）において、在園児および地域の保護者に対する子育ての支援が義務づけられた。さらに、2017（平成29）年に改訂された幼保連携型認定こども園教育・保育要領では、第1章総則の「第3　幼保連携型認定こども園として特に配慮すべき事項」に保護者に対する子育ての支援が明記され、第4章に子育ての支援が独立した章として示されている。その中で、今後、認定こども園での子育て支援は、子どもの利益を最優先して行い、保護者の自己決定を尊重することと明記されている。また、保護者に支援を提供するだけではなく、園も保護者からの情報や気持ちを受け止めること、相互の信頼関係のもと保護者と園が協力して子どもの育ちを支えていくことと記されている。

（２）在園児・地域の保護者への子育て支援

　園の特色を生かした子育て支援も望まれている。教育・保育及び子育ての支援に関する知識や技術、保育教諭の専門性、園児が常に存在する環境など、認定こども園の特性を生かした支援を行うことが示されている。具体的に実施していくには、例えば、在園児の保護者への支援として、保護者会を就労状況の異なる保護者が参加しやすい日程にする工夫なども考えられる。また、地域の子育ての拠点を意識した環境づくりとして、一時預かりや子育て広場を利用しやすくして地域の保護者への子育て支援を担っていくこと等を考慮していくことが求められていく。いずれにしても、保護者との日常のさまざまな機会を利用しながら、細やかに対応して支えることが必要である。

3　幼稚園の事例

　H幼稚園は、保護者や地域と協働して「子どもの心身の健やかな育ち」を保障していくことを目標にしている。

> **事例2　預かり保育「今度は私たちが支えます」**
>
> 　預かり保育を始めたきっかけは、園外の保育サポートを利用していたAちゃん（4歳女児）との出会いから始まる。Aちゃんは、降園時刻が近づくにつれて「……お家に帰りたい」「……ママがいい」とつぶやき、不安を訴えていた。また、ある保護者は、自分の勤務時間を調整しながら子どもを送迎していたので、常に時間に追われ、疲弊していた。一方、保護者から常に時間を急かされていたので、その子どもたちも保育の余韻を味わうこともできず、親子の気持ちに行き違いが見受けられた。こうした子どもたちや保護者の実態を前にして、保育者たちの間で「預かり保育が急務」であるという気運が高まっていったという経緯がある。
>
> 　幸い、H幼稚園には、未就園児向けの親子教室や、在園児向けの家庭教育学級での遊びの支援や託児をしてもらう「子育て応援ボランティア」の存在があった。そこでPTA執行部が中心となって、「預かり保育」の趣旨を地域に伝えたところ、数人から協力の申し出があり、園との協働でこの活動が始まった。
>
> 　「子育て応援ボランティア」は、ほとんどが卒園児の保護者で、しかも有資格者であり、「自分の子どもの手がかからなくなったから、今度は私たちが子育てを応援しますよ」と、預かり保育を交代で支援してくれることになった。「今度は私たちが支えます」という温かい言葉に、職員も在園児の保護者も、心から励まされた。このような経緯があり、「預かり保育」は、保育終了後から16時まで幼稚園の保育室で実施されている。

> **主な保育内容**
> ・異年齢児との交流。
> ・通常保育ではあまり経験できない遊び
> 　（1対1で行うゲームやパズルなど）。
> ・その日の保育につながりのある遊び
> 　（泥団子づくり）。
> ・鉄棒や雲梯など固定遊具への挑戦など。
> 　家庭的な雰囲気を心がけ、ほかの園児たちが、
> 降園してから、家庭で過ごす生活になるべく近づけるようにしている。また、支援者と園長・担任とは密に連携を図り、子どもの実態に応じたかかわりが持てるよう配慮している。利用者は、通年利用のケースは数名だが、小学校の授業参観や通院や冠婚葬祭など一時的な利用を含めると延べ220名になる。

預かり保育の一例

　事例のAちゃんは、以前は園外で実施されているいろいろな託児援助を受けていたが、なかなか慣れることができず、降園することを泣いて嫌がった。しかし、この預かり保育を受けるようになってからは、Aちゃんは自分の慣れ親しんでいる園で保護者の帰りを待っていられるようになり、落ち着きをみせるようになった。また、同じように預かり保育を受けていた年下のBちゃん（3歳女児）とかかわるようになったことで、いたわりの気持ちが芽生え、友だちにもやさしい気持ちを表せるようになってきた。

　一方、「預かり保育」の支援者の中には、「久しぶりに子どもと接して、自分が子育てをしていたころを思い出してやさしい気持ちになり、大学生になったわが子にも声をかけることが多くなった」など、自分自身の変化を語る人もいた。支援者が、自分の子育ての経験を生かし、心に余裕を持って接することは、子どもにはもちろん保護者にもとても良い影響を与える。利用している保護者から、「安心して預けていられるので、気持ちに余裕が持てるようになった」「子どもも楽しみにしていることがうれしい」などといった手紙が寄せられているという。

　これらの事例は、これからの子ども・子育て支援のあり方を示唆しているのではないだろうか。子育て支援は、保護者が子育てについての第一義的責任を果たすという基本的認識は変えてはいけないが、子どもの最善の利益は最優先されなければならない。そのために、人と人とのゆるやかなつながり・協働をめざす社会連帯が、さまざまな形で充実していくことを期待したい。

【引用文献】
1）内閣府『平成28年版 少子化社会対策白書』2017年　p.21
2）森上史朗・柏女霊峰編『保育用語辞典［第5版］』2009年　p.338
3）原田正文『子育ての変貌と次世代育成支援』名古屋大学出版会　2006年　p.296
4）柏女霊峰・橋本真紀『保育者の保護者支援』フレーベル館　2008年　p.35
5）無藤隆『これからの幼児教育 2017年度春号』ベネッセ教育総合研究所　2017年　p.9
6）文部科学省ホームページ「預かり保育実施状況」

【参考文献】
柏女霊峰『子育て支援と保育者の役割』フレーベル館　2005年
原田正文『子育ての変貌と次世代育成支援』名古屋大学出版会　2007年
日本女性学習財団『子育て支援者養成ガイド』2003年
加藤邦子・飯長喜一郎編著『子育て世代、応援します！』ぎょうせい　2006年
大日向雅美・荘厳舜哉編『子育ての環境学』大修館書店　2005年
内閣府・文部科学省・厚生労働省『平成29年告示 幼稚園教育要領 保育所保育指針 幼保連携型認定こども園教育・保育要領 原本』チャイルド社　2017年
内閣府・文部科学省・厚生労働省『幼保連携型認定こども園教育・保育要領解説』フレーベル館　2015年
柏女霊峰『これからの子ども・子育て支援を考える』ミネルヴァ書房　2017年
無藤隆・汐見稔幸・砂上史子『ここがポイント！　3法令ガイドブック―新しい「幼稚園教育要領」「保育所保育指針」「幼保連携型認定こども園教育・保育要領」の理解のために―』フレーベル館　2017年

第11章 地域に開かれた保育所・幼稚園等を創造する保育内容

学習のポイント

- 乳幼児の発達にとって、地域社会がどのような意味を持っているか理解しよう。
- 保育所・幼稚園等において、地域の自然環境や人材などを保育にどのように生かしていけばよいかについて考えよう。

1 乳幼児の発達と地域社会のかかわり

1 子どもの育ちの変化と地域の教育力の低下

　2005（平成17）年に出された文部科学省の中央教育審議会答申「子どもを取り巻く環境の変化を踏まえた今後の幼児教育の在り方について」[1]では、昔と比べて子どもの育ちがさまざまな点で変化してきたこと、そしてその背景の一つに、地域の教育力の低下があるとして次のような指摘をしている。

　子どもの育ちの変化としては、基本的な生活習慣や態度、他者とのかかわり方、自制心や耐性、規範意識、運動能力などの面で昔と比べて十分に身についていない、また、学びに対する意欲や関心が低い。

　このような子どもの育ちの変化の背景には、すでに第1章などで述べたように、少子化、核家族化、都市化、情報化などの経済社会の変化によって、人びとの価値観や生活様式が多様化していると同時に、地域における地縁的なつながりの希薄化など人間関係の変化がある。このような社会状況が、地域社会などにおける子どもの育ちをめぐる環境や家庭での子育て環境を変化させている。その中でも、特に「地域の教育力の低下」が顕著であると指摘する。

　かつての地域社会では子どもが自然環境や人びととのかかわりの中で、豊かな体験の機会を得ていろいろなことを育んでいった。しかし、今日では地域社会において子どもの発達につながるさまざまな体験が得られにくくなってしまったという意味で、地域の教育力は大きく低下している。

2 乳幼児の発達と地域社会

（1）乳幼児の発達にとって地域社会とは

　乳幼児期の子どもの発達にとって、地域社会はどのような意味を持っているのであろうか。先の答申では、「地域社会は、様々な人々との交流や身近な自然との触れ合いを通して豊かな体験が得られる場」であるとしているが、どのような体験が子どもの成長・発達にどのような影響を及ぼすのであろうか。ここでは、「地域の自然環境」と「地域の人びと」に焦点をあてて、順に見ていこう。

（2）乳幼児の発達と地域の自然環境とのかかわり

　かつては、たいていどこの地域にも、子どもの生活する身近なところには山、川、田んぼ、畑、草むら、雑木林などの自然環境が豊富に存在し、子どもたちはそこであらゆることを体験できた。豊かな自然環境には、さまざまな動植物との出会いや発見があり、季節ごとの様子やその移り変わりなど自然事象への気づきがある。開放感のある空間でのびのびと体を動かし、自分の自由な発想をどこまでも膨らませながら思い思いに遊びを展開するなど、多くのことを体験することで、心身の両面でさまざまな力が育まれる機会と可能性がある。

　気づきや発見には驚きや喜びなどの感動が伴う。子どもたちは、山や木の大きさに驚いたり、草花や川の水の美しさに魅了されたり、虫や動物の形や動きや鳴き声におもしろさや奇妙さを感じたりと、心が揺り動かされることを実感する。このように心が動かされるところから、「もっと見てみたい」「触ってみたい」「なぜだろう」といった好奇心や探究心につながり、さらなる活動への意欲も自然に湧いてくる。また、動植物に触れるなかで生命の不思議さや尊さに気づくこともある。自然が豊富な環境では、子どもは無限に広がる生き物や事象の変化に出会えるため、それぞれの子どもなりの興味・関心から活動を展開し、発見したり、感動を覚えたりするのである。また、その感動を保育者や友だちなど他人に伝えたり、共感し合ったりすることで、人とかかわる力、表現する力、共感性などを養うことにもつながる。

　最近の子どもたちは、五感[*1]を働かせ体全体を使う直接体験よりもテレビゲームなどバーチャルな体験をする機会が多い。子どものころからそのような生活を続けていると、五感が鈍り、感性が育まれにくくなるといった指摘もある。感性が低いと、感じたことから対象を知的に認識したり、自分が感じたことを何かの形で表現したいとか、しようという意欲や行為にも発展していかない。

　このように、子どもは自然と触れ合う中でさまざまなことを体験できるのであるが、1970（昭和45）年以降急激に都市化が進行する中で、地域差はあるが、道路や建物などが次々と建設され、自然環境は次第に失われ、子どもが身近なとこ

*1　視覚、嗅覚、聴覚、味覚、触覚の五感覚をいう。ちなみに、五官は目、鼻、耳、舌、皮膚といった、五つの感覚器官のこと。

ろで自然に触れる機会がずいぶん減ってしまったのである。

（3）乳幼児の発達と地域の人びととのかかわり

地域社会は子どもにとってさまざまな人と触れ合える場である。近隣の中で、子どもは老若男女の違い、職業の違い、考え方の違いなどを持ついろいろな人びととの直接的な交流を通して、人に対する信頼感情を抱くと同時に、豊かな体験を得て、多くのことを育んでいくのである。

かつての地域社会では、世代を超えた人同士の交流が多くあった。子どもは近所のおじさん、おばさんや高齢者とかかわる機会も多く、あいさつを交わしたり、やさしく声をかけてもらったり、ときには叱られたりもしながら、日常的に地域の大人たちに見守られながら生活をしていた。そのような中で、幼いときから保護者や保育所・幼稚園等の保育者以外の大人とのかかわり方を自然に身につけていき、人とかかわることの温かさや安心を感じることができる。

運動能力や言葉が発達するにつれて、近所の友だちともつきあえるようになる。異年齢の子ども集団では、互いに遊び方や生活の知恵を学び合うとともに人間関係も学べる。年下の子どもは、年上の子どもたちと一緒に遊んだりする中で、その姿を通して自然に学ぶことが多い。年上の子どもにとっても、年下の子どもとかかわることは、リーダーシップ、責任感、思いやりなどを培う機会となる。

しかし、都市化や核家族化などの進行により、地域における人間関係は希薄化する傾向にあり、さらに少子化で子どもの数が減り、子どもが年齢や世代を超えて人びとと触れ合う機会は極端に少なくなっているのが現状である。

3 保育所・幼稚園等に期待される地域資源の活用

先に見たように、時代とともに地域社会のあり方が変容したことで、子どもが地域で豊かな体験を得る機会が減ってしまった。特に最近は、社会全体の治安上の問題もあり、子どもだけで外で自由に活動させることに不安が伴う世の中である。このような時代状況の中、保育所・幼稚園等が、地域に「開かれた園」として、地域の自然環境や人材などの資源を活用し、子どもたちに豊かな体験の機会を保障していくことはたいへん重要である。2017（平成29）年3月に告示された保育所保育指針や幼稚園教育要領でも、保育所や幼稚園が、家庭だけでなく地域社会と連携を図りつつ、地域の資源を積極的に活用し、保育を展開していくことを求める記述が見られる。

> 4．保育の実施に関して留意すべき事項
> （3） 家庭及び地域社会との連携
>   子どもの生活の連続性を踏まえ、家庭及び地域社会と連携して保育が展開されるよう配慮すること。その際、家庭や地域の機関及び団体の協力を得て、地域の自然、高齢者や異年齢の子ども等を含む人材、行事、施設等の資源を積極的に活用し、豊かな生活体験をはじめ保育内容の充実が図られるよう配慮すること。
>
> （「保育所保育指針 第2章保育の内容」より抜粋）

> 第6 幼稚園運営上の留意事項
> 2 幼児の生活は、家庭を基盤として地域社会を通じて次第に広がりをもつものであることに留意し、家庭との連携を十分に図るなど、幼稚園における生活が家庭や地域社会と連続性を保ちつつ展開されるようにするものとする。その際、地域の自然、高齢者や異年齢の子供などを含む人材、行事や公共施設などの地域の資源を積極的に活用し、幼児が豊かな生活体験を得られるように工夫するものとする（後略）。
>
> （「幼稚園教育要領 第1章総則」より抜粋）

　以上のように、各園で保育を展開していく際には、子どもが地域の自然や人びとと触れ合う機会を持つことで「豊かな生活体験」が得られるよう保育内容を工夫することが求められている。

2 地域の自然環境を生かす保育内容

1 地域の自然環境を保育に生かす

　保育所・幼稚園等では、どのようにして地域の自然環境を保育に活用していけばよいのだろうか。

　例えば、子どもたちを近くの公園に連れて行くことがよくある。公園の規模は大小さまざまであるが、特に都市部など自然環境が少ない地域では、公園は自然と触れ合える有効な場所である。子どもにとって経路が安全で無理のない距離であれば、徒歩で公園まで行くことで、行き帰りの道中でもさまざまなものや人に触れる機会が持てる。また、近くに公園がない場合など、自然に囲まれた場所にある宿泊施設に出かけて、豊かな自然の中で野外活動や生活体験をする機会をつくっている園もある。

　自然が豊富にある地域の場合、山、川、森、林、草原などがあれば、そこを活用することもできる。例えば山のふもとに建てられた年長児のみを預かっている幼稚園では、園庭からそのまま地続きで山の敷地に入ることができ、普段は子どもが勝手に出入りができないように柵で仕切られているが、保育者の目の届く範囲

畑でイモ掘り体験をした子どもたち

内で、子どもたちは思い思いに自由に遊んだり、みんなで集団遊びをしたりして活用されている。

近くに田畑や果樹園などがある地域では、田植えや野菜・果物の栽培や収穫作業を体験させてもらうこともある。秋にイモ掘りを行っている園がよくあるが、畑を所有していない園では、近所の畑の一角を借りて、春に種イモを植え、その後の成長ぶりを途中で見に行く機会を持ったりしながら、秋になると成長したイモを自分たちで収穫できる。

また、神社や寺は自然に囲まれた環境に建てられていることが多く、園の近くにある場合は、絶好の園外保育の場となる。境内にはたいてい木々が生い茂っており、夏場でも炎天下にさらされることなく木陰で活動ができ、秋には紅葉やドングリなど木の実拾いができて、子どもにとって好都合な遊び場となる。

自然環境の豊かさには地域差があるが、たとえ小さな公園でも、子どもにとっては普段の生活の中ではなかなか得られないいきいきとした体験ができる場となる。保育者は対象児の発達の状況を踏まえつつ、地域の自然環境に目を向け積極的に活用していきたいものである。

2 地域の自然環境を生かした事例と考察

事例1　地域のブドウ園でブドウ狩り体験

M保育園のある園児の両親はブドウ園を営んでいる。その園児の保護者からの提案があり、秋に園外保育としてブドウ狩りをさせてもらうことになった。ブドウ園はM保育園から徒歩5分くらいの所に位置しているため、全園児が歩いてブドウ園に向かうことにした。

ブドウ園に到着すると、まず年長児、年中児たちは、ブドウ園のおじさんやおばさんなど大人に教えてもらいながら、つるに実っているブドウを自分たちではさみを使って切って採ることを体験した。なかなかうまく切れずにてこずっている子もいたが、大人に手伝ってもらいながら切ることができ、採れたブドウを手に持ってうれしそうに眺めたり「見て見てー」と言って友だちや保育者に得意そうに見せていた。

その間、年齢の低い乳児や年少児たちは、ブドウ狩りをしている大きい子どもたちとは離れた場所で、自由に遊んでいる。さまざまな虫や草花などに興味を示し、触ったり驚きや喜びの声をあげたり、地面が土ででこぼこしている感覚をおもしろがって歩いたり走ったりするなど、どの子どもも普段とは違う環境の中でいろいろな自然のものに触れて、保育者や友だちとのやり取りを楽しんでいる様子であった。

子どもたちはブドウを採るなどして、ひとしきり遊んだ後で、ブドウがたくさんつるに実って垂れ下がっている棚の下で、園から持参してきたビニールシート

> の上に座り、採れたてのブドウをみんなで食べた。
> このブドウ狩りをきっかけにして、事前にブドウ園を営む園児の保護者に了解を得ておけば、ブドウ園で遊ばせてもらえることになり、主にクラス単位や学年単位で出向くことが多くなった。ブドウ園は緩やかな山の斜面につくられており、ブドウ棚が段々畑のように斜面に整然と広がっている。子どもたちは斜面を登ったり降りたり、ブドウ園の中を歩き回り、走り回り、虫や草花で遊んだりして、自然との多様なかかわりを楽しんでいる。たとえ走って転んでも、ほとんどの子は泣くことはなく、すぐに立ち上がってまた自分の興味に任せて動き始める。また、山頂からは自分たちの保育所を眺められるので、保育所に向かって手を振ったり、そこに保育者を見つけると「せんせ～！」と大きな声で叫んでみたりする。ブドウ園から保育所に帰って来ると、その叫んだ園児が手を振った相手の保育者に向かって、「せんせい、手ふったのになんで気づかんかった？」と声をかけている。

　この事例は、山に整備されたブドウ園と、そこに生息する植物や虫など多様な自然の生き物に子どもたちが触れることによって、保育所内の囲われた普段の環境や活動では得られない豊かな体験ができたことを物語っている。

　ブドウ園の広さや園からの距離や経路の状態から、乳児も含め全園児で歩いて行くことが可能であると判断し、計画、準備を進めた。ブドウ園に着いてからの活動についても子どもの発達状況によって配慮した。年長、年中児は日ごろの保育所生活の中で、すでにはさみを使用していたので、自分でブドウをつるから切り取る作業を体験した。そのとき、普段目にする店で売られているブドウとは様子が異なり、木になっているブドウの姿を見て、驚きやおもしろさを感じたであろう。また、子どもたちは草木や土といったやわらかな自然の素材に囲まれた中で、のびのびと思い思いの活動をしている様子がうかがえる。転んでも泣かないのは、地面が衝撃の少ない土や草であり、また、転んだショックや痛さよりも楽しい気持ちが上回っているからであろう。

　自然の中にあるものを、目で見て、耳で聞いて、においを嗅いで、また触って感じるなど、まさに五感で感じ取りながら、その刺激に対して子どもはさらに働きかけ返すのである。自然からの刺激に内側からの強い興味や好奇心がそそられ、自発的な活動がどんどん展開していくのであろう。

　このブドウ園は、たまたま園児の家族が営んでいたことから、ブドウ狩りの機会と日常的な遊び場としても使わせてもらえることになった。日ごろからこのように保護者と園の保育者との間での信頼関係が築かれていたことが、ブドウ園を活用させてもらえることにつながったといえよう。

3 地域の人的教育力を生かす保育内容

1 地域の人的教育力を保育に生かす

　保育所や幼稚園等では、散歩などで園外に出かけた時に、さまざまな地域の人と出会う。また、外から招いてそこで新しい人との交流の機会を持つこともある。

異年齢の子どもや高齢者と触れ合う幼児

　例えば、保育所ではおやつなどを買いに、子どもたちを連れて近所のお店に出かけることがある。子どもがお店の人と顔見知りになって、別の機会に保護者と買い物に行ったときなど、店の人が顔を覚えていてくれて声をかけてもらったりするとうれしいし、その地域に親しみを感じるようになる。

　また、地域にある消防署や警察署・交番など地域の安全を守る仕事をしている人や施設を訪れたり、園に招いたりして、地域で働く人の姿に触れる機会をつくったりもすることもよく行われる。

　最近は、核家族化や少子化の進行もあって、乳幼児が高齢者や年齢の離れた子どもとかかわる機会が減っている。そこで、地域の高齢者施設を訪れたり、近所の高齢者を園に招いて話をしてもらったり、伝承遊びを教えてもらうこともある。また、年齢の離れた子どもとの交流では、地域の学校と連携して中学生・高校生と触れ合う機会を持ったりする園も増えている。さらに、障がいのある人と触れる機会もなかなかないため、障がい者施設と連携し、交流する機会をつくることもある。そのほかにも、何か特技を持っている大人や、ボランティア活動に携わっている人、ときには外国から来ている人を園に招いて、子どもが交流できる機会を持つこともある。

　保育の中に、地域の施設やさまざまな人たちと子どもが触れ合う機会を取り入れることで、子どもの体験を豊かにしていくことができる。したがって、園では行事なども利用しながら、地域の多様な人たちとの直接的な触れ合いを積極的に子どもたちに体験させていくことが求められる。

2 地域の人的教育力を生かした事例と考察

事例2　園児の母親のクリスマス会でのバイオリン演奏

　B保育園で12月の行事のクリスマス会を企画していたところ、一人の園児の母親がバイオリンが得意であることがわかった。そこでクリスマス会でバイオリンの演奏をしてもらえないかとお願いをしてみたところ、快諾してくれた。さらに、偶然この園の保育者の中にコントラバスを弾ける人がいたため、別の保育者がピアノを担当して、バイオリン、コントラバス、ピアノでのミニコンサートをクリスマス会の催しとして企画することになった。

　演奏曲には、子どもたちが知っているクリスマスソングや、人気のあるアニメソングなど、子どもたちになじみがあり、喜んで聴けるものを選んだ。演奏担当の保育者とバイオリンを弾く母親は事前に打ち合わせをし、当日までに準備をした。本番の日、子どもたちの目の前に珍しい楽器が登場すると、みんな興味を示し「あれなにー」などと声を出す子もいた。演奏が始まると、聴いたことのある曲だと気づいた子どもたちは、一緒に歌ったり、音楽に合わせて体を揺らしたり、見たことのない楽器に興味をひかれ立ち上がってじっと見つめていたり、近くに寄っていく子もいたりした。

　演奏が終わってから、やってみたいと思う何人かの子どもたちがバイオリンに直接触れられる機会を設けた。バイオリンを弾いた母親が、園児の後ろからその子の手に自分の手を添えて、一緒にバイオリンを弾いてくれるので、園児はまるで自分がうまく曲を弾いているような気分になれて、とてもうれしそうな表情をしていた。また、それを見て他の多くの園児たちもやりたがり、立ち上がって順番待ちをしていた。

事例3　高校生による和太鼓パフォーマンス

　Y保育園では、12月に園の近くにある高校の和太鼓部の生徒たちに来てもらい、全園児を対象に、その高校生による横笛と和太鼓のパフォーマンスを観賞する機会を設けている。演奏する高校生は20人ほどで、何人かが横笛でメロディーを奏で、それに合わせて大小さまざまな大きさの太鼓をたたく勢いあるパフォーマンスを披露し、子どもたちは集中して見入っていた。いくつかの演目が終わり、年長児たちが和太鼓に直接触れる機会が設けられた。大きい太鼓、小さい太鼓、一つひとつの太鼓に高校生が1・2名ずつついていて、年長児たちは高校生のお兄さんやお姉さんに教えてもらいながら、ばちを持って太鼓をたたかせてもらった。

　年長組のMちゃんは、高校生が演奏している最中に、太鼓をたたいているほうを指さしながら「あれ、簡単そうにみえるー」と近くにいた保育者に言っていた。和太鼓の演奏は、単にたたけばいいだけでそんなに大したことではないといったような言いっぷりであった。年長児が太鼓に直接触れる時間がやってきたので、保育者が「Mちゃんもやってきてごらん」と言うと、Mちゃんは前に出て行った。太鼓を実際にたたいてみて、かなりうれしそうな表情になった。そして、ニコニコしながら「楽しかったー」と言って、保育者の所へ満足そうに走り寄ってきた。

2つの事例は、日ごろはなかなか直接見ることができない珍しいものと触れる機会を、地域の人たちの協力を得て実現した例である。前者の事例は、園児の母親の特技を生かしてクリスマス会の行事に企画を加えた。クリスマス会は毎年行っている行事であるが、地域の人材を生かして一工夫を加えることで、子どもたちは普段の生活では得られない体験ができた。

後者の事例は、近所の学校の高校生に来てもらい、やはり目新しいものに触れるとともに、年齢の離れたお兄さん、お姉さんと触れ合う機会になっている。高校生たちにとっても、自分とかなり年齢の離れた乳幼児とかかわる機会は珍しく、貴重な体験となる。子どもは新しいものと出会ったとき、新鮮な驚きやおもしろさを実感し、これらの事例のように、実際に触って体験してみることで、より大きな喜びや得意な気分などを味わうことができる。

> **事例4　地域の高齢者との交流**
>
> K幼稚園では、地域の老人会と連携して、子どもと高齢者との交流の機会を年に何回か実施している。毎年秋には、年長児が春に畑に植えて育てたサツマイモを自分たちで収穫をした後、「やきいも会」の行事で、老人会の人たちに園に来てもらって、たき火をおこしてイモを焼いてもらい、全園児と老人会の人たちと一緒に焼きイモを食べるという機会を設けている。
>
> また、毎年2月ごろに地域の老人会の人たちを園に招いて、年長児を対象にお手玉やあやとり、布ボールなど昔の遊びを子どもたちに教えてもらい、一緒に遊びを楽しむ機会を設けている。

遊びを教えてもらう行事では、老人会の人たちが用意してくれる遊びが、子どもの発達の状態に対応しているかを考えて、年長児のみを対象とした。遊びの内容が子どもにとって難しすぎたりやさしすぎたりすると、子どもが途中で嫌になって活動が展開していかないことも考えられるからである。また、子どもと高齢者との間でなるべく言葉でコミュニケーションがとれるほうが、行事が全体としてスムーズに進むことを考慮して、年長児のみを対象としていた。

高齢者とかかわる機会がほとんどない子どもにとっては、触れ合う経験をすることで、高齢者に対する理解を深め、いたわりや思いやりの気持ちを持てるようになったり、また、遊びや生活の知恵を教えてもらうことで親しみや尊敬を覚えたりすることもあろう。一方、高齢者にとっても、昔と比べて幼い子どもと触れ合う機会がなかったり少なかったりするケースが増えているため、保育所・幼稚園等という場を介して子どもたちとかかわることは、楽しみであったり、子どもから元気をもらったり、張り合いや喜びを感じられることにもつながるであろう。

4 まとめと課題

1 地域と連携して保育を行う際の留意点と課題

　今日においては、いろいろな事情から、昔のように放っておいても自然に子どもたちが地域の中でさまざまな体験を得られる状況ではなくなってきている。そこで、保育所・幼稚園等には、もともと地域社会が持っていた子どもの発達にとって有効な機能を十分理解したうえで、それを保育に積極的に活用していくことが求められる。

　本章では、地域社会の中でも、とりわけ「地域の自然環境」と「地域の人的教育力」をいかに保育実践に活用していくかについて見てきた。最後に、このように保育所・幼稚園等が地域社会と連携しながら保育を展開していくうえでの留意点や課題について触れておきたい。

2 子どもの視点に立つこと

　地域の自然、人、施設、行事など地域資源を保育に生かそうとする際に、その活動が子どもの興味・関心や発達状況にかなったものであるか、その活動で子どもはどのような体験が得られ、何を育むことにつながっていくのかなどについて、十分に検討し押さえておくことが重要である。

　何か珍しい活動をすれば、子どもたちが有意義な体験を得られるとは限らない。保育者をはじめ保護者や地域の人など大人の目には、たとえ大々的で立派に見える行事であっても、子ども自身が充実感を味わい、その発達に寄与するものが期待できなければ、実践する意味がないといっても過言ではない。

3 綿密な計画・準備と柔軟な実践

　地域資源を活用した保育を実施するにあたっては、年間の保育の流れの中でどの時期に設定するのが適切であるか、また、日常の保育の流れと切り離された活動にならないために、具体的にどのように展開させたらよいかについて、綿密に計画を立てることが必要である。

　園外に出向く場合や園に招く場合、いずれにしても協力をしていただく人や施設などと事前に綿密打ち合わせを行い、準備を進める必要がある。特に園外に子どもを連れて行く場合は、保育者が事前に現地に足を運び、例えば園児がトイレに行きたくなったときはどうするか、そこで活動が無理なく行えるかどうかな

ど現地の状況を実際に確認しておくことも忘れてはならない。

4 安全面への配慮

　園外に出向く場合は、子どもの安全面への十分な配慮を持って計画・実施する必要がある。行き帰りの経路における交通安全面などへの配慮とともに、利用する場所や施設の状況について、子どもの目線で危険がないかを十分に確認しておくことを忘れてはならない。外部から園に人を招いて活動を実施する場合は、普段子どもの安全面に配慮して園内に配置されている設備や道具以外のものが持ち込まれたり、園内設備の配置を変えたりすることがある。安全面に関しては、複数の保育者が共通して細かい点まで注意を払うことが重要である。

5 地域との信頼関係

　地域の資源を生かした活動を実現するには、園の周辺地域にはどのような人がいて、どんな環境があるのかについて知っておく必要がある。その際、保護者や地域の人からの情報によって知る場合も多い。そのためには、日ごろから保護者や地域の人とのつながりを大切にし、信頼関係を築いていることが、情報提供や実際の協力を快く得られることにもつながっていくと思われる。もちろん信頼関係を築くには、子どもたちの成長と幸福を願って一生懸命に保育を行っている日常の保育者の姿がなにより大切であることは言うまでもない。

【引用文献】
1）文部科学省ホームページ：中央教育審議会答申「子どもを取り巻く環境の変化を踏まえた今後の幼児教育の在り方について―子どもの最善の利益のために幼児教育を考える―」文部科学省　2005年（http://www.mext.go.jp/b_menu/shingi/chukyo/chukyo0/toshin/0501302.html）

【参考文献】
　林信二郎・岡崎友典『幼児の教育と保育―指導することと見守ること―』放送大学教育振興会　2004年
　榎沢良彦・入江礼子編著『シードブック　保育内容　環境』建帛社　2006年
　柴崎正行・森上史朗『新訂幼児教育法シリーズ　身近な環境とのかかわりに関する領域　環境』東京書籍　2000年
　西頭三雄児・久世妙子・小澤文雄編著『保育内容「人間関係」を学ぶ』福村出版　2000年
　小田豊・神長美津子編『保育ライブラリ　保育の内容・方法を知る指導計画法』北大路書房　2003年
　文部科学省『幼稚園教育要領』フレーベル館　2017年
　厚生労働省『保育所保育指針』フレーベル館　2017年

第12章 わが国における保育内容の変遷

学習のポイント
- わが国の保育内容の歴史的な流れを知ろう。
- 保育内容はどのように考えられ、どのように変化したのかを理解しよう。

1 戦前の保育内容

1 明治前期の保育内容

（1）幼稚園の始まり

　わが国で最初の幼稚園は、1876（明治9）年に創設された東京女子師範学校附属幼稚園（現・お茶の水女子大学附属幼稚園）である。幼稚園が開設されると同時に幼稚園規則が制定され、保育科目のほかに時間表も定められた。幼稚園規則は十二条からなり、第一条に目的が述べられている。この幼稚園規則は、幼稚園のあり方の大綱を決めたもので、以後開設された幼稚園の規範として利用された。しかしこのとき、保育内容としての国の基準はなく、恩物[*1]（図12-1・12-2）という遊具を使った保育が展開された。

[*1] ドイツの教育者で、世界で最初の幼稚園の創始者であるフレーベル（Fröbel, F. W. A. 1782～1852年）は、子どもの教育のために考案した遊具を神から子どもたちへの「贈り物」であるという気持ちから"Gabe"（英gifts）と呼んだ。関信三はこれを「恩物」（父母からの恩賜物）と訳したので、以後「恩物」という呼び名が定着した。

図12-1　フレーベルの第一恩物

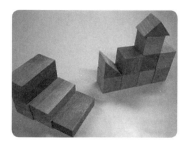

図12-2　フレーベルの第四恩物（左）と第五恩物（右）

第12章　わが国における保育内容の変遷

（2）東京女子師範学校附属幼稚園規則に見られる保育内容の構成

「第一物品科　日用ノ器物即チ椅子机或ハ花蝶牛馬等ノ名目ヲ示メス

第二美麗科　美麗トシ好愛スルモノ即チ彩色等ヲ示メス

第三知識科　観玩ニ由テ知識ヲ開ク即チ立方体ハ幾箇ノ端線平面幾箇ノ角ヨリ成リ其形ハ如何ナル等ヲ示メス」*2

＊2　文部省第五年報第一冊　p.390

　創設期の保育科目は以上のように、「物品科」「美麗科」「知識科」とに分かれ、その中に「五彩球ノ遊ヒ」など、フレーベルの恩物としての「二十遊嬉」が含まれていた。そして日々の保育は、「保育時間表」に従って展開されていた。このように、午前と午後の2回に分けて恩物の時間が設定されており、恩物中心の保育内容であったことがうかがえる。子どもは、碁盤のように正方形が描かれた机に座って、保育者の指示通りに恩物を扱っていたのである。

　次に、そのほかの保育内容を概観してみると、例えば、幼稚園で子どもたちが歌うのにふさわしい歌がなかった明治初期において、豊田芙雄*3ら創設期の保育者は外国の歌詞を翻訳したり、自ら創作して子ども向きの唱歌をつくることに努力していた（図12−3・12−4）。しかし、歌詞・メロディともに子どもにとっては難解で実践に取り入れるには、まだなお理論的実践的な努力が必要であった。図12−3は「家鳩（いえはと）」の楽譜である。そして図12−4は、「家鳩」を歌いながら輪になって遊戯をしている様子である。

＊3　豊田芙雄（1845〜1941年）は、わが国最初の保母として東京女子師範学校附属幼稚園の創設期の保育に携わる。1879（明治12）年に開設した「鹿児島幼稚園」の開設準備や保育者養成などにも力を尽くした。

家　鳩（中村道子氏の採譜による）

図12−3　唱歌

図12−4　唱歌遊戯

出典　文部省『幼稚園教育百年史』ひかりのくに　1979年（絶版）

2 明治後期の保育内容

(1) 2つの幼稚園批判

　明治後期になり幼稚園が普及するに従って、幼稚園の是非や保育内容・保育者の資質や養成課程などに対してさまざまな議論や批判が展開された。これらの批判は大きく分けると「幼稚園不必要論」と「有害論」[*4]に類型化される。前者は社会における幼稚園の位置づけにかかわるものであり、後者は保育内容・方法にかかわるものである。

　これらの批判に対して、小学校教育への効果も視野に入れながら、幼稚園を組織的・系統的教育を行う第1段階として考えようとする主張が出てきた。そして、そのためには保育者主導の恩物中心の保育から、子どもの自己活動を重視する保育内容への転換を図ることが求められた。

(2) 幼稚園保育及設備規程の制定

　1899（明治32）年になり、幼稚園の保育を一定水準に保つための詳細な法規定が設けられた。これが幼稚園に関する最初の法令、幼稚園保育及設備規程である。この規定は、附則も加えて九条から成り立っているが、ここでは保育内容の項目が示されている「第六条」を紹介する。

「第六条　幼児保育ノ項目ハ遊嬉、唱歌、談話及手技トシ左ノ緒項ニ依ルヘシ」

　従来、保育内容は恩物中心に偏り、いくつかの恩物をそれぞれ独立したものとして取り扱っていたのに対して、この規程ではそれらを一括して手技とし、「遊嬉・唱歌・談話・手技」を保育4項目とした。この保育4項目は、1926（大正15）年の「幼稚園令」で「観察」を加えて保育5項目となり、1947（昭和22）年まで保育内容として継承された。

　この規程の保育内容で注目されることとして、次のことが指摘できる。

①保育内容をわずか4項目にまとめた、②遊嬉を最初の項目とすることで、保育における遊びの重要性を示唆した、③恩物を手技としたことで、これまで恩物中心の保育に偏りがちであった保育内容の再考を促し、恩物に対する保育者の姿勢に転機を与えるきっかけとなった、④初期の幼稚園で保育内容として取り入れられていた読み方や書き方を、保育項目に入れなかった。

　これまでのように時間割による恩物を中心とした保育内容の提示は姿を消し、代わって年齢に応じた保育内容が、保育事項ごとに示されるようになった。

(3) 新しい保育をめざして　－保育4項目－

　保育内容の転換点ともいえる明治後期にフレーベル教育理論の本質を探究し、新しい保育論を提示したのは、1900（明治33）年に東京女子高等師範学校助教授で同校附属幼稚園批評係に任命された東基吉[*5]であった。東が著した『幼稚園保育法』から、保育4項目を見てみよう。

[*4]「幼稚園不必要論」とは、子育ては母の天職で、家庭において母が責任を持って育てるのが当然であり、幼稚園に入園させて集団保育を行うのは自然に反する教育法であるから、幼稚園は必要ないという説である。
「有害論」とは、恩物中心の保育とそれに固執する保育者に対する批判とともに、幼稚園出身児は注意散漫であったり、まじめに授業を受けない傾向が見られるなど幼稚園教育の効果に対する批判である。

[*5] 東基吉（1872～1958年）は、「近代教育に基礎を置く全教育体系の最初の一環」として幼稚園をとらえ、幼稚園研究とその改善を目的に、自己活動としての遊技を中心とした幼児教育の提唱と推進など、在任した8年間においてさまざまな啓蒙活動を展開した。著作として『幼稚園保育法』（1904年）、『女子教科実践教育学』（1905年）、『育児日誌』（1906年）、『子どもの楽園』（1907年）、『保育法教科書』（1910年）などがある。

第12章　わが国における保育内容の変遷

① 遊嬉（遊戯）

　東によれば、幼児教育の根本は子どもの自由活動にあり、幼稚園の保育内容は「自由活動＝遊戯」が中核にあることが望ましい。すなわち、子どもが自分の意志で実行していくところに遊戯の価値がある。だから、幼稚園において子どもの心身に危険が及ばない場を設定することで、一人ひとりの子どもが自発的にさまざまな遊びを展開していくことが保育にとって極めて必要な方法なのだと説く。遊戯は子どもにそれぞれ好きな遊びをさせる「随意遊戯」と、みんなで歌いながら遊戯をする「共同遊戯」に分類した。

　また、このころにキリスト教系の幼稚園ではスキップが保育に取り入れられるなど、動きのある活動が展開され始めた[*6]。

② 唱　歌

　明治後期には「言文一致唱歌」への要望が起こってきた。美文型の文語体[*7]でなければ歌の気品を失うというそれまでの通念に対して、幼い童心に訴える平易で直截（ちょくせつ）な歌詞への要望である。そこで東は、瀧廉太郎（たきれんたろう）[*8]の協力のもと、言文一致の唱歌集である『幼稚園唱歌集』を編纂する。ここには現在も歌い継がれている「お正月」などの歌が見られる。

③ 談　話

　明治前期の談話は、さまざまな教訓性を含んだ修身的な内容の「お噺（はなし）」が中心だった。そこで、東はお話の楽しさを子どもたちに伝えるために、グリムやアンデルセン童話などの中から「教育的要素を含み、幼児の興味に適合した」話を選び、幼児が理解しやすいように翻訳・翻案した。そして『婦人と子ども』誌に掲載したり、『子どもの楽園』などの談話集を編纂したりして保育者や保護者への啓発を図った。そのお話は、読み手が読みやすい言文一致体で表現し、図12-5のように挿絵を多く使用して絵を見て楽しむことができるような工夫がなされている。また、登場人物名も聞き慣れている日本人の名（ハンスを半太（はんた））を使用するなど、随所に斬新なアイデアが盛り込まれている。

[*6] フランセス・リトル『勲章の貴婦人』広島女学院　1996年　p.22を参照。

[*7] 美文型の文語体の代表的なものに「菊のかざし」（秋の唱歌）がある。「きみがよの　ながつきにさく　きくのはな　かみのみまへに　かざしつるかも　かみあそびして」（倉橋惣三他著『日本幼稚園史』p.258より）。

[*8] 瀧廉太郎（1879～1903年）は、わが国近代音楽史上における最初の作曲家である。日本の伝統音階を用いた「荒城の月」や合唱曲「花」の作曲者。また、『幼稚園唱歌』（1901年）に納められている20曲中17曲が瀧の作曲である。

図12-5　「楽隊の大勝利」

出典：『婦人と子ども』第二巻　1902年　五号 p.8・六号 pp.4-5

④ 手　技

保育4項目の最後に位置する手技は、年間を3期に分け、各学期ごとに「六毯」「積木」「画キ方」「紙タタミ」の項目に分類し、学年により異なる内容となるように配置した。また、東は手技を唱歌や談話・遊戯と関連させて「随意に作業」させる保育を行っていくように提案した。例えば、「一組はあちらの方で粘土で山を作り、一組は積木や紙で汽車を拵へる者もあり、一方では、門を拵へ或いは隧道を拵へる者があり、さうして、皆出来た所で相寄って、一つの物が出来る、即其を持寄れば、全体の景色が出来て或いは山に橋の懸かったるものがあり隧道があり、一方にステーションに旗を立てて居ると云ふう者が出来て誠に面白い」。これは、恩物を自由遊戯に組み込む保育案である。

こうした東らの努力によって保育内容や保育方法が子どもの自由な活動が中心となる保育案へと転換されていった。また、東から和田実[*9]や倉橋惣三へと引き継がれる実践に基づく体系的な保育論の展開により、幼稚園の存在意義が徐々にではあるが認められていった。そしてこの期は「貧民幼稚園」や「託児所」など内務省の指導下における感化救済事業[*10]としての幼児福祉施設の萌芽期でもあった。

3　大正期の保育内容

(1) 幼稚園の普及

明治30年代の終わりごろから、学校教育が著しく振興し、小学校の就学率は、1905(明治38)年には95％、1910(同43)年には98％となった。こうした中で1911(同44)年の「小学校令並小学校令施行規則」改正などの規制緩和により幼稚園が普及し始め、大正期においては明治期の2倍以上の増加数を示している。ただし、国全体の就園率を見てみると、1912(同45)年には2％、1926(大正15)年は3.6％であり、まだまだ国民全体に周知されていないことがうかがえる。

(2) 託児所の保育内容

大正期は、さまざまな社会問題[*11]が顕在化した時期でもあった。政府は社会問題の解決策を図るうえで「社会事業」として都市労働者地区に公的な託児所の設置を推進していった。同時に、資本主義の発展の中、特に第一次世界大戦を契機として各種の産業が発展し、女子労働者に対する雇用対策として、各企業に職場託児所が附設[*12]されるようになった。

このように保育所の勃興期といわれる大正期においては、保育内容・方法ともに幼稚園のやり方をほぼ踏襲していたといえる。しかし同時に、生活に苦しむ子どもたちの現実に立って、子どもから学ぶことを通して保育内容・方法を再構築

[*9] 和田実（1876〜1954年）は、1906（明治39）年に東京女子高等師範学校助教授となる。1907（同40）年から1912（大正1）年まで同校助教授兼附属幼稚園主事となり、幼稚園保育論の枠組み確立に向け、幼稚園保育研究を推進した。著作としては中村五六との共著である『幼児教育法』（1908年）、単著として『実験保育学』（1932年）などがある。

[*10] 1908（明治41）年、内務省は第1回の感化救済事業講習会を開催した。その中で「保育所」は感化救済事業の中に位置づけられ、内務省の治安対策の一環としての役割を担わされた。下層の子どもを保育する本格的な貧民幼稚園は、1900（同33）年に野口幽香・森島峰によって開園された二葉幼稚園である。しかし1915（大正4）年「純粋救済事業として内務省の所轄に帰すること」を宣言し、内務省からの助成金を受け取ることにより、幼稚園とは別種の救済事業施設へと転換した。こうした保育所は「都市細民地区」（スラム）において、民間篤志家の手によりつくられていく。明治末には15か所であったが、1921（同10）年には96か所に増加した。

[*11] 第一次世界大戦後の好景気と工業生産の発展は、農村から都市へと労働力の流動化をもたらした。しかし都市への人口集中などにより、労働者の生活不安の増大と労働争議の高まり、米騒動の勃発など深刻な社会問題が起こってきた。

し、子どもの現実に応じた「保育所保育」のあり方を模索し始めた時期でもあった。

（3）大正期の保育内容

大正期の保育内容は、遊戯・唱歌・手技・談話という保育4項目を基本としながら、各園が保育内容や方法に対して意欲的に工夫をし、保育4項目の内容は、幼稚園によって異なった姿が見られた。その中でも「随意遊戯」は自由遊戯または自由遊びとして、幼児の自発性や衝動性に合い、保育効果が上がるとして時間が増やされた。特に、倉橋惣三は著述活動*13において自由保育を宣伝し、誘導保育*14を提唱した。

大正中期からの保育内容や方法に大きな影響を及ぼしたのは、土川五郎が提唱した律動遊戯及び表情遊戯である。律動遊戯は子どもにふさわしいリズミカルな歌曲に動作を振りつけたもので、表情遊戯は童謡や幼児向けの歌詞に動作を振りつけたものである。土川五郎は著書『律動遊戯』の中で、子どもが活動そのものを楽しみ、享楽しながら、しかも体育的配慮を持った律動遊戯を保育に積極的に採用するように主張し、自己の遊戯理論に基づいた理想的な保育を自ら実践し、子どもとともに遊びながら新しい律動遊戯や表情遊戯を創作発表していった。これらは従来の幼稚園の形式主義的な集団遊戯の型を打ち破り、子どもの心身に即応した理想的な遊戯として全国に普及していった。

4 昭和前期の保育内容

（1）幼稚園令の制定

1926（大正15）年4月、幼稚園令が制定された。これはわが国における幼稚園に関する最初の単独の勅令であり、まさに画期的なことだった。幼稚園令には幼稚園の目的を「幼稚園ハ幼児ヲ保育シテ其ノ心身ヲ健全ニ発達セシメ善良ナル性情ヲ涵養シ家庭教育ヲ補フヲ以テ目的トス」と明記された。幼稚園令が制定されたことにより、幼稚園に教育制度上の地位が与えられ、幼稚園の重要性が広く認められ、これまで以上に普及が促進されることにつながっていった。

（2）幼稚園令における保育内容

幼稚園令では保育内容について、同施行規則第二条において「幼稚園ノ保育項目ハ遊戯、唱歌、観察、談話、手技等トス」としている。それぞれの保育項目について具体的な内容を以下に説明してみよう。

*12　東京モスリン株式会社吾嬬保育所、日本製麻株式会社赤羽製品工場乳児所、千住製絨所保育所、三菱方城炭坑託児所、広島海軍被服支廠保育所など、女子労働者が数多く働く工場に、工場附設保育所がつくられた。また、農村でも季節保育所が各地につくられた。

*13　倉橋惣三（1882～1955年）は、明治後期を出発点とし、その後に続く大正・昭和と長期にわたり、わが国の保育界のリーダーとして活躍した。代表的な著作として、『幼稚園雑草』（1926年）、『幼稚園保育法真諦』（1934年）、『育ての心』（1936年）、『フレーベル』（1939年）、『子供讃歌』（1954年）などがある。

*14　倉橋惣三の誘導保育論は、『幼稚園保育法真諦』にその梗概（あらまし）を見ることができる。

① 遊　戯

遊戯は、自由遊びと律動遊戯に分類されている。前者には鬼ごっこ、かくれんぼ、すもうなどの伝承遊び、すべり台やブランコなど固定遊具を使った遊び、積み木や砂遊び、ままごと、乗り物ごっこなどのごっこ遊びなどが含まれる。後者にはリトミック、表情遊戯、ダンス、創作舞踊など、音楽や唱歌を伴った集団遊戯が含まれる。

② 唱　歌

子どもにわかりやすい歌詞の歌がうたわれ、遊戯と一緒になったものなどいろいろあった。例えば、「おててつないで」「どんぐり」「むすんでひらいて」「くつがなる」「お正月」「ひらいたひらいた」「今年のぼたん」などである。

③ 観　察

幼稚園令において新しく加えられた項目である。実際に多くの幼稚園において、戸外では家畜の飼育や草花の栽培、室内では小鳥や金魚、おたまじゃくしなどの飼育や水栽培などが行われるようになった。

④ 談　話

昔話や童話、科学的知識や教訓的な話、行事に関する話などが多く取り入れられた。また、童話の研究や話し方の研究などが盛んに行われるようになり、紙芝居も多く用いられた。さらに、ラジオやレコード、人形劇などが教材として取り入れられるようになってきた。

⑤ 手　技

恩物をそのまま用いることは少なくなったが、折り紙、切り紙、貼り絵、豆細工、縫取(ぬいとり)などは盛んに行われた。また、手技の材料としては、紙、きびがら、麦わら、竹、落ち葉、粘土などが用いられた。

そして、図12－6「木の箱の動物」に見られるように、ごっこ遊びの材料として、動物や時計、野菜、玩具の製作などとともに、絵画を手技の中で扱い、自由画、ぬりえなども含められた。

図12－6　「木の箱の動物」の誘導保育

出典　文部省『幼稚園教育百年史』ひかりのくに　1979年（絶版）
（お茶の水女子大学附属幼稚園提供）

第12章 わが国における保育内容の変遷

2 戦後の保育内容

1 昭和期の保育内容

（1）学校教育法と児童福祉法

　1945（昭和20）年8月、第二次世界大戦が終結し、わが国は敗戦国となった。1946（同21）年8月、教育刷新委員会が内閣に設置され、当面していた教育改革のあらゆる問題を取り上げて、各方面にわたる建議を行った。1947（同22）年3月に学校教育法が公布され、幼稚園はその第一条に規定する学校教育体系の一環に位置づけられた。そして、学校に関する基本的な事項はすべて幼稚園にも適応されることになったのである。同じく、同年12月には児童福祉法が公布され、その第39条で保育所について規定し、それまでの託児所が保育所と改称された。

（2）保育要領の刊行

　文部省（当時）は、1947（昭和22）年3月、幼児教育の内容を検討するとともに、施設運営の指導書を編纂するために、倉橋惣三を委員長とする「幼児教育内容調査委員会」を設置した。そして1948（同28）年3月、試案として「保育要領－幼児教育の手引き－」が刊行された。

　保育内容として、1.見学 2.リズム 3.休息 4.自由遊び 5.音楽 6.お話 7.絵画 8.製作 9.自然観察 10.ごっこ遊び・劇遊び・人形芝居 11.健康保育 12.年中行事 の12項目をあげている。この項目を戦前までの保育5項目と比べると、①幼稚園における幼児の諸経験の範囲を拡大し、幼児の広い生活範囲を保育内容として取り上げた、②保育内容を「楽しい幼児の経験」であるとした、③ごっこ遊びや年中行事などの総合的な活動を一つの項目として取り上げた、④「一日の生活は自由遊びが主体となる」とし、乳児の自発的な活動を重視した、これらの点に、戦後の民主主義教育を取り入れた大きな特徴が見られる。

（3）幼稚園教育要領の刊行

　1952（昭和27）年、サンフランシスコ平和条約の発効を機として、戦後の教育に対する施策に関する検討や反省が始まり、わが国独自の教育方法を模索する動きが出てきた。保育要領も1956（同31）年に「幼稚園教育要領」として刊行された。
　「幼稚園教育要領」の特質は、①幼稚園の保育内容について小学校との一貫性を持たせるようにした、②幼稚園教育の目標を「望ましい経験」として具体化して示し、指導計画作成に役立つようにした、③幼稚園教育における指導上の留意点を明らかにした、などがあげられる。さらに、幼稚園教育の目標を達成するた

めに、保育内容は「健康、社会、自然、言語、音楽リズム、絵画製作」の6領域に分類された。

(4) 幼稚園教育要領の改訂

1964（昭和39）年、幼稚園教育課程の基準として、幼稚園教育要領の改訂が公示（文部科学省告示第69号）された。改訂幼稚園教育要領の特質は、①幼稚園の教育課程の基準として公示した、②幼稚園では「幼児にふさわしい環境を与え、その生活経験に即して総合的な指導を行う」ことに配慮するなど、幼稚園教育の独自性をさらに明確にした、③各領域は小学校における各教科とその性格が異なるので、教育課程の構成については、望ましい幼児の経験や活動を適切に選択し配置して調和のとれたものにしなければならないとした、④ねらいを精選し、領域の性格をはっきりさせた、⑤各領域に示してあるねらいは、幼児の具体的、総合的な経験や活動を通して達成されるものであると、望ましい幼児の経験や活動の意義をはっきりさせた、⑥指導上の留意事項を明示したこと、などである。

(5) 保育所保育指針の刊行

1963（昭和38）年に「幼稚園と保育所との関係について」、文部省と厚生省（いずれも当時）の両省から出された通知には「保育所の持つ機能のうち、教育に関するものは、幼稚園教育要領に準ずることが望ましい」と述べられている。そこで、1965（同40）年、厚生省は保育所の保育内容の充実と質的向上を図るために「保育所保育指針」を刊行した。それまで保育所行政において子どもの指導を表現するときに「教育」という言葉は忌避されていたが、保育所保育指針の中で保育所の機能の一つとして「教育」という言葉を用いることによって、保育所の教育性を明言するとともに教育という表現が自由に使われるようになった。

2 平成期の保育内容

(1) 幼稚園教育要領の保育内容 −1989年・1998年・2008年・2017年改訂−

25年間という長きにわたり改訂されなかった幼稚園教育要領であるが、保育内容の多様化や子どもを取り巻く環境の急激な変化などの現状を踏まえ、1989（平成元）年、幼稚園教育要領は大幅に改訂された。この中で、「環境を通しての教育」が幼稚園教育の基本であると明示された。重視される点は、①幼児期にふさわしい生活が展開されるようにする、②遊びを通しての総合的な指導を中心にする、③一人ひとりの特性に応じ、発達の課題に即した指導を行うようにすることである。すなわち、子どもの主体的生活を保障するための遊び重視の保育の推進をめざした改訂であるといえよう。

さらに保育内容の6領域が、「健康・人間関係・環境・言葉・表現」の5領域に再編成され、それぞれにねらいと内容が示された。平成元年版の教育要領の児童中心主義の保育観は浸透し、これまでの保育者主導の保育から、子どもの遊びを中心とした保育が展開されるようになってきた。しかし、一方では、自由と放任、個と集団、指導と援助のあり方などについて、保育現場での混乱も見られるようになったこともある。

1998（平成10）年に改訂された幼稚園教育要領は、環境を通した遊び中心の保育を基本方針とし、保育内容の5領域は維持しつつ、道徳性の芽生えを培う活動の充実や保育者のきめ細かい援助やさまざまな役割が加えられた。これは一部に、環境を通して行う教育を「幼児の好きな活動に任せればよい」と誤解されている面があったからである。このため改訂された教育要領は、保育者の役割として「幼児の主体的な活動が確保されるよう幼児一人一人の行動の理解と予想に基づき、計画的に環境を構成」すべきことや「幼児一人一人の活動の場面に応じて、様々な役割を果たし、その活動を豊かに」すべきことを新たに示した。

また、小学校との連携も視野に入れるとともに、家庭との連携、高齢者や地域の人びととのかかわりや子育て支援など、「開かれた幼稚園」としての視点も提示している。

2006（平成18）年12月の教育基本法の改正に伴い、2007（同19）年6月に学校教育法が改正され「幼稚園は義務教育及びその後の教育の基礎を培うもの」として、幼稚園教育の重要性が明確にされた。それを受けて2008（同20）年に幼稚園教育要領が改訂されたが、基本方針は引き継がれている。この改訂は、小学校教育との接続を視野に入れた連携への配慮や、家庭や地域との連携、預かり保育への留意事項など、保育ニーズの多様化への対応を視野に入れた内容になっている。

2017（平成29）年3月、幼稚園教育要領が改訂された。この改訂では、学校教育の始まりとして学習指導要領との整合性や連続性を図るとともに、幼小連携の推進を踏まえた内容となっている。また、幼稚園教育において育みたい資質・能力の明確化を図り、発展的・協同的な学びの大切さを重視するとともに、幼児教育の学びの質や体験の構造化に向けたカリキュラム・マネジメントの実現が求められている。

（2）保育所保育指針の保育内容　－1990年・1999年・2008年・2017年改定－

乳幼児を取り巻く環境の変化や保育需要の多様化などを背景に、1990（平成2）年、保育所保育指針が改定された。保育内容は「養護」と「教育」の両面から示されている。3歳以上児の教育内容に関しては、これまで同様、幼稚園教育要領に準拠している。その後、幼稚園教育要領の改訂に伴って、1999（同11）年に保育所保育指針も改定された。

子どもの生活環境の変化や、保護者の子育て環境の変化が問題となり、保育所に期待される役割が深化・拡大してきた2008（平成20）年3月、保育所保育指針は改定された。この指針がこれまでと異なる点は、厚生労働大臣が「告示」したことにより法的拘束力を持ったことである。そして、保育内容及び運営に関連する事項を定めるなど、最低基準としての性格が明確化された。

　保育内容に関しては、誕生から就学始期までの長期的視野を持って子どもを理解するため、発達過程に応じた特有の配慮事項を明記するとともに、計画－実践－自己評価する視点として「ねらい及び内容」を「養護」と「教育」の両面から示した。さらに、少子化の影響や地域の教育力の低下などにより子育てに不安を持つ保護者に対する保育所の役割として、「入所する保護者に対する支援及び地域の子育て家庭に対する支援等を行う」ことが総則に明記されるなど、保育士の業務とともに保育所の社会的責任が明示された。

　2017（平成29）年3月、保育所保育指針が改定された。改定の視点として、3歳未満児保育の質の重要性を再認識し、内容及びねらいを修正し、3歳未満児保育の原理の鮮明化を図った。また、幼児教育の一翼を担う施設として保育所を位置づけ、教育的活動を意識的に設定することを提示した。さらに、キャリアパスの明確化と研修体制の策定について明示した。

　幼保連携型認定こども園の教育課程や保育の内容等の方針については、2014（平成26）年4月「就学前の子どもに関する教育、保育等の総合的な提供の推進に関する法律」（通称「認定こども園法」）の第10条第1項の規定に基づき、幼保連携型認定こども園教育・保育要領が内閣府・文部科学省・厚生労働省により告示（文部科学省告示第1号）された。そして、2017（平成29）年3月、保育所保育指針との整合性を確保し、指針の方向性を踏襲することを目的に、幼保連携型認定こども園教育・保育要領が改訂された。ここでは、園児の在園時間や日数が異なる多様な在園児への配慮や、2歳児から3歳児への移行にあたっての配慮事項の充実が図られた。

　今回の改訂では、保育所・幼保連携型認定こども園に在籍する3歳以上児の教育・保育内容等については、幼稚園教育要領に示された5領域のねらい及び内容、内容の取扱いとほぼ同じである。また、幼稚園教育要領と同様に、「幼児期の終わりまでに育ってほしい姿」（10の姿）を明示するとともに、小学校との連携を推進するなど、共通化した内容となっている。

3　これからの課題

　少子高齢化、都市化、核家族化、地域の教育力の低下、低所得者層の増加、女性就労の増大やそれに伴う待機児童問題など、子どもを取り巻く社会環境の変化

第12章 わが国における保育内容の変遷

は、子どもが家族の中で健康・安全で人間らしく育つ環境を狭めているといえる。このような子どもたちの現状や社会の変化が保育ニーズの多様化につながっている。そしてこの多様な保育ニーズに、幼稚園や保育所等の保育がどのように対応していくかがこれからの課題でもあるといえるだろう。

ところで、幼稚園や保育所等についての制度や行政の動きも急速に変化している。例えば、幼稚園と保育所の一元化に関しては、これまでもさまざまに議論されてきた。そして、制度的な一元化への議論もわき起こった。2006(平成18)年、新たに創設された認定こども園は、幼稚園・保育所の一元化に向けた総合施設として行政が積極的に推進してきた施設である。

昭和30年頃の保育
(みずほが丘幼稚園提供：愛知県)

また近年社会問題化してきている待機児童対策として、国や地方公共団体が推進する地域型保育事業[*15]は、3歳未満児の保育機能を維持・確保することをめざしてはいるが、3歳の壁という新たな問題を表出させている。このような問題への対応として3歳児以降の継続的な保育確保に向けた取り組み[*16]が望まれる。

最後に、保護者の保育ニーズに応えるべく展開される保育サービスの増大は、本来なら保護者が担うべき子育てを保育者や行政に依存する傾向に向かう状況を生みだしていることも否めない。幼稚園や保育所、認定こども園はこのような現状を踏まえて、家庭が家庭としての機能をしっかりと持ち、保護者が子どもを育てる意識と責任感[*17]が持てるような連携のあり方や支援の仕方についても模索することがこれからの課題であるといえる。

【参考文献】

関信三編纂『幼稚園法二十遊嬉 全』東京書肆 1879年
東基吉『幼稚園保育法』目黒甚七 1904年
『幼稚園唱歌』共益商社書店 1901年
土川五郎『律動遊戯』フレーベル館 1917年
柿岡玲子『明治後期幼稚園保育の展開過程』風間書房 2005年
日本保育学会『日本幼児保育史』フレーベル館 1978年
文部科学省教育課程課／幼児教育課編『初等教育資料No.953』東洋館 2017年

*15 地域型保育事業は、主として、小規模保育(認可定員6〜19人、事業主体は市町村・民間業者等)、家庭的保育(認可定員5人以下、事業主体は小規模保育と同じ)、事業所内保育(事業所従業員の子どもや地域の保育を必要とする子ども[地域枠]・事業主体は事業主等)であり、対象は0〜2歳児である。

*16 3歳児以降の受け皿整備として、3歳以上児に特化した拠点保育園に3歳未満児対象の「サテライト型小規模保育事業所」の設置支援や幼稚園型の一時預かり等の実施が考えられている。

*17 1989年に国連総会で採択された「児童の権利に関する条約(子どもの権利条約)」の第18条では、「父母又は場合により法定保護者は、児童の養育及び発達についての第一義的な責任を有する」と明記されている。

第13章 諸外国の保育所・幼稚園の保育内容

学習のポイント
- 保育についての世界の動向を知ろう。
- 主要な国々のカリキュラムを概観しよう。
- 日本の保育の特徴は何かを考えてみよう。

---

1 保育をめぐる世界の動向

|1| 世界の動向

（1）国際比較への注目

科学技術や政治経済をはじめとして、今やさまざまなもの、こと、人の伝達や交流が国境を越えて活発に行われている。乳幼児の教育とケア、すなわち保育の世界においても同様であり、複数の国の研究者や実践者が参加するプロジェクトがいくつも行われている。

ニュージーランドの保育カリキュラム「テ・ファリキ」による保育環境例

共通の視点を持ち各国の特徴を示すこと、すなわち国際比較により、自国内において自国の状況のみを見つめるだけでは得られなかった新たな知見が得られ、自国における研究や実践の展望が得られる。他国との比較により、自国において改善すべき点や目標の設定も可能になる。あるいは自国の強みの認識にも至るのである。この意味から、これからの保育者は、さまざまな視点から国際比較の目を持って欲しい。

（2）OECDの保育研究プロジェクト

数あるプロジェクトの中で、規模が大きく国際比較に大きく貢献しているのが

OECD[*1]の保育研究プロジェクトである。その主な成果が『人生の始まりこそ力強く；乳幼児の教育とケア（原題 Starting Strong；Early Childhood Education and Care）』であり、第1巻（2001年）に始まり、現在第5巻（2017年）に至っている。

　本書を手にする人の多くは、日本のどこかの幼稚園や保育所等で保育者として働こうとしている人であろう。世界の動きに目を向けることより、ともすれば目の前の出来事にどう対応するかが関心のすべてとなっても無理はない。だが、乳幼児の保育者たちが育てようとしているのは広く世界に飛び立とうとする人たちかも知れず、私たち自身の生活も今やグローバルな視点なしでは語れない時代になっているのである。保育に携わる者自身が世界に目を向け、開かれた心でものごとを見たり考えたりすることは、遠回りであるかもしれないが目の前の現実を変えていく力になるのではないだろうか。

　本章では、上記OECDの報告書[1]をもとに、現在世界的に注目されている6つのカリキュラムについて紹介する。

[*1] OECDは、経済協力開発機構（Organization for Economic Cooperation and Development）の略。先進工業国30か国が加盟し、経済成長、発展途上国援助、通商拡大の3つを主要目的とする。

2　2つの大きな流れ

（1）保育の質の向上

　保育の質の向上は各国に共通した課題であるが、OECDの報告書では3つのポイントをあげている。それは、①政府による保育に対する法的な位置づけ（制度）、②保育内容の枠組み、すなわちカリキュラム、③保護者の関与、である。本章ではカリキュラムについて述べることを目的としているため、ほかの2つの要件については他の機会に譲るが、その重要性をいささかも減じるものではない。

　日本では、進取の気性により、諸外国の優れた実践に範を求めようとする意識が強い。どのカリキュラムを選択するにせよ、全体的な状況を把握しておくことは大切であろう。保育をめぐる価値観は一つではないからである。異なる価値観を認識することが自らの信じるところをより明確にし、適切な実践へとつながっていく。

（2）2つの型

　保育所保育指針には、「子どもが現在を最も良く生き、望ましい未来をつくり出す力の基礎を培うために」（第1章　総則　1（2）保育の目標）とある。現在の充実がよりよい未来をもたらすという認識は、どの国でも基本的に共通しているだろう。だが、「現在」と「未来」の関係の持たせ方、また、どのような「未来」を想定するかは異なってくる。それらは各国の置かれた状況（人口の規模、国民の状況、文化、歴史など）に依拠するものであり、選びとられるカリキュラムの

```
カリキュラムの型 ─┬─ 社会教育型（子どもの生活を重視／北欧諸国）
                  └─ 就学準備型（子どもの発達、学業を重視／アメリカ、
                                イギリス、フランス等）
```

図13-1　カリキュラムの型

主眼点がおのずと異なってくるのである。

　OECDの報告書では、大別して2つの型のカリキュラムを示している。①就学前あるいは低学年の段階までは生活を重視し、限定的な学習目標を設定するのではなくホリスティック[*2]なアプローチを行う「社会教育型」、②その後の読み書き・算数にかかわる内容を重視し、小学校教育を視野に入れてその準備に重点を置く「就学準備型」である（図13-1）。前者の代表的な国が北欧諸国であり、後者の代表としてはアメリカやイギリス、フランスなどがあげられる。

*2　ホリスティックとは「全体的」「包括的」を意味する。知識だけでなく経験的な学びや精神性を重視する「ホリスティック教育」という考え方もある。

（3）社会教育型（生活基盤型、北欧型）

　総合的アプローチと言い換えられ、子どもの生活を重視することから生活基盤型とも、北欧諸国で多く取り入れられていることから北欧型とも呼ばれる。遊びを通しての総合的な発達が強調され、子どもの主体的な学びと多様な経験を促す広範なプロジェクト（テーマのある）活動を重視する。経験豊かな教師（そして保護者や年長児）の援助により、子どもが自ら活動を選びプロジェクトを組織することで自己を形成し、自分なりのめあてを持って意欲的に活動するというのがこのアプローチのめざすところである。

　このアプローチが想定する「未来」は、「就学」を超えて子どもたちの住む「社会」である。その社会が大切にする価値観を、またその社会の市民として身につけておくべきことを、幼児教育の段階で伝えようとするものである。

（4）就学準備型

　フランスと英語圏の国々（後述するニュージーランドを除く）では、幼児教育で認知的な発達、初期の読み書きと算数の学習に焦点が当てられる傾向がある。人口構成として異質性が高く社会階層の格差が存在するこれらの国々では、小学校に入学すると早くも学業面での支障をきたす危険性が高く、その防止のためにいきおい教授的・指示的なアプローチをとらざるを得ない状況にある。

　このアプローチが想定する「未来」は目前の「就学」であり、まずは小学校の学業を順調にスタートさせなくてはその先の「未来」の展望が持てない、という差し迫った事情がある。

2 4つの主要なカリキュラム

1 経験に根ざした教育（ベルギー）
－「安心」と「夢中」により生み出される効果的な学び－

（1）夢中度への注目

「経験に根ざした教育（Experiential Education）」という概念は、1976年にベルギーのフランダースで開かれた保育者の小さな集会から始まった。その後1980年代と90年代には、国際的にも有力な教育的概念（原理）の一つとなった。その指導的立場にあるのは、フリー・ラーバース（Ferre Laevers）博士である。保育者が子どもと深い関係性を持ち、子どもが活動に打ち込む度合（夢中度）を高めていくアプローチが追求された。

子どもが活動に打ち込むには、安定した気持ちが前提となる（安心度）。そこで「経験に根ざした教育」という概念を背景として、『SICS：安心度と夢中度；プロセスに注目した保育環境の自己評価法』が開発された。日本との関係でいえば、この評価法を日本の保育所の実情に合わせてアレンジしたものが知られている（日本版SICS：子どもたちのエピソードから始める自己評価法[*3]）。現在、評価法に注目が集まっているが、その背景にある概念を理解しておくことが大切であろう。

（2）テンプル・スキーム[2)]

「経験に根ざした教育」という概念は、図13-2のような「テンプル・スキーム」[*4]として示されている。

[*3]「保育プロセスの質」研究プロジェクト（代表：小田豊）によるDVD付ブックレット『子どもの経験から振り返る保育プロセス－明日のより良い保育のために』（幼児教育映像制作委員会　2010年）が発行されている。

[*4]　テンプル・スキームとは「経験に根ざした教育」の原理を、テンプル（寺院）の構造になぞらえたもの。目標とそれに至る過程、出発点を寺院の屋根や柱、礎石のイメージでとらえている。

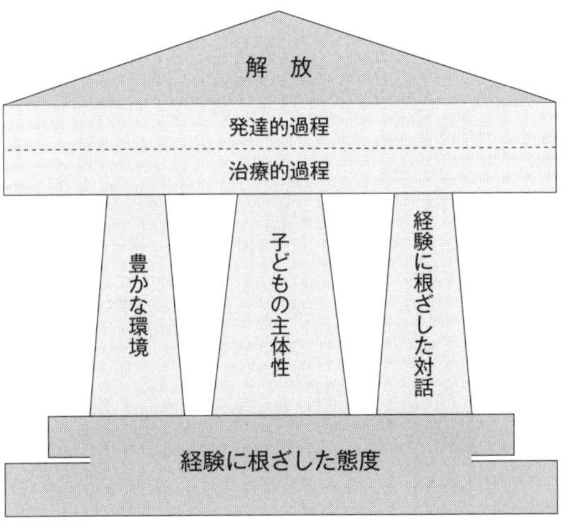

図13-2　テンプル・スキーム

建物の礎石に当たる部分は、保育者が子どもに対してとる態度である。子どもの行動を観察し、その経験を再構成し自らの経験として真剣にとらえることが「経験に根ざす」ことなのである。屋根の下の横木の部分に当たるのが、子どもが「ものごとを取り扱う」のを助け（治療的過程）、発達を促進するように刺激を与える（発達的過程）ことであり、屋根の部分に当たる「解放された（自由な）存在」へと子どもを至らしめるのが目標である。

　3本の支柱はこれらのことを実現させるための方針を示している。「豊かな環境」とは、子どもの興味と発達的ニーズに対応できる多様な遊具・教材があることである。「子どもの主体性」とは、保育環境の中にあって子どもが自身の内的な衝動とともに、本当に学び知りたいことは何かを追求して、意味ある活動をすることである。「経験に根ざした対話」とは、子どもに共感を持って真摯に接し、単に望ましいふるまい方を教えるのではなく、子どもが自分の感情を適切に表現し、その奥にある経験に自分で対処することを援助するものである。

　経験に根ざした教育のための、具体的な保育室内の環境構成を図13－3に示す。子どもの個別の興味関心に応じるスペースと家具、集団活動のためのスペースの設置という基本的な考え方は、本章で取り上げたカリキュラムのいずれにも共通している。

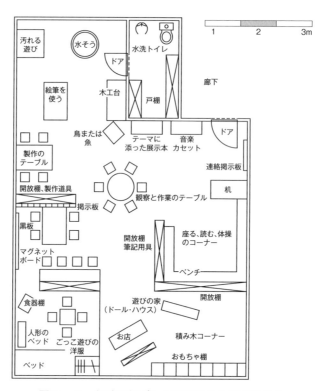

図13－3　経験に根ざした教育のための室内構成

(3) 安心と夢中

「安心」と「夢中」は、経験に根ざしたアプローチの質を現す重要な指標である。子どもの中に何が起きているか（過程）についての情報を与えてくれるものであり、実践へとフィードバックすることができる。この振り返りの手段が、前出の『SICS：安心度と夢中度；プロセスに注目した保育環境の自己評価法』である。

2 ハイ・スコープ（アメリカ）
　－鍵体験による主体的な学び－

(1) 誕生の背景

1960年代アメリカで、ディビッド・ワイカート（David Weikart）博士らのチームによって、恵まれない地域の子どもが学校生活や社会生活をうまく乗り切っていけるよう援助する目的で開発されたカリキュラムである。ピアジェ理論を背景とし、ヘッドスタート[*5]の広がりとともに展開されていった。このカリキュラムによって教育された子どものグループは、そうでない子どものグループよりも社会生活をうまく営んでいる（高い就学率、低い犯罪率など）という、長期の追跡研究結果も示されている。

(2) 鍵体験

子どもの能動的な学びを核として、大人と子どもの相互関係、学びの環境、日課、アセスメントという要素が組み合わされた実践が行われる。アセスメントについてはハイ・スコープ独自の『子ども観察記録』が開発されている。

ハイ・スコープでは、子どもは自分の興味を追求してやり遂げたときにもっともよく学ぶ、とする。そこで一日を通して自分で遊具や教材、活動を選べる保育室等の環境が必要になる。よく考えられた環境のもとで、子どもは発達的に重要な技能や能力を培っていく。それらの技能や能力の獲得が可能になる経験をハイ・スコープでは「鍵体験」と呼んでいる。

この鍵体験は、次頁の表13－1に示すような5つのグループに分かれている。保育室内の環境や日課は、これらの鍵体験を子どもが選びとれるように構成される。

*5　アメリカで1965年から行われている貧困家庭に対する保育政策。低所得者層の幼児に対し、アルファベット教育などの就学援助を展開している。ヘッドスタートという言葉は「頭をそろえる＝同じ位置からの出発」を意味する。

表13－1　鍵体験の5つのグループ

1. 創造的表象
   （造形、ごっこ遊び）
2. 言語と読み書き
   （自分の経験を話す、詳しく述べる、書く、言葉遊び）
3. 主導性と社会的関係
   （立案、決定、遊びの中での問題解決、感情表現、ほかの人への配慮）
4. 動きと音楽
   （リズムを感じ表現する、身体表現、歌う、メロディをつくる）
5. 言語的推理
   （分類［共通点、相違点、属性を探る］、数の発達［比較、1対1対応、数える］、空間認識［変化、相違、関係］、時間認識［始まりと終わり、繰り返し、出来事の順番と見通し］）

（3）日課と「計画・実行・振り返り」

　保育者は、子どもが次に何が起きるのかを予測できる定まった日課を計画することで、一日の出来事をコントロールする感覚を与える。大切なことは子ども自身が「計画・実行・振り返り」のシークエンス（ひと続きの順序）の下に活動することである。自分でこれをすると遊びを計画し、実行し（ワークアウトタイム）、振り返りとして自分が何を見つけたかを保育者やほかの子どもと話し合う。日課には、小グループ活動、クラス全体の活動、戸外遊びも含まれる。

3　レッジョ・エミリア・アプローチ（イタリア）
　　－子どもの言葉の傾聴－

（1）ブリック・バイ・ブリック（煉瓦を1つずつ）

　第二次世界大戦後まもないころ、戦禍の跡も生々しい北イタリアのエミリア地方で、親たちが煉瓦を拾い集め、戦車の残骸のスクラップなどを売って資金とし、保育所の建設を始めた。一教師のロイス・マラグッツィ（Loris Malaguzzi）が親たちの熱意と志に打たれて最初の保育センターの所長となり、その後のセンター建設と独自の教育方法開発の推進力となった。

　悲惨な戦争を再び起こしてはならないという人びとの強い決意は、従属するだけの人間は危険であり、子どもが自分自身で考え行動ができるように育てなくてはならないという意思をもたらした。レッジョ・エミリア・アプローチは、学びにすべての人がかかわること、つまり、子ども、保護者、保育者、地域が教育のプロセスに参与することを特徴としている。

　このアプローチは近年世界中の国からも大きな注目を集め、スウェーデンで研究所が設立されたり、アメリカのジャーナリズムに紹介され、各国で展示会が開

かれたりするなど（日本では2001、2011年[*6]）、国際的に広がりを見せている。

（2）子どもの100の言葉

関係性とコミュニケーション、そして主観と主観の相互交流という概念がこのアプローチの中核部分をなしている。子どもは自分自身を表現し、表現を通して知識や経験を調整し、興味を焦点化する。したがって、保育者は話しかけるより先に子どもの「言葉」を受けとめる。その「言葉」とは、言語、身ぶり、話し合い、パントマイム、動作、描画、構造物、彫刻、影絵、鏡遊び、劇や音楽と多様である。

保育環境は、視覚的で表出的な芸術で成り立っているのが特徴である。各センターには中心となるアトリエがあり、刺激的な素材などが十分にそろえられ、アトリエスタと呼ばれる子どもの視覚的・美的・創造的表現を高める専門職のスタッフが配属されている。

ドキュメンテーションと呼ばれる記録を重要視しているが、これには写真、ビデオ、観察記録、発話記録（つぶやきや会話）、子どもの作品が含まれる。スタッフはドキュメンテーションを分析し内容の検討を行うことで、子どもの学びがどのようなものであるかを理解するのである。

*6 展覧会とともに、『子どもたちの100の言葉―イタリア レッジョ・エミリア市の幼児教育実践記録』（学習研究社 2001年／写真）や『子どもたちの100の言葉 レッジョ・エミリアの幼児教育』（世織書房 2001年）といった書籍も出版された。

4 テ・ファリキ（ニュージーランド）
－すべての人の足場となる織物－

（1）ナショナル・カリキュラム

1980年代を通して行政、保育の専門家、実践者の協力の下に、乳幼児期の教育とケアを統合したアプローチの開発が進んでいった。ニュージーランドにはマオリ（先住民族）文化と西洋文化という2つの大きな流れがあり（ほかの少数民族もいる）、また保育形態も多様であることから、すべての人の共通理解を得られるようなカリキュラムのガイドラインづくりが実行され、テ・ファリキと呼ばれる乳幼児期のナショナル・カリキュラムが1996年に発行された（2017年改訂）。

ファリキとは、マオリ語で織物、マットという意味である。カリキュラムのさまざまな要素や保育現場の多様性を織糸にたとえ、後に述べる原理や脈絡、目標、ふさわしい実践を織り込んだ、総合的なアプローチであることを示していると解釈できよう。

テ・ファリキはラーニング・ストーリーという手法によるアセスメントを行うことと、その中心に学び手としての子どもを想定することに特徴がある。

（2）5つの脈絡と4つの原理

　すべての子どもは有能で自信を持った学び手であるとともにコミュニケーター（意思疎通を図ろうとする人）であり、心身とその精神において健康であり、確固とした所属感、社会に貢献できるに足る知識を持つと想定されている。
　「ウェル・ビーイング」[*7]「所属」「貢献」「コミュニケーション」「探究」という5つの脈絡（原語では「撚り糸」）が設けられ、それぞれに到達すべき目標、すなわちそれぞれの脈絡における知識、技能、態度が示されている。その実践の原理は「エンパワメント」[*8]「ホリスティック（全体的）発達」「家族と地域」「関係性」の4つである。

（3）ラーニング・ストーリーと保育者の専門性の向上

　到達すべき目標（知識・技能・態度）にどのようなプロセスを経てたどり着こうとしているか、その様相を記すものが、エピソード記述によるラーニング・ストーリーである。テ・ファリキはそのために保育者の着眼点を示し、子どもの状況に応じてどのような振り返りを行えばよいかの例示もしている。
　子どもにより良い保育の成果をもたらすには保育者の資質が重要なポイントとなるが、ニュージーランド政府は共通理解のためにインターネットなどで膨大な資料を提供するほか、専門性の向上に向けてのトレーニングシステムを整備している。

3 そのほかのカリキュラムなど

1 ピラミッド・プログラム[3)]（オランダ）

（1）誕生の背景

　1990年代、オランダには予測を超えた多数の移民が流入し、就学時に学業の準備ができていない子どもが一挙に増加する事態が起きた。そこでジェフ・ヴァン・キューク（Jef van Kuyk）博士によって、言語と発達面で集中的に援助が必要である子どもから、思考と学習に卓越した子どもまで、どのレベルであっても就学に向けての準備が整うようなアプローチが開発された。それがピラミッド・プログラム（アプローチ、メソッド）である。近年、日本にも導入され、国内でその実践に取り組んでいる園が現れている。

＊7　ウェル・ビーイング（良好な状態）は、社会福祉の理念として広く使われており、個人の権利や自己実現が保障され、身体的・精神的・社会的に良好な状態にあることを意味する。

＊8　本人が自身の生活のあり方をコントロールし、自己実現できるようになること。あるいは、そうなるように支援することなども含む。

（2）4つの「礎石（そせき）」

　ピラミッドの4つの礎石（いしずえ）にたとえられる4つの基本的な概念（図13-4）は、関係性における距離と接近、教育における距離と接近、学び手（子ども）の主導性、及び保育者の主導性である。

図13-4　ピラミッド・プログラムの4つの基本的な概念

（3）環境構成とプロジェクト

　室内には温かさや安心感を生み出すような工夫を凝らす（個人的スペース、写真など）。また、子どもが遊びを選び、自立して取り組めるように、多様な活動センター（コーナー）によって構成されている。遊具や教材は自由に取り出せ一人で片づけられるように、定位置にラベル表示などがされている。

　プロジェクトは子どもの学びの枠組みであり、年間を通して季節や園生活の流れに即して12のテーマが定められている（例：始まりのとき、季節の変わり目など）。このテーマは3・4・5歳と共通しており、年齢が進んでも同じテーマに沿って活動を行い、内容とそこからの学びを深めていくのである。子どもの興味に応じて、1つのテーマのプロジェクトは2～3週間継続して展開される（月単位）。

（4）4つの「礎石」と実践の関係

　保育環境構成とプロジェクト・アプローチにより、先に述べた4つの概念が実践される。保育者と子どもの関係は親密で安心感をもたらすものでなくてはならず（関係性の接近）、遊びは保育者の援助のもとに子ども自身の責任で自立的になされなくてはならない（関係性における距離）。これらは保育者の熟慮のうえに構成された豊かな保育環境によって保障される。月単位のプロジェクトによりねらいを持った活動が継続される（教育的な接近）。展示物の工夫などにより子どもが自分で活動を振り返ることができるようにする（教育的な距離）。保育者は子どもの能力を最大限に引き出し、学びは子どもによってスタートし、ゴールへと到達するのを援助する（学び手による主導）。また、新たな技能や知識の獲得が織り込まれたプロジェクトを短期的・長期的な見通しを持って組織する（保

育者による主導)。

2 フォレスト・スクール（森の幼稚園）

(1) スウェーデン発祥

　フォレスト・スクールは、子どもたちに自然界について学ばせる方法として1950年代にスウェーデンで生まれた。そのアイデアはデンマークに伝わり、デンマークでは幼児教育の主要な部分として発展した。

　典型的なデンマークのフォレスト・スクールでは、3歳以上の子どもは毎日4時間森に出かけるが、そのとき何のおもちゃも持っていかない。森には悪天候のときや、昼食時、物語を聞くときに入る山小屋がある。小動物を見つけたり、水たまりで遊んだりなど楽しみに満ちた活動をする。木登りやたき火のような危険を伴う遊びには大人がついて十分な注意を払う。子どもは自分でできることをして、真の称賛を受けることによって自立心と自信が育つ。北欧諸国やイギリス、ドイツで広がりを見せており、それぞれの地域の実情に合わせて展開されている。

(2) 野外活動の重要性

　文明社会は自然と深く交わる能力を、子どもだけでなく大人からも奪いつつある。野外活動の重要性に対する認識は今に始まったことではないが、戸外の自然に身をゆだね、その尽きせぬ魅力を味わいたいという思いには、今日、渇望にも似たものがあろう。

　自然の中で探索し、冒険し、さまざまな学び、ときには安らぎを得る経験を子どもたちに与えたいとの強い願いが大人の中に生まれるのは当然かもしれない。

　日本でも長野県や山梨県など自然豊かな地で、「森の幼稚園」を展開するグループが増えてきている。あるいは都市近郷の小さな「森」での活動を積極的に保育に取り入れようとする園も見受けられる。その形態はさまざまであるが、子どもだけではなく、保護者にとっても自然の中で自らを取り戻す活動への参加となり、今後徐々にではあるが広がっていくきざしがある。

【引用文献】

1) OECD, Curricula and Pedagogies in Early Childhood Education and Care, 1998, p.9
2) Laevers, F. et al., Experiential Education: the theory behind the practice, Experiential Education at work, Centre for Experiential Education, 1997, pp.5-9
3) ピラミッド・プログラムについてのホームページ
   http://www.pyramidprincipal.com

【参考文献】

OECD, Starting Strong Ⅱ ; Early Childhood Education and Care, 2006

泉千勢・一見真理子・汐見稔幸編著『世界の幼児教育・保育改革と学力』明石書店　2008年

Hohmann, M et.al., Educating Young Children High/Scope Educational Foundation, 2008

森眞理　「イタリア－響きあう市民生活の展開」『子どもの文化』41巻8号　子どもの文化研究所　2009年

テ・ファリキについてのホームページ
　http://www.minedu.govt.nz

フォレスト・スクールについてのホームページ
　http://www.waterproofworld.co.uk/forestschools.htm

Pound, L., How Children Learn ; From Montessori to Vygotsky－educational theories and approaches made easy－, Step Forward Publishing, 2005

木村明子　「現代の保育を考えるためのキーワード20」『子どもの文化』41巻8号　子どもの文化研究所　2009年

コラム　環境を通しての保育

　幼稚園教育要領の第1章 総則には「幼稚園教育は（中略）幼児期の特性を踏まえ、環境を通して行うものであることを基本とする」とあり、保育所保育指針の第1章 総則には「保育所は（中略）家庭との緊密な連携の下に、子どもの状況や発達過程を踏まえ、保育所における環境を通して、養護及び教育を一体的に行うことを特性としている」とある。

　保育現場で環境の重要性が公的に注目されるようになったのは1989（平成元）年の幼稚園教育要領の改訂以来であるが、この30年、幼稚園や保育所の「環境」はどれだけ変わっただろうか。もちろん園の個別性によるところもあり、すばらしい保育環境を整えている園は少なくない。「ものがなくては遊べない子どもにしてはいけない」とする考え方を否定するものではないが、「ものによって育つ力」もあるのだ。「創造」とはいろいろなものの性質を知りつくしたうえで、ものとものの新たな組み合わせをつくり出すことである。

　子どもが「もの」と出会うには、保育者の援助が必要である。質の高い保育環境とは、遊具などが量的にそろっているだけでは不十分である。保育者が意図と期待（ねらいと願い）を持ち、考えを尽くして提供することにより初めて実現するのである。適切な介入も欠かせない。単純な物的環境など存在しないのである。

　諸外国の保育のアプローチは遊具や教材を重視する。人的環境の重要性を、もののなさの言い訳とすり替えてはならないだろう。

第14章 これからの保育内容の課題

> **学習のポイント**
> ●特別な保育ニーズに対応する保育を考えよう。
> ●多文化共生への理解を深めよう。
> ●園での災害の備えをよく知っておこう。
> ●食育の取り組みを学ぼう。

1 特別な保育ニーズが必要となる子どもの保育内容

　ここ数年、保育の現場で、落ち着かない、話が聞けない、すぐに手が出るなどの「気になる子ども」が増えてきている。また、発達障害や障害のある子どもも問題になっている。このような特別な支援や援助を必要とする子どもや家庭には、どのような保育実践が大切なのだろうか。

　障害のある子どももない子どもも一緒に保育することを「インクルーシブ保育」という。子どもの多様性を前提に保育すること、つまり「気になる子ども」など配慮の必要な子どもを含め、さまざまな子どもを排除せずに一体的に保育をすることである。

　インクルーシブ保育では、それぞれの子どもの個性や特徴を把握し、保育する必要がある。それゆえ、保育者にも障害や家庭環境に関する知識を持つことが求められる。

1 発達障害

　発達障害の定義はさまざまではあるが、「乳児期に発症し、脳や身体の一部の問題によって、心身の発達や行動、情緒に障害が起きている状態を指す」とされている[1]。ここでは、「自閉症スペクトラム障害」「注意欠如・多動性障害」「アスペルガー障害」の保育対応について考える。

第14章　これからの保育内容の課題

（1）自閉症スペクトラム障害の特徴

　特徴としては、社会的相互交渉が難しい。例えば、視線を避ける、分離不安がない、後追いしない、名前を呼んでも振り向かない、だっこを拒むなどの行動が見られる。また、コミュニケーションの障害に関する行動様式もある。例えば、クレーン現象やおうむ返しが多く、相手が指さしたほうを見ないことや相手の表情から感情を理解しないなど、場の雰囲気や周囲の状況を総合的に理解することが難しいことが多い。したがって、見たて遊びやごっこ遊びが難しいので、集団生活の中で孤立することが多くなる。

【保育現場での対応】

　園生活の流れを、①登園時、②給食時、③午睡時、④降所時に分け、登園時のあいさつをしている写真、カバンを置くロッカーの写真、帳面にシールを貼っている写真カードを用意し、登園すると話しかけながらカードを見せて、視覚に訴えながら指示をしていく。食事は、手洗いカード、給食準備カード、食器片づけカード、歯磨きカード等を作り、具体的に簡潔に指示することで動作を獲得し、園生活の中でできることが多くなる。また、こだわり行動を認めながらも、範囲を決めることも有効である。例えば、園内の水道の蛇口をひねり、水を出していくことで、自分の居場所の確認になり落ち着くならば、水を出す行為は認めるが、自分の部屋だけにする。あるいは、給食時、ふりかけごはんだけを食べて副食は食べず、食べるよう促すとパニックを起こすのならば、促すことはせずに友だちと同じように主食と副食を並べて、本人が副食に箸をつけるのを気長に（1〜3年でも）待つ。もしくは、お腹がすく活動を保育に取り入れるのもよい。

（2）注意欠如・多動性障害の特徴

　静かにできず、一人でしゃべり出したり、制止を振り切り走り回るなど、多動性が見られる。質問が終わる前に答えたり、順番が待てず邪魔をしたりするなど、衝動的な行動もある。忘れ物や物をなくすことが多く、集中が途切れやすく、すぐに気がそれるなど、注意集中が苦手で、一定時間以上は人の言うことが聞けないなどの特徴がある。

【保育現場での対応】

　絵や写真カードを利用して、視覚に訴えて見通しが持てるようにすることや、予定をできるだけ変更しないようにする。保育室の刺激となるものを減らして集中しやすい環境をつくることも大切である。そしてよい面をほめて伸ばすことで、自己肯定感が持てるようになり、友だちとの関係もよくなる。

(3) アスペルガー症候群の特徴

運動能力が低かったり、不器用だったり、人の話を聞かなかったりして、友だちとの輪の中に入れないことが多い。前触れもなく怒ったり、ふさぎ込んだり、空気が読めなかったりして、対人関係を結ぶことが難しいが、暗記などがずば抜けてできることがある。

【保育現場での対応】

言ってはいけない言葉をルールで決めることや具体的に指示するなど、本人の特徴的な傾向を把握し、無理強いをせず、自尊感情を傷つけないことが大切である。約束の撤回は順序立てて話すなどを、保育者は常に心がけることが求められる。

2 知的障害

意思の伝達や自己管理などが難しい適応行動の障害が見られ、認知力や言葉や運動能力にアンバランスが顕著に現れる。遺伝や胎児期の脳障害また出生期の障害がある。

【保育現場での対応】

育ちがゆっくりであるとの判断で見過ごされることが多いので（発達の遅れが後で追いつくことではない）、保護者との保育相談の機会をとらえ、発達検査や知能検査が受けられるように児童相談所や発達支援相談センターと連携する。

3 虐待・貧困、ひとり親家庭

2000（平成12）年5月に児童虐待防止法が制定されたが、児童の虐待は毎年増加傾向にある（第10章、図10-3）。虐待には、身体的虐待、性的虐待、ネグレクト（養育の放棄・放置）、心理的虐待があるが、それぞれ単独での虐待よりも重複している場合が多い。虐待の要因は貧困や家庭不和、育児不安等が考えられるが、養育者（親）の成育歴も関係している場合がある[2]。保育所や幼稚園、認定こども園では、保育者が登・降園時に保護者に子どもの家庭での状態を聞きながら、保護者自身の表情を見て、不安感や困りごとを話せる雰囲気をつくり、話を傾聴・受容していく。排泄介助や午睡時には、子どもの体をよく観察し、打ち身やけがの跡があれば、すぐに上司に報告や相談をする。保育所や幼稚園等は、虐待の疑いがあれば、児童相談所や福祉事務所等に報告の義務がある。

また、ここ数年「ひとり親家庭」が増えている。ひとり親家庭は経済的な厳しさや暮らしにくさなど、多くの生活問題を抱えている。そこで、日々子どもたちとかかわることができる保育者は、子どもの成長の様子を保護者に伝えながら、「私たちは、あなたの味方です」「あなたの個人情報は守ります」と信頼関係をつ

第14章　これからの保育内容の課題

くり、生活問題に関する相談の場を設けることが大切である。傾聴・受容・共感しながら保護者の話を聞き、適切な機関につないでいくことも必要である。

保育者は今、社会から子育ての専門家として大きく期待されており、さまざまな子どもにも対応できる情報のリテラシーや自己研鑽が求められている。

2 多文化共生の保育内容

1 多文化共生の保育の必要性

（1）外国籍の子どもの数の増加

近年、日本に在住する外国籍者数は増加している。この20年間の変化を見ると、日本の総人口が微増にとどまっているのに対して、外国人の人口は約2倍以上に増大している。1990（平成2）年の「出入国管理及び難民認定法」の一部改正以降、労働不足を補うためにニューカマーと呼ばれる新たな外国人が急増した[*1]。これらの人たちは、家族で来るケース、一人で来て後から家族を呼び寄せるケース、日本で結婚し家族を持つケースなどさまざまである。そして、それらの家族には日本人とは異なった言語や文化を有する子どもたちがおり、日本の保育所や幼稚園等を利用する家庭が急増している。このような時代的背景に伴い、今日、どこの保育所や幼稚園等でも多文化共生の保育を行うことが新たな課題となってきている。

（2）「異文化理解」と「多文化共生」の違い

異なる文化を受け入れ理解する「異文化理解」、そして互いの文化を認め合い共生する「多文化共生」がある。ここで、その根本的な違いを整理してみよう。

保育所・幼稚園等は生活保育を基底にしており、子どもたちが一緒に生活し成長していく場であり、そのことを通して親同士もかかわり、成長していく場である。園で過ごす乳幼児は、たとえ言葉や肌の色が違っても、同じ食卓を囲み、共に遊び、育つ姿が日常にある。したがって、特に乳幼児期は、外国のことを文字や映像から知るという「異文化理解」でなく、共に育ち合うという意味での「共生」に重点を置いて、外国籍の子どもも含めた保育のあり方を考えなければならない。これからの保育・幼児教育には、文化や社会の多様性を尊重することを基底として、すべての子どもの最善の利益を優先する人権保障の考え方に立つ「多文化共生」観が求められるのである。

*1　出入国管理及び難民認定法の一部改正は、労働力不足を補うために、ブラジル・ペルーをはじめとする中南米諸国の日系人に日本国内での労働を認めた。2016（平成28）年の数字では、在留外国人数がもっとも多いのは東京都で、全国の21％を占めている。2位は愛知県、3位は大阪府である（法務省入国管理局調査2017年7月17日現在）。

❷ 幼稚園教育要領、保育所保育指針、幼保連携型認定こども園教育・保育要領に見られる多文化共生の保育

　幼稚園教育要領、保育所保育指針、幼保連携型認定こども園教育・保育要領には、領域「環境」に多文化共生の保育に関する記述がある。そこには、「内容」として、「日常生活の中で、我が国や地域社会における様々な文化や伝統に親しむ」とあり、「内容の取扱い」として、「文化や伝統に親しむ際には、正月や節句など我が国の伝統的な行事、国歌、唱歌、わらべうたや我が国の伝統的な遊びに親しんだり、異なる文化に触れる活動に親しんだりすることを通じて、社会とのつながりの意識や国際理解の意識の芽生えなどが養われるようにすること」とある。ここでは、日本はもちろん異なる文化にも親しみ、幼児期より国際理解の意識を芽生えさせることの大切さが強調されている。

　そのほか、幼稚園教育要領では、第1章総則の「第5　特別な配慮を必要とする幼児への指導」に、幼保連携型認定こども園教育・保育要領では、第1章総則の「第2　教育及び保育の内容並びに子育ての支援等に関する全体的な計画等」の「3　特別な配慮を必要とする園児への指導」に、「海外から帰国した幼児（園児）や生活に必要な日本語の習得に困難のある幼児（園児）の幼稚園（幼保連携型認定こども園の）生活への適応」として「海外から帰国した幼児（園児）や生活に必要な日本語の習得に困難のある幼児（園児）については、安心して自己を発揮できるよう配慮するなど個々の幼児（園児）の実態に応じ、指導内容や指導方法の工夫を組織的かつ計画的に行うものとする」とある。

　この、"生活に必要な日本語の習得に困難のある幼児（園児）"という表現は、日本国籍の有無に関係なく、園で生活を送るうえで日本語の習得に困難のある子どもを包括している。日本国籍の子どもでも、家庭では日本語以外の言葉を使用している場合もあるため、個々の実態に応じて、子どもが安心して自己を発揮できるように配慮をする必要性について述べられている。

　また、保育所保育指針の第2章保育の内容の「4　保育の実施に関して留意すべき事項」、幼保連携型認定こども園教育・保育要領の第2章ねらい及び内容並びに配慮事項の「第4　教育及び保育の実施に関する配慮事項」には、「子ども（園児）の国籍や文化の違いを認め、互いに尊重する心を育てるようにすること」とある。ここでは、異なる文化を知ったうえで、お互いを尊重することが推奨されている。

　さらに、保育所保育指針の第4章子育て支援の「2　保育所を利用している保護者に対する子育て支援」の「（2）保護者の状況に配慮した個別の支援」、認定こども園教育・保育要領の第4章子育ての支援の「第2　幼保連携型認定こども園の園児の保護者に対する子育ての支援」には、「外国籍家庭など、特別な配慮

第14章　これからの保育内容の課題

を必要とする家庭の場合には、状況等に応じて個別の支援を行うよう努めること」とされている。

以上のような多文化共生の保育観に根ざす内容を保育所や幼稚園、幼保連携型認定こども園において実践していくためには、保育者自身の保育観や子ども観の転換に立った保育の探求が求められる。

3　多文化共生をめざす保育の内容

(1) 環境構成の工夫事例

事例1　A園では、玄関に「お入りください」、廊下に「走らず歩きましょう」などのポルトガル語が書かれている。また、5歳児クラスの備品には、日本語とポルトガル語で表記がされている。中国語や韓国語で書かれることもある。

事例2　B園では、保育室にさまざまな国の絵本を置いている。そして、絵本コーナーには絵本の翻訳カードを用意している。外国語を母語とする家庭の子どもは、本の貸し出しの際に自国の翻訳つきの絵本を持ち帰り、家で保護者と一緒に絵本を楽しめるようになっている。

事例3　C園では、ごっこ遊びコーナーに、肌の色の違う人形が複数置いてある。

(2) 保育内容の工夫事例

事例1　D園では、外国の手遊び、歌などを取り入れている。誕生日会には、日本語と外国語の両方で誕生日を祝う歌をうたっている。また、在籍している子どもの母語で絵カルタをするなどの遊びを実践している。

事例2　E園では、保護者に月1回の園便りを発行している。日本人の保護者には多文化共生や人権について考えるきっかけになるような文章を、外国籍の保護者には日本の文化を紹介する文章を送るなど、園便りの内容をそれぞれ工夫している。連絡帳は、保育者が書いたものを通訳の職員が外国語に訳している。

事例3　F園の近くにある小学校ではさまざまな国の文化を紹介する行事があり、世界の国旗の展示や、喫茶コーナー、バンブーダンスなど、世界中のさまざまな国の文化に触れる機会が企画されていて、そこに園児たちも保育者や保護者とともに参加している。

4 これからの課題 －保育者に求められること－

　外国籍の子どもが入園すると、「日本語でコミュニケーションが十分できない」「子どもはすぐに適応できるが、親とのかかわりに困難を感じる」「文化背景が異なるので、保育者と保護者の双方で困惑する」などの声が、保育者から聞かれる。しかし、保育を行ううえで保育者と保護者の信頼関係は必須であり、そのためには保育者の積極的な多文化理解が求められている。

　まずは、ふりがなつきの日本語、中国語、タイ語、スペイン語、ベトナム語などの「入所の手引き」や保育所の生活を簡潔に記したパンフレット、緊急時用マニュアルを作成する。園が歓迎の意を示し、意思疎通を大切にする姿勢を示していくことから始めたい。また、宗教や慣習・食文化から、行事への参加、食べられない食材、食べ方のマナーなどに考え方の違いが生じる場合がある。これらは保育を重ねる中で、日本の文化を紹介しながら、強制するのではなく話し合いを繰り返してお互いの違いを認め合っていくことを、保育者が率先して示したい。世界には多くの人が住んでいて異なる言葉や文化があることや、それらの多様性に気づかせ、その大切さを子どもたちに伝える機会となる。

　多文化共生の保育とは、異なる文化や社会的背景をもつ子どもたちのさまざまな違いを認め合い、すべての子どもが自分らしく生きるために必要な力を身につける保育であり、グローバルな感覚を持った子どもたちを育てる保育観でもある。

3 安全（災害への備え）に関する保育内容

1 保育施設における防災対策の重要性

　近年、わが国では毎年のように、集中豪雨、台風、津波、火山噴火などさまざまな自然災害が発生している。特に2011（平成23）年3月に発生した東日本大震災では、太平洋沿岸を襲った大津波により多くの尊い命が奪われ、たくさんの幼児教育・保育施設が被災した。

　幼児教育・保育施設は、子どもの安全に配慮しつつ、健やかに育つ環境を提供することが必要である。しかし、ひとたび災害が発生すると、災害弱者である子どもの生命に危険が及ぶ恐れがあることから、乳幼児に対する防災対策は最も重要視されなければならない。2017（平成29）年告示の保育所保育指針や幼保連携型認定こども園教育・保育要領では、「第3章 健康及び安全」に「災害への備え」の項目が追加され、保育所の近辺で大きな災害[*2]が起こることを想定した備えや安全対策を行うことを各園に求めている[*3]。

*2 ここにいう災害の種類は、洪水、崖崩れ・土石流及び地滑り、高潮、地震、津波、大規模な火事、内水氾濫、火山等をいう。これらは、災害対策基本法で決められており、災害種別図記号や避難場所等は標準化（日本工業規格：JIS規格）されている（図14-1）。

*3 幼稚園については、学校保健安全法に規定している。

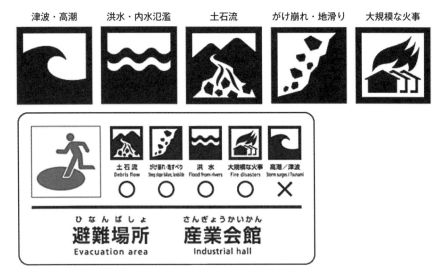

図14−1　標準化されている災害種別図記号と避難場所例
出典：日本標準工業会『災害種別非難誘導標識システム（JIS Z 9098）防災標識ガイドブック』2016年

　地方公共団体は、国の定めた災害対策基本法に基づき、地方防災計画及び避難計画等を作成し、都道府県及び市町村が災害対応においてとるべき基本的な対応を定めている。県や市町村が作成した防災計画作成の手引き等を参考に、各園では施設の入所児童の特性や周辺地域の環境等を踏まえ、災害の種類に応じた防災計画を作成する必要がある[*4]。

*4　幼稚園については、文部科学省が『学校防災マニュアル［地震・津波災害］作成の手引き』を発行している。

2　幼児教育・保育施設における防災計画

　幼児教育・保育施設は、子どもの身を守り安全に保育するための平時からの備えや危機管理体制づくりを行政機関や地域の関係機関と連携しながら進めるとともに、災害発生時の対応を保護者と共有することが重要である。火災や地震等の災害発生に備え、避難訓練計画、職員の役割分担の確認、緊急時の対応等について、それぞれの置かれている地域の自然環境を詳細に把握し、園独自の防災マニュアルを作成し、その周知を図るとともに定期的な避難訓練を実施する。避難訓練は、消防署をはじめ、近隣の地域住民や家庭との連携のもとに行うことが必要である。また、災害時に保育所が地域の避難所となることもあり、地域との連携は重要となっている。防災マニュアルの項目としては、災害対策を想定した実施体制の整備、平常時の備え、非常災害時の行動手順、災害時（後）の心のケアなどである。具体的な項目について表14−1に示す。

表14-1　幼児教育・保育施設災害対策マニュアルの項目と内容例

項目	具体的な内容
施設の防災対策の留意点、方針	・防災に対する基本的な心構え ・周辺地域の環境等を踏まえた災害予測 ・災害時の保育所開所について
組織実施体制の整備（定期的に見直し最新版を提示）	役割分担表、緊急連絡網、緊急連絡先一覧、園児一覧表、防災マップ（園内避難経路図・近隣の防災マップ・避難先一覧など）、保護者への円滑な引き渡しのための準備（緊急時連絡・引き渡しカード[*5]など）
平常時における災害対策（備え）	○施設の安全管理対策 ・保育環境の整備 ・施設設備の安全点検 ・避難訓練の実施（必要に応じ保護者や地域と連携） ・地域住民・保護者等関係者と連携 ・備蓄品（非常用物品と生活必需品） ・非常用持ち出し用品
非常災害時の対応（行動手順）	○各園の地域の災害想定（風水害・地震・火災・火山災害・津波災害など）ごとに行動手順書を作成する。
災害時、災害後における心のケア	・園児の心のケア ・保護者等の心のケア

出典：高知県、仙台市の保育所防災マニュアルを参考に筆者作成

*5 園児引き渡しカードとは、園児を保護者に引き渡した記録となる帳票で、いつ、どこで、だれがだれに、子どもを渡したのか、避難場所等を事後の確認や整理のために記録する。保護者の連絡先が優先順位をつけているので、保護者へ連絡を取る際にも有効である。各施設に即した帳票の整備と手順の確認が大切となる。

3 事例から考える
－東日本大震災後の災害対策の見直しと課題－

　2016（平成28）年に筆者は津波の被害を受けた仙台市内の保育所5か所を調査した。その結果、被害までに実施していたハザード対策で実際に有効であったこと、津波被害後にハザード対策で見直したこと、および災害対策の課題については、表14-2の通りであった。

　視察したすべての保育所は、震災で被害を受け電気・ガス・水道などのインフラが満足ではなかったにもかかわらず、翌日から保育を開始せざるを得ない状況であった。災害時の真っ暗で寒い夜に何度も地震が繰り返される中の不安から、子どもたちは「明るさ」を必要とし、手遊びや楽しくなるような活動が求められたという話であった。また「津波ごっこ」「地震ごっこ」[*6]をする園児、ヘリコプターの音で怖がる園児に「もう大丈夫だよ」「こうすれば大丈夫だよ」と安心感を与えるような対応や、家族が災害被害にあったことで精神状態の不安定な保護者への支援など災害後の心のケアが必要な事例が多く見られたということであった。

　また、東北地域は、2008（平成20）年に岩手・宮城内陸地震を経験し、幼児教育・保育施設における災害対策が整備されつつあるところであり、この地震経験

*6 津波ごっこ・地震ごっことは、甚大な被害があった地域の多くの幼稚園や保育所等から報告されたもので、津波ごっこはバケツの水で建物や車に見立てたものを流す、地震ごっこは積み木やブロックを倒すといったようなごっこ遊びのこと。

第14章　これからの保育内容の課題

表14-2　津波被害を受けた保育所の聞き取り(一部抜粋)

被害までに実施していたハザード対策で実際に有効であったこと	津波被害後にハザード対策で見直したこと	災害対策の課題
・保育環境の整備（安全な備品や遊具の配置、保管など） ・地域との連携（隣の工場から発電採光機で一晩中照らしてもらった、隣接した高齢者施設・市民センターと年に1〜2回危機管理会議を開催していたことから連携が取れ子どもの避難を手伝ってもらった） ・消防署との合同避難訓練の実施 ・宮城沖地震や津波を経験した保育者の存在	・非常時備品リストの整備（生活備品、食料品3日分、非常用品、救助用品、救急医療用品など） ・旧式石油ストーブと灯油の常備 ・固定電話（PHS）の設置、避難先と避難ルートまでの整備 ・園児を地域別にリストアップすること ・保護者の緊急連絡網の整備と引き渡し訓練（誰がお迎えに来たのか、その後のどこに避難するのかまでを記録） ・浄化槽の防御壁をコンクリートで設置すること	・保育所が地域の避難場所となっている場合は、在園児だけではなく地域の分も備蓄が必要である ・0・1歳児の衛生環境の整備、延長保育時等あらゆる保育場面における避難訓練の必要性 ・日常から「おんぶひも」に慣れる

出典：梶美保「保育施設・子育て支援拠点施設のハザード対策―仙台市の視察から考える」『小児保健あいち』2016年

者がいたことも、災害時・災害後のすばやい対応につながっている。

　この調査からも、災害時に求められる保育施設としての日常からの備え、保護者、地域との連携の重要性、災害時・災害後の子どもや保護者への心のケアの必要性がみえる。

　規定外ないし想定を超える事態も視野に入れ、臨機応変の判断と対応のためにマニュアルの整備だけに終わるのではなく、多くの事例を教訓として、子どもの命と安全を守るために個々の保育施設に即した災害対策を、職員間で保護者や地域と連携して行うことが重要である。

4　乳幼児期の食育を進める保育内容

1　人間形成にかかわる食育

　食は、人間が生きていくうえでの基本的な営みの一つであり、健康な生活を送るためには健全な食生活は欠かせないものである。しかしながら、近年、食生活を取り巻く社会環境の変化に伴い、栄養素摂取の偏り、朝食の欠食、小児期における肥満の増加、思春期における痩身（やせ）の増加など、問題は多様化・深刻化し、生涯にわたる健康への影響が懸念されている。また、子どもを持つ親世代において食事づくりに関する必要な知識や技術を十分有していないとの報告が見られ、親子のコミュニケーションの場となる食卓でも家族がそろって食事をする

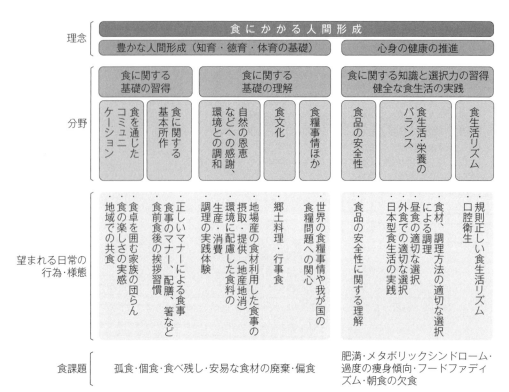

図14-2 「食育」の概念の体系的な整理
出典：内閣府『食育白書［平成21年度版］』p.163を参考にして筆者作成

*7 食育基本法制定の背景となった食の課題は次の7点である。①「食」を大切にする心の欠如、②栄養バランスの偏った食事や不規則な食事の増加、③肥満や生活習慣病（糖尿病など）の増加、④過度の痩身志向、⑤「食」の安全上の問題の発生、⑥「食」の海外への依存、⑦伝統ある食文化の喪失。

*8 食育基本法の目的は、さまざまな問題を背景に、現在をいきいきと生き、かつ生涯にわたって健康で質の高い生活を送る基本としての食を営む力を育てるとともに、それを支援する環境づくりを進めることである。

機会が減少傾向にある。このように「食」をめぐる状況が変化してその影響が顕在化*7していることから、「食育」の推進が求められた。2005（平成17）年に食育基本法*8が制定され、家庭のみならず学校や保育所を含めた国民的課題として、食育についての取り組みが推進された。

「食育」*9という新しい概念には、食生活における知識・選択力の習得を通じた単なる食生活の改善にとどまらず、食を通じたコミュニケーションやマナーなどの食に関する基本所作の実践に加えて、食に関する感謝の念と理解や食文化の継承など食に関する基礎の理解など"食にかかる人間形成"を含めた広範な内容が含まれている（図14-2）。

乳幼児期の食育は、心身の成長および人格の形成に大きな影響を及ぼし、生涯にわたって健全な心と身体を培い豊かな人間性を育んでいく基礎となることからより重要な課題となる。

2 「食を営む力」の基礎を培う保育所・幼稚園等での食育

乳幼児期は、発育・発達が旺盛な時期であり、個人差も大きい。授乳、離乳食、

第14章　これからの保育内容の課題

幼児食と家庭と密接に連携をとりながら、家庭の状況、子どもの食欲、食べられる量、食べものの嗜好など個人差に十分に配慮し、一人ひとりの発育・発達に応じて食育[*10]を進めていく。乳幼児期は、生涯にわたって健康でいきいきとした生活を送る基本としての「食を営む力」の基礎を培う時期なのである。

乳幼児期の食育は、「楽しく食べる子どもに」成長していくことを期待して、「心と身体の健康」を保ち、「人とのかかわり」を通して社会的健康を培いながら、「食の文化と環境」とのかかわりの中で、いきいきとした生活を送るために必要な「食のスキル」を身につけていくことがねらいである。そこで、「お腹がすくリズムのもてる子ども」「食べたいもの、好きなものが増える子ども」「一緒に食べたい人がいる子ども」「食事づくり、準備にかかわる子ども」「食べものを話題にする子ども」の5つの子どもの姿を目標としている（図14-3）。

図14-3　乳幼児の食育のねらいと目標
出典：厚生労働省「食を通じた子どもの健全育成（-いわゆる「食育」の視点から-）のあり方に関する検討会」報告書　2004年

3　食育の実践事例

2008（平成20）年に改訂された幼稚園教育要領の領域「健康」において、「先生や友達と食べることを楽しむ」という内容が新たにつけ加えられた。さらに、2017（平成29）年に改訂された幼稚園教育要領においても、食育の重要性がより強調されている。園では、目標を掲げ、年間を通して年齢別に一貫性のある食育の計画[*11]を立案し実践していくことが課題である。生活と遊びの中で、子どもが自らの意欲を持って食にかかわる体験を積み重ねることができるよう、園環境を充実させ、地域とも連携していくことが求められている。

[*9]　食育基本法は食育について、①「生きる上での基本であって、知育、徳育及び体育の基礎となるべきもの」、②「様々な経験を通じて「食」に関する知識と「食」を選択する力を習得し、健全な食生活を実践することができる人間を育てる」こととしている。

[*10]　発育・発達に応じて育てたい「食を営む力」は次の4つ。
○授乳期・離乳期…安心と安らぎの中で食べる意欲の基礎づくり。
○幼児期…食べる意欲を大切に、食の体験を広げよう。
○学童期…食の体験を深め、食の世界を広げよう。
○思春期…自分らしい食生活を実現し、健やかな食文化の担い手になろう。
（保育所における食育のあり方に関する研究班『楽しく食べる子どもに～保育所における食育に関する指針～』2004年より）

[*11]　保育所における食育については『楽しく食べる子どもに～保育所における食育に関する指針～』（2004年）をふまえて、『保育所における食育の計画づくりガイド～子どもが「食を営む力」の基礎を培うために～』（2007年）が実際に実施する上でのポイントとして示された。また、2008年より食育の推進が位置づけられ、2017年の保育所保育指針では、食育計画を「全体的計画」に基づいて作成し、その評価及び改善に努めるよう食育に関する記述が厚くなり重要性が高まった。2012年には、第2次食育基本計画をうけて、多様化する保育所の形態をふまえ、食を豊かにすることを目的に「保育所における食育の提供ガイドライン」が示されている。

以下に、食育の視点別に事例をあげる。

事例1　「人間関係・マナー」の面から

多くの園で実践されていることだが、当番の人から本日のメニューの説明と「いただきます」のあいさつを行い、仲間と一緒に楽しい雰囲気で給食を食べる。食事を友だちや先生と味わうことは、大切な基本である（写真）。

いっしょに食べるとおいしいね

事例2　「健康づくり」の面から

A園では、タペストリーシアターをつくって、体の中に食べたものがどのようにして入っていくのか、自分の体がどのようになっているのか、子どもたちが関心を持ちながら認識できるような教材を取り入れた。子どもは仲間とともに遊びながら、自ら健康について学習していく（写真）。

遊びながら体の探検

事例3　「食への興味」という面から

B園では、スーパーマーケットへ出かけ、野菜や魚、肉のコーナーを探検した。子どもたちは「わー、大根だ」「おとうふ、おみそ汁にはいっているやつ」と感動の声を上げながら食材を発見していった（写真）。

その後、園に戻って、パネルシアターを使いながら、赤色は血や肉になること、黄色は力の元になること、緑色は身体の調子を整えることなどを遊びながら学んだ。

スーパーで食材を発見

これらの事例のように幼児期の特性を理解して、子どもが楽しみながら、食育の大切さに気づき自らの生活を改善しようとする方向へと、保育内容・方法の工夫をすることが求められる。

【引用文献】
1）本郷一夫編著『保育の心理学Ⅰ・Ⅱ』建帛社　2011年　p.123
2）杉山登志郎『子ども虐待は、いま』日本評論社　2004年　p. 3

第14章　これからの保育内容の課題

【参考文献】

全国保育団体連絡会・保育研究所編『保育白書　2009年版』ちいさいなかま社　2009年

内閣府『食育白書　平成21年度版』2009年

小川雄二編著『保育園・幼稚園ですすめる食育の理論と実践』めばえ社　2009年

保育所における食育計画研究会編『保育所における食育の計画づくりガイド』2008年

毛受敏浩・鈴木江里子『「多文化パワー」社会　多文化共生を超えて』明石書店　2007年

遠藤克弥（監）『新教育事典』勉誠出版　2002年

萩原元昭『多文化保育論』学文社　2008年

太田光洋編著『子どもが育つ環境と保育の指導法』保育出版会　2016年

本郷一夫編著『保育の心理学Ⅰ・Ⅱ』建帛社　2011年

梶美保「保育施設・子育て支援拠点施設のハザード対策－仙台市の視察から考える－」小児保健あいち　2016年

高知県教育委員会『保育所・幼稚園等防災マニュアル作成の手引き　地震・津波編』

仙台市子供未来局保育部保育課『保育所防災マニュアル[改訂版]』2013年

内閣府『平成28年度版　防災白書』2016年

内閣府・文部科学省・厚生労働省『平成29年告示 幼稚園教育要領・保育所保育指針・幼保連携型認定こども園教育・保育要領原本』チャイルド本社　2017年

索　引

―― あ 行 ――

愛着関係　63
アカウンタビリティ　61
預かり保育　31、133、134
遊び　15、40、107
アプローチカリキュラム　107
生きる力　114
育児不安　127
一語文　72
一時保育　132
異年齢保育　113
異文化理解　179
ウェル・ビーイング　172
運動機能　73
エリクソン　56
エンゼルプラン　129
延長保育　122、132
園庭開放　135
エンパワメント　172
OECD　17、164
応答的なかかわり　65
親育ち支援　133
恩物　152

―― か 行 ――

鍵体験　169
核家族化　125
学童期　99
学校教育法　30、31、159
葛藤　74、85、88
カリキュラム　53、111
カリキュラム・マネジメント　49、52
感化救済事業　156
カンファレンス　61
期間計画　53
規範意識　141
基本的な生活習慣　86、141
吸てつ反射　63
教育　20、24
教育課程　19、45、49、50、51
教育基本法　31
教育刷新委員会　159
教科　107
教科カリキュラム　52
共感的理解　58
協同的な活動　89
共同遊戯　155
倉橋惣三　38、56、156、157
経験カリキュラム　52
経験に根ざした教育　167
月間計画（月案）　53
言文一致唱歌　155
五感　142
告示　162
孤育て　127
子育て支援　125、128、129
ごっこ遊び　43、71、73
子ども・子育て支援新制度　21
子ども理解　57
個別的理解　58
5領域　30、48、74、89、161
混合保育　113

―― さ 行 ――

災害への備え　182
三項関係　72
三語文　73
自我　72
思考力、判断力、表現力等の基礎　16
自己主張　74
自己評価　61
次世代育成支援対策推進法　133
児童期　99
児童虐待　127、178
指導計画　45、53
児童中心主義保育　47
児童の権利に関する条約（子どもの権利条約）　163
児童福祉施設　23
児童福祉法　23、159
社会情動的スキル　17
社会性　73、77、79
社会的参照　64
社会に開かれた教育課程　18、133
自由遊び　42
週間計画（週案）　53
就学前教育　97
小1プロブレム　98
小学校学習指導要領　100
小学校令並小学校令施行規則　156
少子化社会　10
少子化社会対策基本法　133
象徴機能　71、72
情緒の安定　20、23、66
情報化社会　11
食育　185、186、187
食育基本法　186
食にかかる人間形成　186
食を営む力　186
初等教育　100
新生児反射　63
随意遊戯　155
スタートカリキュラム　109
生活　14、54、55
生活カリキュラム　51
生活リズム　12、101
生命の保持　20、22、66
設定遊び　42
全国保育士会倫理綱領　28
全体的な計画　49、50、51
卒乳　65

―― た 行 ――

第三者評価　62
瀧廉太郎　155
縦割り保育　113
多文化共生の保育　179
探索活動　63、65
地域の教育力の低下　141
地域の子育てセンター　134
地域の自然環境　144
地域の人的教育力　147
知識及び技能の基礎　16
テ・ファリキ　171
伝承遊び　147
テンプル・スキーム　167
トイレトレーニング　76
東京女子師範学校附属幼稚園　152
道徳性の芽生え　161
ドキュメンテーション　171
都市化　125
共働き家庭　12
豊田芙雄　153

―― な 行 ――

内容　48
喃語　64
二語文　71、72
二十遊嬉　153
日案　53
乳児　63
乳児保育　63、65
乳幼児突然死症候群（SIDS）　22
認定こども園　20、32
ねらい　48
年間計画　53

―― は 行 ――

ハイ・スコープ　169
育みたい資質・能力　15
発達過程　43
発達障害　176
発達的理解　59
晩婚化　125
反省・評価　60
ピアジェ理論　169
PDCAサイクル　60
人見知り　64
ひとり親家庭　178
ひとり立ち　72
非認知的能力　17
病後児保育　132
ピラミッド・プログラム（アプローチ、メソッド）　172
貧困　178
貧民幼稚園　156
フォレスト・スクール（森の幼稚園）　174
フレーベル　152
ヘッドスタート　169
保育　15
保育環境　13
保育教諭　36
保育士　24
保育所　23、159
保育所保育指針　15、28、49、162
保育内容　32、44、48
保育内容の総合性　32
保育ニーズ　163、176
保育のねらい　29
保育要領―幼児教育の手引き―　159
保幼小連携　103

―― ま 行 ――

学びに向かう力、人間性等　16
3つの柱　16
目標　48

―― や 行 ――

夜間保育　132

指さし　72
養護　20
養護と教育　20、22、25、66
幼児期　99
幼児期の終わりまでに育ってほしい姿　15
幼稚園　30、133
幼稚園教育要領　50、52、53、60
幼稚園不必要論　154
幼稚園保育及設備規程　154
幼稚園令　154、157
幼保連携型認定こども園　21
幼保連携型認定こども園教育・保育要領　15

―― ら 行 ――

ラーニング・ストーリー　171
領域　44
領域別視点　107
レッジョ・エミリア・アプローチ　170
ロイス・マラグッツィ　170

実践を創造する
演習・保育内容総論［第２版］

2010年９月20日　初版第１刷発行
2017年３月１日　初版第９刷発行
2018年３月10日　第２版第１刷発行
2024年３月31日　第２版第６刷発行

編　　集　豊田和子
発 行 者　竹鼻均之
発 行 所　株式会社みらい
　　　　　〒500-8137　岐阜市東興町40　第５澤田ビル
　　　　　TEL　058－247－1227（代）
　　　　　https://www.mirai-inc.jp/
印刷・製本　サンメッセ株式会社

ISBN978-4-86015-444-8　C3037
Printed in Japan　乱丁本・落丁本はお取替え致します。